北京教育科学研究院学术著作出版资助基金项目

PEDAGOGY

Research on Regional Education Cooperation Strategic among Beijing，Tianjin and Hebei

京津冀教育协同发展战略探究

高 兵 著

知识产权出版社
全国百佳图书出版单位

图书在版编目（CIP）数据

京津冀教育协同发展战略探究／高兵著．—北京：知识产权出版社，2016.6

ISBN 978-7-5130-4211-6

Ⅰ.①京…　Ⅱ.①高…　Ⅲ.①地方教育—教育事业—研究—华北地区　Ⅳ.①G527.2

中国版本图书馆 CIP 数据核字（2016）第 117043 号

责任编辑：徐　浩　　　**责任校对：**韩秀天

封面设计：SUN 工作室　　　**责任出版：**孙婷婷

京津冀教育协同发展战略探究

高　兵　著

出版发行：知识产权出版社有限责任公司　　**网　　址：**http：//www.ipph.cn

社　　址：北京市海淀区西外太平庄55号　　**邮　　编：**100081

责编电话：010-82000860 转 8343　　**责编邮箱：**xuhao@cnipr.com

发行电话：010-82000860 转 8101/8102　　**发行传真：**010-82005070/82000893

印　　刷：北京中献拓方科技发展有限公司　　**经　　销：**各大网上书店、新华书店及相关专业书店

开　　本：720mm×960mm　1/16　　**印　　张：**18.25

版　　次：2016年6月第一版　　**印　　次：**2016年6月第一次印刷

字　　数：260千字　　**定　　价：**60.00元

ISBN 978-7-5130-4211-6

前言：为推进区域教育协同发展而努力

时代主题决定问题选择。在经济全球化的时代，国家和地区的发展路径已经不再是由个别城市所主导的城市化发展道路，而是依托城市及其广大腹地区域构成的相互关联的现代化发展网络，区域一体化将逐步取代传统的城市发展，成为推动全球发展的新引擎。与此同时，新兴知识经济形态的形成和发展，使得教育发展水平的高低成为影响一个国家或一个地区综合竞争力强弱的主要因素。区域之间的差距，表面上看是经济的差距，实际上是科学技术和人力资源的差距，而最根本的则是教育差距。任何一个区域的发展都离不开高素质的人力资源，区域一体化势必带来人才开发的一体化和科教资源的整合，为推动区域经济和社会发展提供智力与人才支持。教育作为人才培养、智力支持的根本保障，成为区域崛起的关键要素。因此，区域发展不能不重视区域教育的发展，区域可持续发展更要依靠教育的推动。

审视当前，我国正处于全面建成小康社会的决定性阶段，经济快速平稳发展，综合国力大幅提升，但是社会经济发展不平衡，城乡区域发展差距依然较大，缩小差距是加快建成小康社会的必然要求。教育差距既是区域经济社会差距的结果，也是区域经济社会差距的原因。教育协作既是区域协作的重要组成部分，也是地区间协调发展，缩小区域差距的重要途径，更是提升区域整体竞争力的基础。随着时间的推移，区域内的教育融合与区域间的教育竞争将成为世界趋势。

国家的区域发展战略对区域教育发展提出了新要求。《中华人民共和国国民经济和社会发展第十一个五年规划纲要》明确提出了推进形成主体功能区，优化国土开发格局，推进区域协调发展的重大战略决策。党的十八大报告提出“加快实施主体功能区战略，推动各地区严格按照主体功能定位发展，构建科学合理的城市化格局、农业发展格局、生态安全格局。继续实施区域发展总体战略，充分发挥各地区比较优势"。《中共中央关于全面深化改革若干重大问题的决定》提出"建立和完善跨区域城市发展协调机制"，整合区域要素，形成合理分工与协作是关系我国发展全局的战略抉择。可见，深入推进区域教育协作，形成教育区域化与地区间协调发展机制已经提上日程。

作为我国参与全球竞争的重要增长极，京津冀区域的发展备受瞩目。其地域相连、文化相近，区位条件、人力资本、产业结构、环境资源等具有天然的互补优势，在我国三大经济区域中具有极其重要的战略地位和鲜明的个性特征。长三角、珠三角和京津冀的经济发展水平、教育和人力资源发展水平均居全国前列，但京津冀地区智力资源密集，教育基础雄厚，教育的比较优势优于区域经济的比较优势，教育需要承担更多的责任来引领区域经济发展。推进京津冀区域教育协作需要全社会的努力，但推进区域教育协作的首要责任在政府，其中，中央政府对京津冀区域教育的认识和努力程度决定着区域教育发展的结构和效益。

本研究是在"我国进入全面建成小康社会的决定性阶段"这一背景下，面对区域发展差距不断扩大的局势，以及缩小区域差距的需求，重点探讨区域教育协作的可行性和必要性，从京津冀区域现阶段发展的态势和特点出发，探索京津冀区域教育协作的条件、模式、路径和布局，从而形成一个综合性的区域教育协作发展思路。本研究依照"理论溯源（理论支撑）——区域比较（比较探究）——现状研究（实践考察）——模式构建（理论构建）——布局设计（实践路径）"的思维过程与逻辑架构，逐步递进，综合运用横向比较与纵向比较、定性分析和定量分析等方法，准确把握当前状况，科学预测未来趋势，以期提出京津冀区域教育发展的最优路径。

就研究的思维逻辑而言，研究的重点、预判和目标如下。

1. 关注"五个要素"，比较"三个差距"

五个要素，即经济产业结构、教育发展阶段、人口与人力资源、区域发展定位、地理位置与环境。三个差距，即比较区域间（长三角、珠三角、京津冀）差距，比较区域内（北京市、天津市、河北省）差距，比较京津冀地区内各级各类教育差距。

从经济发展概况来看，与长三角、珠三角相比，京津冀呈现出以下特点：区域经济增长速度快，但经济总量的贡献率低；区域进出口贸易增速快，但进出口贸易额低；区域城乡居民收入增幅大，但收入和消费水平低；区域产业结构以第三产业为主，但农业比例依然较高；区域城市整体实力弱，区域内部发展差距大；区域存在生态发展矛盾，拉大了区域内部差距。然而，京津冀区域的经济发展水平虽落后于长三角和珠三角地区，但区域经济仍有较大的待发展空间。从产业结构来看，京津冀区域已先于长三角、珠三角区域形成以第三产业为主的优化结构，需要更多的高新优质人力资源支撑，这成为京津冀区域整体实力提升的重要契机，这种发展环境进一步印证了京津冀区域只有大力发展人才经济，才能较好地解决区域发展的矛盾，缩小内部差距。

从教育与人力资源发展概况来看，与长三角、珠三角相比，京津冀呈现出以下特点：区域劳动年龄人口比重大，人口密度相对低；区域居民高学历人口比重大；科技资源具有政府主导的特征；区域教师数量充足，高等教育规模大；区域教育经费投入比重大。总的来说，京津冀区域的教育与人力资源发展水平都优于长三角和珠三角区域，区域教育实力相对雄厚，人力资源质量相对较高。未来京津冀区域在人口发展方面不仅要应对人口老龄化趋势，而且要应对流动人口不断增加的趋势，从这个角度来说，区域教育和人力资源的联合开发具有较大的发展空间。

从京津冀区域内社会经济结构来看，北京市、天津市、河北省三地各有特点、各具优势。三地产业结构互补，有各自的经济增长极；京津二市人口密度大，河北省人口密度小，三地均处于“人口红利期”；京津二市缺少技能型人才，河北省缺少高学历人才。区域内已经形成便捷的交通网络，便于分工协作，各地的重新定位和调整有助于推进区域一体化发展。区域内产业结构呈梯度发展，这种结构性的内在联系和比较优势建立起了不可替代关系，使得区域内必须加强协作，谋求共同发展。区域内人口年龄结构和人才基本素质形成了较好的互补关系，便于规划区域内人口良性流动格局，促进跨区域城乡统筹、互动。

从京津冀区域教育发展情况来看，各地区形成了各具特色的教育资源竞争优势，但是，三地高等教育专业重复设置严重，不利于地区间分工协作；职业教育服务水平有待提升，不能较好地满足区域发展需求；基础教育地域差距大，不能充分满足本地区教育需求。若要更好地解决上述问题，则需要区域整体统筹，中央和地方进一步理清思路，从制度设计、体制创新、机制引导等方面进行突破，避免各地专业重复发展而造成资源浪费，促进教育重点专业设置更加合理、优质资源有效共享。

2. 做出“三个判断”，提出“一个宗旨”

通过比较研究，初步做出三个判断。

一是京津冀区域整体竞争力弱，但人力资源和教育优势突出。京津冀区域的教育与人力资源发展水平都优于长三角和珠三角区域，区域教育实力相对雄厚，人力资源质量相对较高。未来京津冀区域在人口发展方面不仅要应对人口老龄化趋势，而且要应对流动人口不断增加的趋势，因此，区域教育和人力资源仍有较大的发展空间。虽然从整体来看，京津冀区域教育在规模和投入上都有一定的基础，但是区域内部依然存在较大差距，只有打破地区间壁垒，推进区域教育一体化发展，才能充分发挥区域教育的优势，为区域整体竞争力的提升提供智力和人才支撑。

二是区域内存在明显的教育差距，但地区间教育资源具有潜在的互补特点。京津冀地区具有较高的教育水平和丰富的教育资源，各地区形成了各具特色的教育资源竞争优势，为区域内教育联动发展、两市一省各级各类优质教育资源强强联合，教育资源特色互补、联合培养紧缺人才等创造了优越的条件；为教育资源共享、产学研合作、优化区域教育资源整体配置效益等提供了巨大的空间；为进一步把区域教育做大、做强、做活，大力提升整体区域科教资源综合实力和竞争力奠定了重要的基础。

三是京津冀区域的发展与崛起依靠“政府主导、科教驱动”，这是区别于其他区域的特质。在京津冀地区，市场发展水平还不足以推动协作，各种资源控制仍是政府主导，尤其北京地区是中央院校的聚集地，是中央政府所在地，目前国家主体功能区规划中明确将京津冀都市圈列入优先开发区域，作为提升国家竞争力的重要区域，中央政府要迈出推进京津冀区域协作的脚步。京津冀区域协作将作为战略重点大力推进，京津冀教育资源必须成为区域发展的驱动力，原因有以下几点：京津冀区域发展需要构建相互认同的人文环境，教育是传承文化的动力和源泉；京津冀区域发展需要培养适应产业结构升级的人力资源，教育起主导作用；京津冀区域经济发展必须提高科技创新能力，教育科研是提升区域核心竞争力的主体力量；京津冀区域面临人口老龄化和流动人口等一系列问题，教育资源整合有助于缓解这些问题带来的压力。

一个宗旨，即“推进教育协作，促进区域和谐发展”。区域整体统筹，可以促进优质教育资源在区域内流动，发挥其辐射和帮扶作用，缩小地区间差距。区域整体统筹，可以有效避免各地专业重复设置，能更好地利用中央的教育资源，充分发挥这些高水平大学在人才培养、科学研究和社会服务对城市经济建设和社会发展的作用。区域整体统筹，可以使职业教育重点专业设置更加合理、满足区域发展需求，能更好地促进优质资源共享，解决局部地区生源不足或教育服务质量下滑问题。区域整体统筹，能协调和控制后进地区外来务工人员子女涌入先进地区，从而缓解京津外来务工人员子女带来的教育压力。

3. 力求达成“两个目标”

一是通过区域教育协作，提高教育资源的利用率和优化区域教育资源布局结构，完善教育服务功能，缩小区域内教育差距，整体构建起与京津冀功能定位和地位相适应的，具有较强国际竞争力的现代教育体系。

二是发挥教育的引领作用，充分发挥教育与区域产业结构、人口结构的互动作用，通过教育协作缓解区域内出现的经济、人口等社会问题，提升区域竞争力。

总之，我国未来很长时间内，社会经济空间结构演变的基本趋势将是“空间聚集”，而像北京这种具有特殊地位的生态脆弱区域，已经不可能再通过开发资源和空间来实施大规模的工业化、维系日益庞大的经济总量和社会总量。但是，如果开展区域协作，则有可能建成“高密度、高效率、节约型、现代化”的发展空间。因此，为完成上述目标，本研究提出了符合京津冀区域特点的发展模式和空间布局思路，以期在此基础上推进京津冀区域的快速发展，打造我国的第三大增长极，带动我国经济社会的进一步发展。

Introduction: Efforts to Promote Regional Coordinated Development on Education

The theme of the time decides our option of subjects. In the era of globalization, the national and regional development no longer rely on the urbanization path dominated by individual city, but on the modernization development network interwoven with major cities and their hinterland areas. Regional integration will gradually replace the traditional urban development as the new engine in promoting the global development. At the same time, with the formation and development of new forms of knowledge - based economy, the level of educational strength became a strong determinant of the overall competitiveness of a country or a region. The gap between regions comes from economics superficially; but in fact, it comes from the differences in science, technology and human resources, especially the educational gap. Any regions can't develop without high - quality human resources. Regional coordination can promote the integrated development of human resource, and the overall planning of scientific and educational resources so as to provide intelligence and personnel support for the regional economic growth and social progress. Being a fundamental guarantee of personnel training and intelligence support, education serves as a key driver in the region's rise. Thus, the regional prosperity cannot be achieved without focus on the development of education; and regional sustainable development also depends much on the promotion of education.

At present, China is in a decisive phase when will build a moderately prosperous society, with a rapid and stable economic development and a substantially increasing comprehensive national strength; but as the imbalance in social and economic development remains significant, and the gap in regional development between urban and rural areas is still large, to narrow such a gap is the inevitable requirement of accelerating the realization of a well – off society. The educational gap is both the result and the reason of the economic and social disparities between regions. The coordinated development of education is not only an important part of regional cooperation, but a crucial way of promoting the regional integration and reducing the regional disparities, in particular a sound foundation for enhancing the competitiveness of the region as a whole. Over the time, the education integration within the region and the education competition between regions will surely become a world trend.

The national regional development strategies come up with new demands for regional educational development. China's "11th Five – Year Plan of National Economic and Social Development" clearly puts forward a major strategic decision that is to promote the formation of the main functional areas, optimize the development pattern of the territory and explore the balanced regional development. The report of the 18th National Congress of CPC wrote: "(we should) accelerate the implementation of the main functional areas strategy and promote all the regions to build a scientific and rational pattern of urbanization, agricultural development and ecological security in strict accordance with the main functional orientation。We should continue to execute the overall strategy for regional development and fully make use of the comparative advantages of each region." Decision of the Central Committee of the right Communist Party of China on Some Major Issues Concerning Comprehensively Deepening the Reform proposed: "establish and improve the coordination mechanism of inter – regional urban development", so the synergy of all positive elements in the region, clear division between responsibility and right and cooperation within region would be the strategic choice which is crucial to the overall development of our country. Therefore, to further promote the regional education collaboration and finally form the coordinated development mechanism between regions has been put on the agenda.

As an important growth pole by which Chinaparticipates global competition, the Beijing – Tianjin – Hebei Regional development has caught high attention. The three municipalities (province) are geographically connected and culturally intimate, and have a naturally complementary strength in geographic conditions, human capital, industrial structure, and environmental resources, etc. Among China's three major economic regions, Beijing – Tianjin – Hebei Region stands an extremely important strategic position, and has an especially distinctive characteristic. The levels of development in economy, education and human resources of the Yangtze River Delta, the Pearl River Delta and the Beijing – Tianjin – Hebei Region rank top in China, but with an intensive intellectual resources and a solid educational base, the Beijing – Tianjin – Hebei Region enjoys comparatively more advantages in education than in economy. Thus, education needs to function better in leading the regional economic development. Although it requires the efforts of the whole community to promote education collaboration of Beijing – Tianjin – Hebei Region, the government should assume the primary responsibility, especially the central government's awareness and effort to promote Beijing – Tianjin – Hebei Region educational development will determine the structure and efficiency of regional educational development.

Under the background of "China's entering a decisive phase to build a moderately prosperous society", with a growing gap in regional development as well as an increasing demand to reduce these disparities, this study focuses on examining the feasibility and necessity of regional education collaboration. Based on current stage of development and characteristics of this region, The study will also exploring the conditions, patterns, paths and layout of the educational cooperation in the Beijing - Tianjin - Hebei Region, so as to form a comprehensive idea of regional educational collaboration. Complying with the thought process and logical chain which is from the theoretical origin (theoretical support), regional comparisons (comparative inquiries), situation research (practical investigation), and mode construction (theoretical built - up) to layout design (practical path), This study gradually unfolds the demonstration. The study combines method of horizontal and vertical comparison and qualitative and quantitative analysis to have an accurate grasp of the current situation, and to make a scientific forecasting on future trends, in order to find an optimal path for the educational development in this region.

According to its thinking logical, this study focuses on following emphasis, anticipation and objectives:

1. To emphasize "Five elements" and compare "Three gaps"

Five elements are namely the economic and industrial structure, the stage of educational development, population and human resources, orientation of regional development and geographical location and ecological environment. Three gapsis to compare the inter - regional gap (between the Yangtze River Delta, the Pearl River Delta and the Beijing - Tianjin - Hebei Region), the inner - regional gap (between Beijing, Tianjin and Hebei) and the gap in all types of education at all levels within the region.

As for the economic situation, the Beijing - Tianjin - Hebei Region has faster economic growth but lower - rate contribution to the total economy than the Yangtze River Delta and the Pearl River Delta. Its regional import and export grow faster but the trade volume remains low; the incomes of the urban and rural people in the region increase faster but the level of their consumption is stagnantly low; the tertiary industry dominates in the regional industrial structure but agriculture remains high proportion; the overall strength of the cities in the region is weaker and the development gap within the region is larger; the contradiction between ecological environment and economic development exists prominently, which further widens the internal disparities. While the level of economic development of the Beijing – Tianjin – Hebei Region lags behind the Yangtze River Delta and the Pearl River Delta, its economic potential is considerable. As for the industrial structure, the Beijing – Tianjin – Hebei Region goes ahead of the Yangtze River Delta and the Pearl River Delta in forming an optimal industrial structure dominated by the tertiary industry, so it needs more support from high – tech qualified human resources, which in its turn becomes an important opportunity to enhance the overall strength of the region. Such a development environment has further confirmed that only by fully developing talent economy, the Beijing – Tianjin – Hebei Region can better solve the contradiction in regional development and narrow the internal gap.

As for the education and human resource development, as compared with the Yangtze River Delta and the Pearl River Delta, the Beijing – Tianjin – Hebei Region has a higher percentage of working – age people and a relatively lower population density; it benefits more from a high percentage of well – educated residents; its technological resources are led by government; there are sufficient teachers, a larger scale of higher education and a higher percentage of public education investment. As a whole, the level of development in both education and human resources of the Beijing – Tianjin – Hebei Region is better than that of the Yangtze River Delta and Pearl River Delta, with relatively higher quality education and human capital. In the future, the Beijing – Tianjin – Hebei Region not only has to deal with the trend of an aging population but also to cope with the challenge of an increasing flow of migrant. From this perspective, the joint development of education and human resources in this region still has a large development space.

As for the social and economic structure within the region, Beijing, Tianjin andHebei have their own characteristics and respective advantages. The three places have a complementary industrial structure with different economic growth poles; both Beijing and Tianjin have a large population density while the Hebei province has a lower population density; in fact, all the three are the beneficiaries of the "population dividend"; s Beijing and Tianjin lack skilled personnel, whereas Hebei is in short of educated professionals. The convenient transportation network within the region helps to facilitate the division of labor and the internal cooperation, and the re - positioning and adjustment of the three places helps to promote the regional integration. As the regional industrial structure undertakes a stratified development, the structural interaction and comparative advantage lead to the set - up of an irreplaceable relationship, making it necessary to strengthen the regional cooperation and seek a common development. Furthermore, the age structure of the population and the basic qualities of talents within the region form a good complementary relationship, which helps to improve the planning of a benign population flow pattern and foster a dynamic cross - regional coordination and interaction between the urban and rural areas within the region.

As for the regional educational development, all the three places have a high level of education and sufficient educational resources, with distinctive competitive advantages for each. However, the duplication of the specialties set - up of the higher education is not conducive to the division of labor between the three places; and the vocational education cannot well serve the economic development of the region; the large disparities in the basic education cannot fully meet the educational needs of the region. To better solve these problems, we need to coordinate the whole region in planning and practicing; the central and local governments should further clarify their ideas, and make a break - through in system design, institutional innovation and mechanism guidance, to avoid the repetition in profession category and the waste of educational resources, and promote a more reasonable setting of key educational disciplines and a more effective sharing of quality resources.

2. To make "Three judgments" and propose "One purpose"

We can draw three preliminary judgments through the comparative study.

Firstly, the overall competitiveness of the Beijing – Tianjin – Hebei Region is rather weak but its advantages of human resources and education are highlighted. Owing to a relatively strong educational strength and a relatively high quality of human pool, the Beijing – Tianjin – Hebei Region has a superior educational development to that of the Yangtze River Delta and Pearl River Delta. In the future, the Beijing – Tianjin – Hebei Region not only has to deal with the trend of an aging population but also to cope with the challenge of an increasing flow of migrant. Therefore, the regional education and human resources have ample room for further development. Although the whole region has a good basis in terms of educational scale and investment, there are still big gaps between the three places. We shall break the regional barriers and promote an integrated development of education, so as to take full advantages of the educational strength of each place and provide intelligence and personnel support for the enhancement of the competitiveness of the region as a whole.

Secondly, there is a significant educational gap within the region, but the educational resources of each place complement with each other The Beijing – Tianjin – Hebei Region has a high level of education and sufficient educational resources with distinctive competitive advantages for each place. This situation has created favorable conditions for the joint development of the regional education, combination of various types of high – quality educational resources at all levels, complementation of individual educational resources, and joint training of personnel in shortage; it has provided a huge space for the sharing of educational resources, industry – university – research cooperation, and optimization of the overall configuration effectiveness of these resources and laid an important basis for a larger, stronger and more flexible growth of the regional education and a further enhancement of the comprehensive strength and competitiveness of the overall regional scientific and educational resources.

Thirdly, the development and rise of the Beijing – Tianjin – Hebei Region rely on the "government – led and science – driven" strategy, which is different from the characteristics of others. In this region, the market is not mature enough to promote collaboration. The disposal of resources is still led by the government, especially in the capital area where the central universities and institutions gather and the central government resides. The current plan of the national major functional areas explicitly indicates the metropolitan area of Beijing, Tianjin and Hebei as the prior development area, so as an important area to improve the national competitiveness, the central government should make an initial step to promote regional cooperation. The collaboration of the Beijing, Tianjin and Hebei should be put on the the strategic priority. Their educational resources must catalyze such a vigorous regional development. As the driving force and original source of cultural heritage Education helps to build the mutually – recognized human environment required by the regional development and plays a dominant role in cultivating human resources which are suitable to the upgrading of industrial structure in the region. While the region must improve its scientific and technological innovation and core competitiveness, education and scientific research should bethe main power; while the region faces an aging population, a floating population and other issues, the integration of educational resources can help alleviate the stress caused by these problems.

One purpose is namely "to improve the educational cooperation and promote the harmonious development of the region". The overall regional coordination can promote the flow of quality educational resources within the region, bring into play its radiation and assistance and reduce the inter – regional disparities. The overall regional coordination can effectively avoid the duplication and waste in the profession setting, make a better use of the central educational resources and give full play to the role of these high - level universities in personnel training, scientific research and social services to promote the city's economic construction and social development. The overall regional coordination can make the key profession setting in vocational education more reasonable to meet the need of the region, and promote a better sharing of the quality resources so as to solve the source shortage of students or the diminishing quality of educational services occurring in some areas. The overall regional coordination can also promote the flow of high - quality educational resources within the region, enforce the radiation and support of these resources, reduce the disparities among three places within the region, and also coordinate and control the influx of children of migrant workers from backward areas into advanced areas so as to ease the educational pressure brought by these migrant children there.

3. To strive for "Two goals"

Firstly, we should take advantage of regional coordination to enhance the utilization rate of educational resources and optimize the distribution pattern of educational resources, improve the educational services, narrow the educational gap within this region, and construct a modern education system with strong international competitiveness as a whole that is compatible with the functions, positioning, and status of the Beijing - Tianjin - Hebei Region.

Secondly, we should fulfill the leading role of education, give full play to the interaction between education and regional industrial structure as well as population structure, relieve the problems emerging in economy, population and other social aspects, and enhance the comprehensive competitiveness through educational collaboration within the region.

In short, for a long time in thefuture, "spatial clustering" would become the basic evolution trend of the socio - economic spatial structure of China. In an ecologically fragile area with a special status like Beijing, it is impossible to implement large – scale industrialization and maintain an ever – increasing large amount of economic and social aggregate through ever – expanding resources and space development. However, if a regional cooperation is put in place, it is possible to build a gathering space of "high density, high efficiency, resource saving and social modernization". Therefore, in order to accomplish these objectives, this study proposes some ideas about the development patterns and spatial layout in accordance with the characteristics of the Beijing – Tianjin – Hebei Region, for promoting the rapid development of this region, building our country's third largest growth pole and leading the country in its further economic and social development.

目　　录

理论篇

实证篇

战略篇

Table of Contents

Theories on Regional Development

Evidences on Regional Development Demonstration

Development Strategies

第一章　绪　　论

经济全球化使各国建立统一市场的要求越来越迫切。在这种背景下，区域合作组织的出现成为热潮，合作范围从国与国的合纵连横到国内省、市间的内联外引，合作内容从政治、经济、军事到文化、科技、能源，无所不涉；“联盟”“组织”“圈”“带”为推进区域发展起到积极作用，世界的多极化发展和科学技术的日新月异成为当代国际政治和经济环境的基本趋势和特征。随着我国经济高速增长，区域发展问题已经成为各级政府决策的核心问题之一，也成为学术界和社会关注的重大理论问题和实际问题。

第一节　问题的提出

一、相关研究的迫切性与现实意义

世界上发达区域凭借其高度发达和成熟的教育科技协作体系成为学术中心、科技创新中心、人才聚集中心，在全球教育战略格局中占据领导地位。区域发展催生区域教育协作，知识经济的发展取决于教育的发展。从这两个角度考虑，京津冀区域教育内部协作动力不足，外部却面临着强劲的社会需求。

第一，以区域为单位参与全球竞争逐渐成为国家和地区的战略选择。区域发展对于打破地方保护主义、优化社会资源配置起着极其重要的推动作用，是各国城市化进程的必然结果。按照我国实现现代化建设战略目标的总体部署，到2050年左右，北京市要建设成为经济、社会、生态全面协调可持续发展的城市，进入世界城市行列。纽约、伦敦、东京等世界城市的发展证明，世界城市建设需要区域体系支撑。特别是在北京面临外来人口不断增加、环境资源日益紧缺，人口、资源、环境的矛盾愈发突出的形势下，要破解特大城市服务、管理的难题，必须以北京为中心，形成一个辐射能力强、开放程度高、具有世界影响力的城市极点，并以此建构一个密切互动的京津冀区域一体化发展体系。这是北京建设世界城市的使命之一，也是全国在快速发展的城市化进程中破解重大问题的策略之一。教育作为区域的独特优势必然成为协作发展的重点。

第二，由上而下的政府规划对京津冀区域教育发展产生政策性影响。一些重要的国家发展动向需要教育做出迅速、及时和敏锐的反应。2006 年中央经济工作会议以及随后的中共中央“十一五”规划建议、国家“十一五”发展规划纲要都明确提出推进形成主体功能区、优化国土开发格局、推进区域协调发展的重大战略决策。2007 年 7 月 26 日，国务院正式发布《国务院关于编制全国主体功能区规划的实施意见》（国发［2007］21 号）。党的十七大报告提出：“加强国土规划，按照形成主体功能区的要求，完善区域政策，调整经济布局。遵循市场经济规律，突破行政区划界限，形成若干带动力强、联系紧密的经济圈和经济带。”党的十八大报告指出：“加快形成新的经济发展方式，把推动发展的立足点转到提高质量和效益上来……更多依靠城乡区域发展协调互动，不断增强长期发展后劲……继续实施区域发展总体战略，充分发挥各地区比较优势。”2014 年中央经济工作会议指出：“要完善区域政策，促进各地区协调发展、协同发展、共同发展。要重点实施“一带一路”、京津冀协同发展、长江经济带三大战略，争取明年有个良好开局。”区域协作发展是党中央、国务院正式做出的一项重大战略部署，教育协作作为区域的配套发展也将成为今后中国发展的大格局、大框架。一系列中央重大战略决策为区域教育协作奠定了政策基础。

第三，由下而上的市场推动对京津冀区域教育发展提出要求。京津冀三地产业结构在优势互补的基础上全面升级，为区域经济一体化奠定了基础。北京市的第三产业持续高速发展，已经成为推动地区经济增长的主要力量；天津市第二、第三产业发展较为均衡，钢铁、化工、现代制造业等重化工业蓬勃发展，未来交通运输、仓储以及邮电通信业仍有很大的发展空间；河北省虽是农业大省，第一产业从业人员较多，但工业基础雄厚，钢材、金属冶炼及延压加工业具有一定发展潜力。产业结构的升级将影响到京津冀区域人力资本需求。虽然该区域人才资源总量大，但高层次人才和高素质的一线劳动者较缺乏，人才资源地域分布不均衡、流动不灵活成为区域经济可持续发展的瓶颈。加快各层次人才培养必须成为区域经济一体化进程中的重要任务，各地教育必须发挥优势紧密协作。区域化的产业调整和发展对不同层次人才的迫切需求成为教育协作的动力之一。

第四，由外而内的区域间教育竞争对京津冀区域教育发展提出挑战。目前，在我国的区域经济格局分布中，东部以长江三角洲为代表，南部以珠江三角洲为代表，西部是以广西的北部湾经济区为主的大西南经济区，北部是以京津冀区域为主的环渤海经济区，中部则是华中六省，具体表现为东、中、西三大地带的经济发展水平依次递减。同时，在经济发展水平较高的东部，存在明显的南北差距，表现为南方的珠三角、长三角区域已经进入经济发展的良性循环，而京津冀区域虽然是我国北方最大、发展程度最高的经济核心地区，但总体水平落后于长三角和珠三角。在教育方面，京津冀区域虽然在教育规模、投入和产出上具有一定优势，但教育协作程度远不如长三角和珠三角。长三角、珠三角区域教育协作时间早，协作范围广，在协调机制、协作组织、信息共享、师资共享、教学交流、科研合作、资格互认、制度保障等方面已展开日益深入和细致的交流，甚至与区域外其他地区进行了教育、学术的和人才方面的交流合作，并定期召开研讨会。京津冀区域教育协作起步晚，教育资源封闭，配置效益不高，尚未形成有效的协作机制，没有充分发挥对经济的智力支撑作用。

第五，由内而外的地区教育发展瓶颈问题有待通过区域内部协作解决。随着改革开放的日益深入，全国各省市教育都得到了迅猛发展，随之而来的教育难点、热点、瓶颈问题也日益凸显。以北京市为例，其在教育发展主要指标上的优势与其他发达省市的差距明显缩小，但遇到了高等教育经济贡献力不足、职业教育生源减少、流动人员子女受教育等问题。与此同时，北京市又面临人口老龄化和人口素质差异悬殊等问题。只有通过区域教育协作，促进区域内劳动力流动才是明智选择。如果按照过去仅考虑市域教育的思路，这些问题和困难是无法得到有效缓解和解决的。如果不在发展理念、机制体制改革上进一步解放思想、有所创新，教育发展将难以展现新的优势、实现新的发展和新的突破。积极推进京津冀区域教育协作，是当前严峻形势下北京市、天津市和河北省三地教育发展必须考虑的重大战略性问题。

第六，均衡和效率是区域教育发展的基本追求。从现实情况来看，京津冀三地教育发展水平存在较大差距，部分地区教育资源存在闲置和浪费现象。均衡发展是全面建设小康社会过程中教育要实现的根本目标，其本质是教育的民主化、公平化，体现着最广大人民群众的根本利益。教育的均衡发展，有利于合理配置教育资源，有利于缩小城乡差别、推动区域教育整体水平的提升，有利于均衡不同区域人民群众受教育程度的差异，体现教育的社会公平价值，维护社会稳定。同时，随着普及水平的提高，教育发展的主要矛盾不再是数量、规模的扩张，而是质量、效益的提高。实现受教育权利、接受优质教育是现代社会人民群众最基本的需求和最根本的利益。通过区域协作，合理统筹教育资源，引领京津冀教育走向均衡，是社会发展的趋势，也是众望所归。

二、本研究的学术价值和理论意义

本研究通过分析京津冀区域社会发展与教育的相互关系，探讨该区域教育发展模式，并对区域布局提出科学设想。

第一，探索京津冀区域教育发展模式及布局，完善学术界对该区域教育的研究。从某种程度上说，本研究是对区域教育发展理论的一种集成和创新。区域发展是否成功，主要取决于是否具有根据国情消化吸收相关理论并制定出独特政策的能力。[1] 这种能力的实现首先是要发现和总结具有自身特色的区域发展模式。京津冀区域教育发展模式是在国内外区域教育发展模式的理论基础上，结合该地区的实际情况提出的具有京津冀特色的发展模式。该模式的提出主要基于三方面考虑：一是各种区域教育发展理论；二是本区域的经济、环境、人口、政策、城市规划等影响因素；三是本区域教育规模、结构、质量、效益的现实状况。这种模式既能解释京津冀区域的教育现实，也能预设其未来的基本前景。京津冀区域空间发展规划需要与之相适应的教育资源布局以及与各地区功能定位相适应的教育协作。以往的研究多是在区域教育协作机制和内容上提供建议，忽略了有关布局的规划；个别的布局规划研究则是针对高等教育，忽略了职业教育和基础教育。结合区域教育发展模式，探讨京津冀区域各级各类教育的布局是一种基础性的探索工作，无论如何都值得做，而且要走在社会发展的前面。

第二，京津冀区域教育的协作发展在客观上非常需要整体的、系统的理论阐述和空间规划。京津冀地区是我国未来继续大规模推进国际化的重要战略高地，很可能发展成与欧洲国家、美国、日本等高度发达的现代化大都市圈和产业聚集区相媲美的国家经济增长极。这样大区域的经济社会发展需要强大的理论支撑，明确各主要组成部分的战略定位，预测和规划区域的资源和空间。教育作为其优势资源领域，更需要早规划、早设计。然而，通过对长三角、珠三角、京津冀三大区域的比较发现，当前我国对京津冀区域教育的研究还非常薄弱。长三角、珠三角地区的教育协作已经进入互通、互认、互流的实质性阶段，而京津冀区域的教育协作还是空白。相关的研究也是如此：对长三角、珠三角教育协作的研究既有宏观政策的研究，也有具体问题的研究，既有深度理论的研究，也有个别案例的研究，而对京津冀教育方面的研究还是零散的、

[1] 王振全．发展教育学［M］．广州：广东教育出版社，2010：157.

不成体系的。本研究有助于探讨、解决当前的现实问题，开阔研究视野，引起相关部门和研究者的更多关注，为京津冀区域教育发展的进一步研究提供借鉴。

第三，为国家和地方制定区域教育一体化发展的相关政策提供依据，是落实科学发展观、完善现代治理能力的重要措施。研究和制定京津冀区域教育一体化发展的政策，是推进区域全面、协调、可持续发展的表现，是统筹区域内城乡发展、统筹经济社会发展、统筹人与自然和谐发展的指导策略。国家主体功能区的建设需要京津冀区域教育协作发挥智慧引领作用。北京建设世界城市目标的实现需要教育发挥辐射作用，天津与河北经济发展水平的提升需要区域教育一体化发展来带动。只有深入了解京津冀区域发展的实际情况，才能更好地把握区域发展的趋势，从而为区域教育协作提供基本的原则、目标及策略方面的相关信息，为京津冀各地制定相关的战略、政策和行动计划提供科研基础和决策咨询意见。

第四，通过推动教育协作来满足区域发展的需要，充分发挥大城市特别是北京市的引领作用，实现发展与环境之间的协调，具有实践价值。国家“十一五”规划将京津冀列入重点区域，建设京廊津塘高科技产业带是京津冀经济协作的重点之一，这使得京津冀区域高层次的科教合作变得必要。后奥运时期，北京市的发展后劲在于京津冀协作。如果没有周边地区的发展，北京就是一个孤岛，其长期、持续的发展是不可能的，而区域教育的协作将有助于资源优化配置，实现区域均衡发展。京津冀区域产业结构和就业结构的梯次升级，对人力资源需求旺盛，需要发挥区域教育的服务功能。京、津二市对河北省的生态环境有较强的依赖，需要通过区域教育协作促进教育均衡以补偿河北省的奉献。京津冀三地教育进一步发展遇到的矛盾可以通过协作缓解，教育协作有助于妥善处理地区间教育发展的关系。

三、本研究关注的基本问题

第一，侧重于京津冀区域教育与区域发展之关系的研究。重点研究区域教育与区域经济发展、区域教育与区域社会政治发展、区域教育与区域文化发展、区域教育与区域人口发展等教育与社会发展之间的互动关系。研究教育如何在区域发展中发挥更有效的作用，从而促进区域整体发展、均衡发展。

第二，着眼于京津冀区域教育发展模式研究。在推进区域发展中，依据具体区域的发展特征，必然形成特有的教育发展模式。该模式涉及特定区域的教育需求、教育作用于经济社会发展的方式和效果、特定区域的教育发展水平等方面。[1] 京津冀区域情况复杂，面临的发展任务与其差异显著的教育现实形成巨大冲突，不可能套用其他区域的教育发展模式。京津冀区域需要的是一种立足于本土实践、具有自身发展特色的创新，因此，必须构建适宜该区域发展的教育模式。通过与其他区域对比，找到京津冀区域教育独特的作用模式和机理，有助于认识教育的作用，发现其发展规律。

第三，落脚于京津冀区域教育的空间布局探究。社会发展与物质环境建设息息相关，一切社会规划都必须建立并落实到空间上。区域教育发展模式如果不通过空间布局规划落实，仅仅停留在理论和文字上，就没有任何意义。教育的空间发展直接关系到经济、人口、环境等问题的解决，科学的京津冀区域教育空间布局是在区域教育发展模式的理论基础上提出的具有可操作性的策略，是建立和谐区域、提升区域整体竞争力的必要保证。

第二节　国内外有关区域教育发展模式的研究

一、国际发达区域教育发展实践的参照和启示

研究区域教育发展模式对于科学构建区域教育空间布局具有重要的

[1] 冯增俊．比较教育学［M］．南京：江苏教育出版社，1996：156.

指导意义。

（一）从社会与教育的关系看区域教育发展

从社会发展与教育相互促进的规律中可以发现，欧美、日本等发达国家和地区的教育发展模式主要有人力资本模式、互动共进模式、均衡发展模式、创新发展模式、科技发展模式等。这揭示了典型发达国家工业化时期教育追赶的成功策略。其具体内容如下。

（1）以教育为主导的人力资本模式实现区域赶超。第二次世界大战后，关于经济增长研究的重要进展就是发现了人力资本的重大作用，人力资本成为各国相互追赶和发展超越的动力。日本物质资源匮乏，战败后却能奇迹般的迅速恢复和发展起来，成为完成资本主义工业化时间最短、发展最快的国家，这主要得益于其迅速发展的教育所提供的强大人力资源支持。日本重视教育和国民素质，把“经济起飞，教育先行”视为发展信条，逐步加强教育立法和教育改革，提高教育经费比例，为各级教育扩大供给能力奠定了重要基础，保证了日本高水平的教育质量，增强了教育对经济变化的适应能力。❶ 日本教育的巨大成就不在于培养了显赫的英才，而在于使所有毕业生都达到了很高的平均能力，❷ 培养了大批高质量的、适应经济发展需要的专门人才。

（2）以教育为基础的互动共进模式保障区域良性发展。互动共进模式强调教育是社会发展的基础，对区域经济增长起着推动作用。区域经济社会也为教育发展提供良好的发展支持，促进教育质量、效益的提高和规模的扩大。教育发展对新的区域经济发展提供创新保障，并适应和推进区域的新发展。澳大利亚是一个区域经济和文化都具有多元特征的国家，其经济体制属于混合型市场经济模式。据此，澳大利亚教育既有明显的地方性特征又有联邦管理下的一致性，在办学主体和办学体制上

❶ 吉田茂．激荡的百年史：我们的果断措施和奇迹般的转变［M］．李杜，译．西安：陕西师范大学出版社，2005：135.

❷ 瞿葆奎．国际教育展望［M］．北京：人民教育出版社，1993：59.

呈现出多样化的格局，建立起了立体贯通的有效的教育体系。教育与企业、社区、社会组织之间的相互联系和密切配合在整个社会产生了良好的互动效应。澳大利亚以农业为发展特色，把开展新兴农业教育作为企业发展的重要战略。澳大利亚农业职业教育体系发达，根据其地广人稀、移民较多的特点，其具体的办学形式十分灵活，尤其注重信息技术的运用，为边远地区教育发展提供了极大便利。由此，既适应了经济社会发展对农业教育的需求，也为国家产业发展奠定了智力基础。

（3）以教育为手段的均衡发展模式促进区域资源公平配置。教育均衡发展实际上是经济均衡发展的移植，包括社会总资源在各地区教育中的分配。在苏联建国前，中亚区域是俄国经济发展落后的农业社会，教育也十分落后。在苏联强有力的统一制度下，中亚区域秉承国家教育均衡发展政策，教育获得巨大发展。为帮助中亚落后地区经济尽快赶上中部地区，苏联政府给中亚地区拨出大量资金，迁去工厂设备，派去技术人员、专家和教师。随着大量教师和高素质人员的迁入，中亚地区人口的受教育水平大大提高。到 20 世纪五六十年代，苏联中亚地区形成了完备的教育体系，义务教育入学率达到较高水平；中等教育同工厂和农场建立对口关系，高等教育在校大学生在每万人人口中的比例不仅超过发展中国家，而且超过许多西方发达国家，为当地经济社会发展源源不断地输送人才。❶

（4）以教育为引领的创新发展模式保持区域竞争力。目前，世界上公认的创新型国家有 20 个左右，包括美国、日本、德国、英国、法国、芬兰、韩国等。它们的创新综合指数明显高于其他国家，科技进步贡献率约在 70% 以上，研发投入占 GDP 的比例一般在 2% 以上，❷ 在全球具有竞争优势。在经济全球化和知识经济时代，欧盟区域发展模式开始发

---

❶ 王沛．中亚五国概况［M］．乌鲁木齐：新疆人民出版社，1997：164.

❷ 陶西平．挑战教育的智慧［EB/OL］．http：//edu. sina. com. cn/l/2009 – 11 – 09/0206180766. shtml.

生变革，制定了一系列新经济社会发展战略。其中，“博洛尼亚进程”是欧洲一体化进程在教育领域的主要体现，这是基于经济全球化的压力和欧洲自身发展的需要。欧洲各国政府采取的一致行动是通过充分利用各国的高等教育资源、加强交流与合作，提高教育质量和竞争力，寻求欧洲重新崛起之路。按照《博洛尼亚宣言》，到2010年欧洲要完成高等教育体制改革。目前，欧洲资格框架已经建立，三段式学制改革进展顺利，各国高等教育完全接轨，拥有规模更大、质量更优、效益更好、更能应对经济社会发展挑战的教育体系。这表明，教育发展的创新就是不断适应与引领产业创新、科技创新，是区域保持竞争力的支点。

（5）以教育为依托的科技发展模式推动区域经济发展。大学科技园区兴起于20世纪50年代，主要在发达国家，尤其以美国为数较多，较为著名的有北卡罗来纳州（以下简称“北卡州”）的研究三角园（RTP）。以杜克大学、北卡州立大学和北卡大学查佩尔山分校三所大学为依托的北卡州研究三角园创建于1959年。当时，北卡州经济主要依靠三大传统产业——纺织、烟草和家具制造，居民平均收入为全美倒数第2名。北卡州政府制定政策吸引研究单位及公司入驻，将州内三所著名研究型大学联合起来，共同创建一个以研究为导向的科学园区，以带动北卡州高科技产业，促进经济发展。现在，北卡州是全美50个州中排名第4的生物科技重镇，居民年平均收入达到全美平均水平。RTP已经成为北卡州经济和科技的支柱，园区内有130多家公司、机构，4万多名高科技人才，是国际公认的成功科技发展模式。❶

总的来说，发达国家教育发展模式呈现出动态的演进过程，这既是发达国家工业化时期教育发展与追赶的过程，也是教育日益成为国家发展基石的观念与制度演进的实践过程。在区域发展过程中，教育发展有可能多种模式并存，但可以肯定的是，教育发挥的作用不是单一的，教

❶ 吴晓郁. 海外科技园成功案例［R］. 上海：上海教科院智力开发研究所，2003.

育发展始终是区域经济社会发展的根本推动力。

（二）从教育合作的探索看区域教育发展

从现实角度来讲，国际大城市群不仅是一个国家的经济发展引擎，也是教育发展的中心。例如，日本的东京至北九州太平洋沿岸城市区域，拥有全日本一半以上的大学；美国东北部的“波士顿—华盛顿”城市区域，高校林立，世界级大学众多。这些教育高度集中的城市区域，对国家的社会经济发展产生了至关重要的推动作用。各国区域教育合作的实例也证实了教育发展与区域发展的密切联系。其中，具有借鉴意义的如下。

（1）欧洲的“博洛尼亚进程”（Bologna Process）。

“博洛尼亚进程”是29个欧洲国家于1999年在意大利博洛尼亚提出的欧洲高等教育改革计划，目标是整合欧盟的高教资源，打破教育体制之间的壁垒。该计划的发起者和参与国家希望，到2010年，签约国中任何一国大学毕业生的毕业证书和成绩，都能获得其他签约国的承认；大学毕业生可以毫无障碍地在其他签约国申请硕士阶段的学习或者寻找就业机会；实现高教和科技一体化，建成欧洲高等教育区，为推动欧洲一体化进程做出贡献。

从10年的发展历程来看，“博洛尼亚进程”大体可以分为三个阶段，即筹备阶段、启动阶段和评估阶段。1998年，法国、德国、意大利和英国共同签署《索邦宣言》，重点推动欧洲高等教育学位和学制总体框架的建立，将本科生、研究生学制和层次分为两个阶段，建立共同的学位制和学分制。这是“博洛尼亚进程”的雏形。在启动阶段，欧洲29个国家负责高等教育事务的部长于1999年签署《博洛尼亚宣言》。该宣言主要有以下内容：在欧洲各国大学间建立一个可选择、可对比的学位体系；建立一个以本科和硕士为基础的高等教育体系；建立欧洲学分转换体系（ECTS）；促进教师和学术人员流动；保障欧洲高等教育质量；促进欧洲范围内的高等教育合作。在实施《博洛尼亚宣言》所确定的各项内容的过程中，成员国每两年举行一次评估大会，并发布评估公告。每一届大会都会对博洛尼亚进程做出新的补充。“博洛尼亚进程”是欧洲一体化进程启动以来，欧洲最重要、涉及范围最广的一次高等教育改革，为区域政府动员高等学校积极参与区域发展提供了良好的参考模式。

（2）美国东北部的“常春藤联盟”（The Ivy League）。

“常春藤联盟”由美国东北部的8所学校即布朗大学、哥伦比亚大学、康奈尔大学、达特茅斯学院、哈佛大学、宾夕法尼亚大学、普林斯顿大学和耶鲁大学组合而成。这8所大学都是公认的一流大学，历史悠久，治学严谨，教授水平高，入学标准非常严格，学生质量好。常春藤联盟是一个开放式的联盟，学校之间有广泛的学术、活动等方面的交流与合作；盟校之间也有着很多相似之处，如学生素质、教育价值观、办学传统和特色等。在招生方面，常春藤盟校之间有“君子协议”，约定不能为争夺优质生源相互拆台、所有学校依据同样标准向经济困难学生提供资助等。盟校之间的转学按照一般标准，不会享受特别优待；学分的转换要看每个学校的具体规定，但一般而言不会有很大的流失，这样才能保证办学质量。盟校校长定期举行会晤，由各大学轮流主办，一任两年；主办方负责召集会议、提出倡议，就大学的发展方向、高等教育指导思想、校长与校董会的关系、科研成果转化等重大的宏观问题进行研讨。本科生学院院长每年举办两次座谈会，就招生、转学、课程设置等管理和教学层面的具体问题进行商讨。其他院级单位，如招生办公室、国际学生办公室、图书馆等同样定期或不定期地进行交流和协作。

（3）美国西部州际高等教育合作。

2008年，美国开始出现经济动荡的初期征兆，西部绝大多数州都经历了财政收入的锐减，在发展的道路上面临着严峻的挑战和巨大的障碍。为此，美国西部州际高等教育委员会设计并开发了多种区域合作与交流计划，帮助西部各州迎接共同的挑战。西部高教委员会投入大量人力物力，以使其15个成员州充分认识到高等教育对区域经济发展的重要性，并提出方案、制定积极的公共政策，通过教育投资促进经济发展。西部高教委员会于20世纪50年代初期设立的创造入学机会方案称为“学生交换计划”，现包括“西部本科生交换计划”“西部区域研究生计划”和“专业学位学生交换计划”。这3个计划项目使学生可以用较低的成本就学于该区域内的州外大学，帮助西部高等院校弥补生源的不足，避免区域内学习项目的重复设置，更好地对有限的资源进行整合与管理。西部高教委员会由15个州组成，每州推选3名代表，分别来自立法机构、高等教育领域和社区。该委员会全面审视西部高等教育面临的各种问题，提出解决方案，力图使高等教育顺利度过经济危机，有长远的可持续发展能力。在充分认识高等教育与区域发展密切关系的基础上，该委员会所采用的灵活多样的区域合作与交流模式充分体现了美国西部区域合作资源要素的合理、均衡配置和区域合作支持网络系统的纽带作用。❶

（4）英国英格兰东北部区域教育合作。

英格兰东北部是英格兰最为边远的地区，经济的低水平发展影响了该地区的教育发展和人才培养。20世纪90年代以后，在英国区域主义运动的带动下，人们对知识、文化和创新在区域发展中的重要作用有了重新认识，高等教育领域也逐渐关注其所担负的区域发展责任和作用。由于多年来一直采取合作的态度和方式支持该区域的发展，东北部地区的高等教育不仅形成了区域优势，也奠定了该地区自我发展的基础。英格兰东北部有5所大学。其中，达勒姆大学和纽卡斯尔大学为研究型大学，诺森比亚大学、桑德兰大学和迪塞德大学是1992年英国高等教育体制改革后由多学科技术学院升格的新大学。此外，著名的开放大学在英国北方的总部也设在东北部区域。这些大学采取了一系列措施与区域互动发展：制定新的大学发展战略，明确服务区域发展的办学定位；设置专门机构，配备专门人员，为大学的区域参与提供组织保障；成立东

❶ 郭强．美国高等教育区域合作与交流模式及其启示——解读《美国西部州际高等教育委员会2009年度报告》［J］．中国高教研究，2010（1）：35～36.

北部区域大学联合体，为大学以合作方式服务区域发展提供机制保障；增招本地生源，为区域储备高素质的劳动力；创新人才培养模式，为区域输送高技能的创新人才；通过创建研究中心、咨询公司、科技园和参与重大项目建设等方式，积极参与地方产业发展；举办文化活动，发展文化产业，促进区域文化和经济的繁荣；科学建设校园，促进城市形象和品位的提升；开展学生志愿者活动，推动地方社区文化重建；与卫生部门合作，为国民健康体系建设提供服务；走进乡村，服务乡村社会重建。[1] 这些大学积极展示了融入区域发展的热情和能力，在许多方面已经取得了明显进展和显著成绩。

（5）澳大利亚八校联盟（Group of Eight）。

澳大利亚八校联盟是由 8 所澳大利亚顶尖大学即西澳大利亚大学、阿德莱德大学、墨尔本大学、莫纳什大学、澳大利亚国立大学、悉尼大学、新南威尔士大学和昆士兰大学组成的联盟。其成员皆是综合性大学，均以科学研究作为大学发展的重要使命。八校联盟的雏形形成于 1994 年，以校长之间非正式关系网络的形式存在，直到 1999 年才正式成立统一的非营利性组织。八校联盟的董事会成员由 8 所学校的校长组成，每年举行 5 次董事会会议，董事会主席每两年在成员学校的校长中轮换一次。八校联盟还设有多个专门委员会，涵盖主要的学科领域和大学行政部门等，他们定期会面以交换信息、商讨合作事宜。八校联盟设有秘书处，主要职能包括：对国家制定有关高等教育和学术研究的政策施加影响；为成员大学及其教师提供高质量的政策分析和服务；为各种合作活动提供便利条件；发展国际战略联盟和网络，维持高水平的品牌认可度，为提高成员大学的绩效表现提供比较基准和统计分析数据；促进成员大学研究者的专业发展，提供可靠的平台，让各种创意和专家意

[1] 连莲，许明．大学与区域经济社会互动发展——以英国英格兰东北部为例［J］．东南学术，2009（2）：153～155.

见得到交流、共享；为研究型大学发展提供团体性支持框架等。❶ 八校联盟的优势在于，整合各校优势资源，吸引多渠道的经费资助，同时，利用政府协调力量获取在全球竞争中的收益，尤以研究合作体现研究型大学的特色。相较于英美两国，澳大利亚政府在高等教育市场推广、促进和签订国际协议方面扮演了更为积极的角色。例如，帮助八校联盟建立欧洲中心、开展与德国的研究合作等。与欧洲大学之间的交流与合作，不仅为八校的学者提供了在欧洲学术界频繁亮相的机会，也让欧洲青年学者获得了赴澳开展研究的机会。❷

总之，通过以上实例可以看出，区域教育发展始终是区域社会发展中得到高度重视的问题，实现区域教育的科学合作与合理布局应该成为政府优先考虑的问题。同时，区域教育合作在社会发展的不同阶段都存在，只不过表现形式不同。随着社会的发展变化，适应经济发展的区域教育合作一直在探索中。

二、国内区域教育研究的理论和现实基础

（一）区域教育发展的理论概况

1. 区域教育发展可以划分为不同阶段❸

第一，区域教育发展一般可以分为三个阶段。（1）待发展阶段，即与农业经济社会相对应，经济发展对教育的需求有限，而教育活动的层次比较低，规模比较小，适龄人口入学比例低。（2）成长阶段，即与工业化初、中期相对应，经济发展使产业和劳动就业结构迅速由第一产业转为以第二、第三产业为主，迫切需要培养大批技术人才和熟练劳动者，并且不断为教育发展提供大量的资本、思想和技术装备。教育重心

---

❶ Go8［EB/OL］. Introduction of the Go 8. http：//www. go8. edu. au/.

❷ 徐岚，卢乃桂．市场化背景中的澳大利亚八校联盟及其启示［J］．高等教育研究，2010（1）：96.

❸ 彭世华．发展区域教育学［M］．北京：教育科学出版社，2003：44～46.

上升，教育规模急剧扩大，适龄人口入学比例上升，职业教育成为教育体系的重要组成部分。(3) 成熟阶段。这一阶段大致与工业化后期社会相对应，经济高度发达，经济发展依赖于教育和科学技术的发展；不仅初、中等教育已经普及，高等教育也走向大众化，确立了终身教育的思想和制度，开始建立全民学习的社会。

第二，区域教育按经济社会的协调状况来划分可以分为三个阶段。(1) 补偿性发展阶段，即由于发展水平低，区域教育满足不了经济和社会发展的需求，所以出现带有补偿性的急剧扩张，特别是数量的猛烈扩张。(2) 适应性发展阶段，即区域教育已成规模，其结构基本适应经济、社会发展需求。其发展主要表现为更新教育思想和教育理念，调整教学内容和教学方法，提高教育质量。(3) 人口变化发展阶段，即区域教育因为人口变化而发展，突出表现在教育的规模、结构和质量因学龄人口变化而在办学规模上出现的扩大或缩小。

第三，区域教育按照发展性质来划分可以分为三个阶段。(1) 选拔教育阶段，区域教育的规模比较小，培养的是社会管理和生产骨干，他们毕业后所从事的是当时社会上的高级专业，比如，我国 20 世纪 90 年代中期以前的普通中专教育和技工教育，以及一直以来的高等教育。(2) 大众教育阶段，区域教育的规模比较大，主要培养一般性的技术人才和劳动者，他们毕业后所从事的职业已处于社会的中层、中下层。因此，接受这类教育是大众的权利，入学机会相当多。(3) 普及教育阶段，教育规模相当大，接受这类教育已是公民自我发展的必要基础，是国家和公民必须履行的义务。

2. 区域教育发展可划分为不同模式

第一，中国区域教育发展可以分为 4 种类型和 11 种模式。❶

首先，是教育发展导向类型，即根据区域教育发展原生性要素的组

---

❶ 窦文章，房淑云．中国区域教育发展类型及模式研究 [J]．教育科学，1997 (2)：10～14.

合演变而成。教育发展原生性要素是区域教育发展的历史沉淀，主要包括区域内的自生性教育资源和文化传统等，是教育发展的背景要素。根据其文化教育传统的功能性差异，又分为传统封闭模式和现代开放模式。(1) 传统封闭模式。这是一种把教育仅仅作为传授知识的单一课堂讲授的小教育模式，缺乏弹性，层次简单。(2) 现代开放发展模式。这是一种以开放系统为发展导向，体现现代教育整体性功能的模式，强调教育符合经济发展需求，服从教育发展趋向并随其发展不断改变作用点。

其次，是功能组织类型，即根据区域教育发展再生性要素的不同功能组合的类型，区域教育发展功能组织研究就是寻找这种教育资源的最优配置。在这种类型下，区域教育发展有三种功能性模式：(1) 轻普及型发展模式，这是处于经济发展初期或欠发达地区的一般教育发展模式。初等教育人口基数大，往往负荷重，起步缓，发展速度慢，教育投资回报周期长，但收益弹性相对较大。(2) 有机协同发展模式，这是经济中等发达地区的一般教育发展模式。由于区域经济开始起飞，人才需求量增大，而此时初等教育已基本普及，故发展重点转向中等教育，初等教育和高等教育投资比例相对较小，这是教育发展的关键阶段。(3) 重型提高发展模式，这是经济发达地区的一般教育发展模式。全民基本素质得到提高，教育侧重高等教育，结构复杂、层次多样的教育体系已经初步形成；区域重点是培养高级专门人才，以保证社会经济向高层次发展。

再次，是空间组织类型，即教育发展过程的供给与需求在空间组织过程中表现为极化和扩散两类趋势和效应，在地域上形成教育核心区和教育边缘区。具体而言，有三种模式：(1) 梯度滚动发展模式。由处于高位梯度的地域吸收、消化新技术和新思想，然后按一定空间梯度逐级向外围地区扩散渗透。(2) 等级放射发展模式，即教育发展要素由高层次极核区向低层次极核区扩散。这种模式受距离影响较小，对边远地区教育发展尤为重要。(3) 辐射互动发展模式。这在一定程度上反映了城乡教育发展的空间演变关系，即城市重心教育有较强优势，相邻的周边腹地处于劣势；只有广大边缘区的教育发展了，整个区域的教育才会真正发展。

最后，是管理调控类型，其反映了一定时期教育政策、体制和管理的调节方式。具体来说，有三种模式：(1) 计划调节模式。调节权力高度集中，资金投入强度大，可担风险系数大，用来发展基础性教育或规范性教育有优势。(2) 市场调节模式。对社会的教育需求信息可用动态账户管理，具有灵活性，可以用来发展短线专业或培养急需人才。(3) 计划市场调节模式。该模式兼容以上两者的优点，克服双方的不利因素，能够做到长期与短期相结合。

第二，中国高等教育区域发展可以概括为三种关系和四种模式。[1]

首先，高等教育与经济社会发展之间的关系可概括为先导、伴生、跟随发展三种关系。(1) 先导发展关系，是指区域高等教育对区域经济社会发展起着先导引领作用，区域高等教育的发展引导和带动区域经济社会发展。(2) 伴生发展关系，是指区域高等教育与区域经济社会发展相互适应、相互促进的共同发展关系。(3) 跟随发展关系，是指区域高等教育服从和服务于区域经济社会发展，其发展的规模、速度、结构和重点主要取决于国家对区域经济社会发展的战略安排，其发展处于一种跟随状态，即主要由区域社会经济发展决定区域高等教育发展规模和结构。

其次，中国高等教育区域发展模式主要包括四种。(1) 政府主导、科教驱动模式。就是中央政府和地方政府相互协作，以规划、财政、人事等宏观政策调控手段为主，发挥政府配置资源的基础性作用；充分整合丰富的科技文化教育资源，确立区域高等教育的先导发展战略，发挥高等教育和科技创新的竞争优势，打造新的经济增长极，引导整个区域

[1] 吴岩，刘永武，等．三关系和四模式：建构中国高等教育区域发展新理论[J]．中国高教研究，2010 (2)：1～5.

经济社会发展，并影响全国的创新发展。（2）市场主导、经济驱动模式。就是中央政府和区域内地方政府要适应市场经济发展的规律和趋势，顺应经济圈、经济带、都市圈经济发展的要求和特点，发挥市场配置资源的基础性作用，前瞻性地将高等教育的区域合作与发展纳入区域经济合作与发展的范畴；以区域经济合作与发展带动高等教育的区域合作与发展，使区域高等教育在适应和满足区域经济发展的过程中获得更经济、更有效益、更持续的发展。(3）政府扶持、生态驱动模式。就是中央和区域内地方政府从整个国家环境保护和生态发展的战略角度和战略价值来考虑区域经济社会发展，以环境保护和生态发展作为衡量区域经济社会发展的标准，以环境保护和生态发展的需求来带动区域高等教育的合作与发展；强调通过中央与区域内地方政府的合作和财政转移支付来满足区域内经济社会发展的需求，包括区域内高等教育的发展。（4）混合动力、多元驱动模式。就是中央和区域内地方政府根据区域功能定位和发展条件，适应区域经济社会发展的不平衡性和差异性，灵活采用政府主导、科教驱动模式，市场主导、经济驱动模式，政府扶持、生态驱动模式等模式，使高等教育的区域发展更好地适应区域经济社会发展需求，使高等教育的区域发展能够更健康。

总之，当前已有的理论研究都是从教育与社会经济发展的互动关系上来挖掘区域教育的不同形态。由此可见，本研究仅从教育内部来研究区域教育发展的模式是不够的，必须充分考虑当前区域社会经济发展的形态，从区域发展与教育发展互动的角度来考虑问题，才具有科学性和实用性。

（二）区域教育发展的现实研究

1. 我国一些地区教育发展形成了具有当地特色的模式❶

案例一，是以制度变革带动教育现代化的浙江椒江模式。浙江椒江

❶ 谈松华．教育现代化的区域发展模式及其机制［J］．教育发展研究，2007（7）：49～50.

是“教育股份制”最早兴起和发展的地区。“教育股份制”改变了单一的公办教育制度，通过政府与市场相结合的机制，吸纳民间资金，扩大教育供给；在短期内积聚民间资金，实现教育事业的跨越式发展，推进教育现代化的进程。

案例二，是以提供充足、优质教育的终身学习体系建设带动教育现代化的上海徐汇模式。上海徐汇区创建了区域性现代化基础教育新体系，完善了学历教育系统的革新实验，如初中的“走班制”教改实验、普通高中的“综合班”等；创建了区域性非学历教育系统的革新实验，其中包括社区教育，把学校和社区联系起来，建设教育支持系统的教育革新实验。

案例三，是以结构变革和信息化带动教育现代化的珠三角模式。珠三角适应产业结构优化、升级和人才战略的转变，提升教育结构的重心及其适应性；适应城市化进程加快带来的人口集中，通过教育布局结构的调整实现集约办学和资源的合理高效配置，形成优质高效的教育；教育布局结构调整与教育信息化建设相结合，推动教育范式的转型，缩小教育领域的“数字鸿沟”。

案例四，是适应和满足不同群体多样化教育需求的长春宽城模式。在农村教育综合改革中，长春宽城以农村初中办学模式改革为切入点，以实践培训基地建设为突破口，以农村基础教育课程体系建设为核心，探索出“三教一体、多元化办学”“必修与选修相结合、全员与分流相结合、普教与职教相结合”“普职联合办学”等多种办学模式，初步形成具有宽城特色的农村育人体系。

2. 我国四大城市群可以建设成具有区域特色的教育服务区❶

一是环渤海“教育示范区”。总体思路是“资源共享、合作互助、优势互补、共同发展”，以教育优势打造经济优势，促进环渤海地区教

❶ 高书国．我国四大城市群教育综合竞争力与教育合作区的战略构想［J］．教育发展研究，2006（1）：25～27.

育长期合作、持续健康发展，催生经济圈和全国第三个经济增长极。分步推进环渤海地区的教育合作，开展区域间、国家间联合办学；建设教师培训网和教育信息网，共同开展教师培训。逐步放开省市所属院所面向区域招生的权力，加强中等专业学校、高等学校区域间的合作，允许跨省市招生和就读。鼓励“流动性学习”，充分利用特大城市富余的优质资源，为环渤海地区人力资源开发服务。

二是长三角“教育优势圈”。推进长三角地区教育资源共享，共同筑就教育高地，实现教育双赢，增强教育为经济建设和社会发展的服务能力。共同搭建教育平台，打造“长三角”教育高地，并将优势向中西部腹地纵深推进，进而为服务全国做出贡献。这是长三角“教育优势圈”最终要实现的目标。

三是泛珠三角“教育协作区”。华南与云贵地区的经济、教育、文化发展存在阶段性差别，这是形成统一教育协作区的最大难题，也将对泛珠三角区域协作领导者和组织者的规划能力、管理能力、协调能力提出挑战。

四是大东北“教育协作区”。东北地区的协作具有教育水平较高以及均衡性、整体性和同质性强的特点，但其城市间的网络互通性较低，联系度不高，龙头城市尚不明显。建议建立东北地区教育发展协调机制，科学规划教育发展，整体推进教育改革，积极实现资源共享。

上述区域教育发展的现实研究，一类是对已有经验的总结，是某一地区在教育发展过程中针对某一具体问题提出的具有创新意义的教育改革，具有当地特色，但不具推广性；另一类是对未来规划的设想，明确了我国具有合作潜力的四大区域，指出了教育在区域发展中扮演的角色和应该发挥的作用。尤其是研究中对区域教育发展路径的设计，为作为环渤海一部分的京津冀区域的教育合作发展阐明了方向。

（三）关于京津冀区域教育的研究

1. 一系列京津冀社会发展研究为区域教育合作提供了背景和依据

（1）关于京津冀都市圈的综合规划研究。樊杰主编的《京津冀都市圈区域综合规划研究》提出并论证了北京市、天津市和河北省下辖8市在经济和社会发展职能方面的分工和方向；从工业、旅游、交通、能源等方面规划了未来区域性重大基础设施的建设布局，阐述了大城市与资源、生态支撑体系之间的补偿关系，提供了关于优化开发地区区域规划的工作程序、分析方法和方案论证。

（2）关于京津冀区域发展空间布局的研究。吴良镛主持的《京津冀地区城乡空间发展规划研究报告》中提到的“一轴三带”，是指京津发展轴与滨海新兴发展带、山前传统发展带和山区生态文化带。具体来说，是以京津走廊为发展轴，以环渤海的“大滨海地区”为新兴发展带，以山前城镇密集地区为传统发展带，以环京津燕山和太行山区为生态文化发展带，共同构筑京津冀地区“一轴三带”的空间发展格局，提高首都地区的区域竞争力、资源环境承载力和文化影响力，推动京津冀地区的均衡发展。这种科学规划的区域布局为京津冀区域教育空间布局提供了依据和启示。

（3）关于京津冀区域经济发展的研究。周立群的《创新、整合与协调——京津冀区域经济发展前沿报告》认为，创新、整合与协调是追踪和把握京津冀地区未来发展的关键——创新是培养活力、动力和自生能力，进而提升区域和国际竞争力的前提；整合是该区域要素聚合、优势互补、能量释放、形成合理分工与协作的内在要求；协调是将经济、社会、环境的和谐纳入区域发展内涵，也是对经济增长和竞争力提升的统合，是京津冀地区科学发展的目标之所在。该研究以内生性区域创新体系、区域资源整合、引领与协调区域经济发展为主线，对京津冀区域经济发展进行多视角的探析。于刃刚等的《京津冀区域经济协作与发展——基于河北视角的研究》根据京津冀经济区新的发展形势，从生产要素禀赋、制造业对比分析、市场一体化、科技资源整合等角度，对京津冀协作与发展进行了系统研究；详细分析了京津冀经济区三方的协作需求、协作发展阶段、各自的比较优势和协作重点等，并就生产要素跨区域流动、制造业协作与发展、市场一体化、科技资源整合与特色产业互动发展等问题提出了有针对性的建议。

（4）关于京津冀区域人口和人才发展的研究。邓行舟等主编的《京津冀人口发展战略报告》由5个专题组成——京津冀人口发展总报告及京津冀区域内联系和经济协调发展的现状与前景、京津冀人口现状与发展态势、京津冀区域产业与就业及人口发展趋势、京津冀城市化发展趋势、京津冀区域人口资源生态承载力，全面、准确地把握京津冀地区人口、经济、社会、资源、环境的总体状况，对京津冀地区中长期人口发展做出基本判断，提出京津冀地区人口与经济、社会、资源、环境协调发展和可持续发展的政策建议，提出建立京津冀地区互联互动式的人口与发展的综合决策信息系统。陈敏的硕士论文《京津冀地区人才发展战略研究》全面分析了京津冀地区人才资源现状，系统地总结出当前人才资源存在的问题；针对京津冀地区人才资源发展现状，以加强人才资源能力建设为起点，探索提高区域人才资源的整体素质；提出全面、深度开发人才资源的模式，提出以促进和保持京津冀地区经济可持续发展为前提的人才资源开发与利用的若干政策建议。

（5）关于京津冀区域科技发展的研究。李国平等的《京津冀区域科技发展战略研究》结合世界科技的发展态势，总结京津冀地区科技发展的特点及问题，提出京津冀科技发展的重任与使命。该研究提出了京津冀区域科技发展的指导思想、发展目标和思路，强调要以经济社会发展对科技的需求为基本出发点，形成互动共赢的区域科技发展机制和点轴支撑的区域科技发展布局，全面提升科技对经济和社会发展的支撑和引领作用；明确了京津冀区域科技优先合作发展的四大主题，即原始创新主题、资源环境主题、社会和谐主题和以人为本主题；提出以“三个基地”（中关村研发与知识服务基地、滨海新区技术成果转化基地、曹妃甸基础产业技术开发与应用基地）和“三个科技发展带”（京津塘高新技术产业带、沿海重化工产业技术示范带、环京津创业带）作为科技发展的支撑。该研究为京津冀区域高等教育布局与发展提供了非常有价值的信息。

如前所述，要想科学地呈现区域教育的发展模式和布局，不能只局限于教育本身的研究，必须充分了解区域社会各方面发展状况包括政策、经济、人口、科技、环境等因素对区域教育合作与发展的需求和影响。上述一系列关于京津冀区域发展的研究，为京津冀区域教育研究提供了充实的背景和依据。

2. 为数不多的京津冀教育研究是区域教育合作的良好开端

（1）史朝、司洪昌分析了首都高等教育布局对环渤海地区发展的重要作用。首都高等教育已进入普及化阶段，其发展不应重复以往的“教育学园”模式，而应发展新型的“教育走廊”模式；不应只限于北京市的行政区划，而应扩大到整个沿渤海经济带，包括北京、天津两个直辖市和河北、山东、辽宁三省环渤海经济带。史朝、司洪昌建议，根据北京高等学校布局结构的现状，结合“两轴—两带—多中心”的城市空间布局要求，加快首都高等学校布局结构调整，尽快形成“两区、两园、多点”的首都高校新格局。两区，指建设南北呼应的两个高校聚集区，辐射京津塘；两园，指加快建设昌平沙河、房山良乡两个高校园区，储备人才，提升区域人口素质；多点，指在各个远郊区县设置高等职业学院，形成与北京市社会经济发展相适应的环北京高等职业教育布局。❶

（2）牛征认为，要利用京津教育优势加速环渤海人力资本增长，充分发挥京津高中以上教育资源的集聚和辐射作用，构建环渤海区域教育高地，为我国环渤海、三北、中西部乃至全国培养高素质人才。牛征还建议，以若干区域性都市圈为节点，搭建区域教育高地，形成功能互补的教育结构和布局，使教育具有拉动区域经济发展的综合能力。❷

（3）解艳华从人才需求的角度提出京津冀区域职业教育的发展建

❶ 史朝，司洪昌．环渤海圈经济发展与高等教育——“首都教育”的视角［J］．国家教育行政学院学报，2008（3）：17～19.

❷ 牛征．发挥京津教育优势　加快提升环渤海人力资本水平研究［J］．教育与职业，2007（7）：7.

议。京津冀区域经济的发展对高等人才尤其是高职人才有着旺盛的需求，京津冀三地产业结构变化和区域一体化趋势决定了以创业为主要目标的高职人才有着较为广阔的成长空间。随着京津冀大力发展先进制造业和做大、做强现代服务业发展方略的实施，必将形成高职人才需求的新高潮。因此，要加大区域高职教育的投入力度，建立高等职业教育循环机制，实现高职教育资源整合与共享，建立长效合作机制，实现人才自由流动。[1]

上述研究对本研究具有参考意义。总体来看，目前对京津冀区域教育的研究还非常薄弱，缺乏整体、系统的研究。在范围方面，已有研究更侧重对环渤海区域的研究；在内容方面，多数研究是基于河北省的视角进行强烈的合作呼吁；在对象方面，主要是对京津冀高等教育的研究。

本研究通过借鉴新的理论并查阅相关文献来寻求新思路，逐渐聚焦于具体问题，获得有效的研究方法。这一系列文献研究路径为进一步研究奠定了扎实的理论和现实基础，如图 1－1 所示。

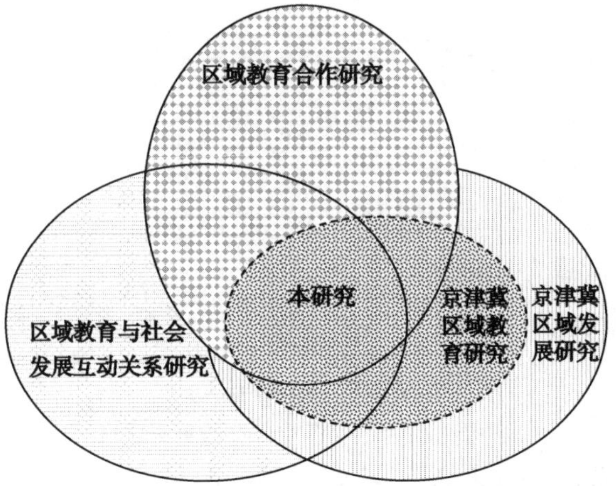

图 1－1　本研究在已有研究网络中的位置和边界

[1] 解艳华．京津冀区域一体化背景下高职教育需求分析与发展对策——以人才需求为视角［J］．高教发展研究，2008（2）：7.

第三节　研究内容与框架

区域教育发展是区域社会发展的基础和重要衡量指标，是区域可持续发展的根本动力。研究区域教育发展的相关问题，首先要明确区域教育发展的内涵与实质、教育与区域发展的各种互动关系；其次，分析区域教育发展的理论基础、基本特征和实现条件等，为深入研究某一区域的教育发展模式与布局勾勒出基本原理框架。

一、相关概念界定

(1) 区域。区域是一个多侧面、多层次、相对性很强的空间概念，很难给定严格的范畴和边界。地理学一般按自然地理特征将其定义为地球表面的地域单元。政治学根据行政权力的覆盖面，把区域看成是国家管理的行政单元，因此其边界与行政区域界限相重合。社会学把区域作为相同语言、信仰和民族关系特征基础上的人类社会聚落，其边界可以超越行政区划和地理区域。经济学对区域的解释更多。[1] 本研究中的区域则指由一个以上省、市、自治区级的行政单元所组成的较大范围的地方，是便于统一组织、计划、协调、控制的空间范围。京津冀区域是指由北京市、天津市、河北省两市一省所组成的广大地区。京津冀区域教育则是一个实体概念，指突破行政区划界限的北京市、天津市、河北省两市一省的各级各类教育的一体化发展，在发展过程中积极、主动的与区域产生互动。

(2) 发展模式。发展模式是一个经济学术语，指具有一定特征的发展理念、发展战略、发展策略的系统的方法论。教育发展模式是指一定时期内教育发展战略、机制、原则的特殊类型，包括教育发展的目标、方式、重心、步骤等一系列要素。换句话说，是指在一定地区、一定历

---

[1] 彭世华．发展区域教育学［M］．北京：教育科学出版社，2003：2.

史条件下形成的独具特色的教育发展路子，是结合了区域人、区域文化、区域资源、区域经济、区域政治等影响因素而形成的一种区域教育发展的理论和行动。

（3）空间布局。空间布局是指在战略规划的指导下，对各类经济要素和非经济要素的地域配置过程，目的是科学地处理好集中与分散、公平与效率、从不平衡发展到平衡发展之间的关系。[1] 本研究的教育空间布局是指各级各类教育在整个区域内的分布状态或者所形成的网络系统，目的是提高区域内的教育效率，推动教育均衡发展。

二、研究框架

本研究大致可以分为五个部分。

第一部分，教育与区域互动发展的理论基础。这部分主要从教育功能、区域发展理论及城市化等理论视角深入剖析教育与区域互动发展的理论支撑，总结当前区域教育发展理念、区域教育发展效应和区域教育发展关系，为京津冀区域教育发展模式构建和布局奠定理论基础。

第二部分，国内发达地区教育与区域互动的比较。这部分主要以长三角、珠三角等区域一体化发展较为成熟的区域为例，对其教育的运作模式、运作机制及发展趋势作阐述，得出可借鉴的经验。同时，横向比较长三角、珠三角、京津冀三个区域的经济实力和教育实力，分析推动区域教育协作的市场力量和政府力量哪个更强，目的是通过比较，找出京津冀区域的比较优势，判断京津冀区域教育协作的主要推动力。

第三部分，京津冀区域发展需求与教育现状。首先，从教育外部分析区域经济、政策、社会、人口、环境等对区域教育的现实需求。其次，从教育内部分析北京市、天津市、河北省两市一省各级各类教育的规模、质量、结构、效益，探究各地区教育与区域互动的不足之处和教

[1] 杨忠臣．区域空间布局的理论与方法——以江苏省高淳县为例［D］．南京：南京师范大学，2004：2.

育发展遇到的瓶颈问题，为京津冀区域教育发展模式构建和布局奠定现实基础。

第四部分，京津冀区域教育发展模式构建。这部分结合以上研究基础构架教育与区域发展的新型互动关系，探索区域教育协作的外部推力和内部协作模式，形成新型有效的区域教育互动运行机制；通过区域教育协作与发展促进区域整体赶超，提升区域整体竞争力，使区域发展进入更高水平。

第五部分，京津冀区域教育空间布局探究。这部分主要依据京津冀区域教育发展模式和京津冀区域城乡发展的空间布局来考虑教育的整体布局，对京津冀区域教育发展的有效运行问题进行讨论，从布局角度提出京津冀区域教育发展的实践策略。

具体研究思路如图 1 – 2 所示。

三、研究假设

本研究基于以下四个前提进行假设。

第一，中央政府在促进京津冀区域教育协调发展中发挥主导作用。中央政府对京津冀区域教育的认识及承担的角色与努力程度决定了区域教育发展的结构和效益。目前，京津冀区域协作缺乏总体规划和协调机制；三地行政区划分割，缺乏整体协作的理念，尚未建立起高层次的协作磋商协调机制，依靠地方自发协作之路将很漫长。同时，区域内的优质高等教育资源主要集中于中央部委直属院校，但其辐射、带动作用没有得到有效发挥；如果不发挥中央力量，将无法组织协调这些高校充分发挥其教育效能。因此，本研究假设京津冀区域协同发展初期，推动教育协作的主体是中央政府。

第二，京津冀区域教育具有比较优势，但没有充分发挥其对区域的贡献力。区域内教育资源相对封闭，自由流动性有限，不利于形成整体合力。京津冀区域产业结构和就业结构的梯次升级，对人力资源需求旺盛，但区域教育尚未发挥其服务和人才支撑作用。京津冀院校发展缺少

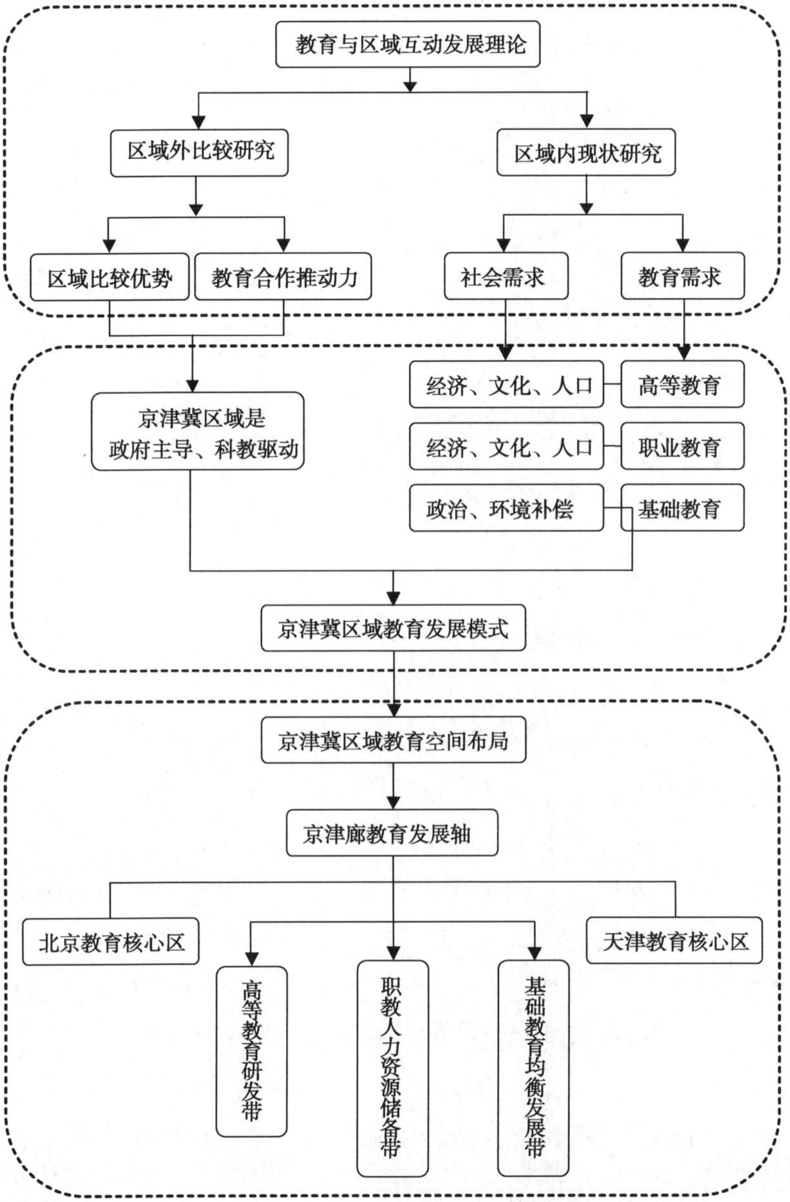

图 1－2　京津冀区域发展模式与布局思路

区域视野，其发展定位不能适应区域经济发展格局的需要。

第三，京津冀地区教育发展存在严重的区域内不均衡。区域内教育发展存在较大的不均衡，这种不均衡在一定程度上具有不合理性。

第四，京津冀区域的整体空间布局规划为一轴三带，目前尚没有出台京津冀区域发展战略，仅有学者进行了相关理论研究。有关京津冀地区城市空间发展规划的研究以吴良镛先生的团队为代表，其研究成果得到学术界、媒体以及相关规划建设部门的肯定与好评，产生了一定的社会影响。因此，本研究将基于其研究成果，假设京津冀区域的空间布局为一轴三带，即京津发展轴与滨海新兴发展带、山前传统发展带和山区生态文化带。

四、主要观点

本研究经过预判断，主要观点如下。后续章节的研究将进一步证实和充实这些观点。

（1）京津冀区域发展应该是政府主导、科教驱动，教育须发挥先导作用。

京津冀区域教育对区域经济社会发展起着先导和引领作用。作为动力，区域教育的发展必然带来区域经济社会的发展；作为标志，区域教育本身的发展就直接代表了区域经济社会发展的水平。京津冀区域经济社会发展不再主要依靠自然资源或资金，也不再主要依靠普通劳动力和低级技术人才等初级生产要素，而主要依靠高素质的创新人才这种高级生产要素。区域教育作为生产创新知识、创新技术和创新人才的原始创新中心，成为推动区域经济社会可持续发展的一个决定性核心要素。

国家优化发展主体功能区应率先建立和明确京津冀区域教育先导地位，充分整合丰富的科技文化教育资源，以保证和不断提高国家在国际经济、科技激烈博弈中的核心竞争力。

（2）京津冀区域教育发展模式是三级梯度放射模式。

结合对区域经济、环境、人口、政策、城市规划等影响因素的分析，将京津冀区域教育发展概括为三级梯度放射模式。三级梯度，首先为区域教育发展的重点侧重高等教育，其次为职业教育，再次为基础教育，因为对区域发展的推动力由强到弱依次是高等教育、职业教育、基础教育（见图1－3）。放射，即当区域教育势能有差距时，教育势能由高势能区向低势能区扩散；当区域教育势能相当时，高势能区和低势能区形成对流关系。具体到区域各级教育模式，即京津冀高等教育创新推动模式、区域职业教育人力资源生发模式和基础教育均衡互动模式。

（3）京津冀区域教育总体空间布局是一轴双核三带。

以京津走廊（北京市、天津市、廊坊市）为教育发展轴，以京、津两大城市为教育发展核心地区，以环渤海的“大滨海地区”为高等教育研发带，以山前城镇密集地区为职业教育人力资源储备带，以环京津燕山和太行山生态区为基础教育均衡发展带（见图1－3）。具体布局将在后续章节的研究中体现。

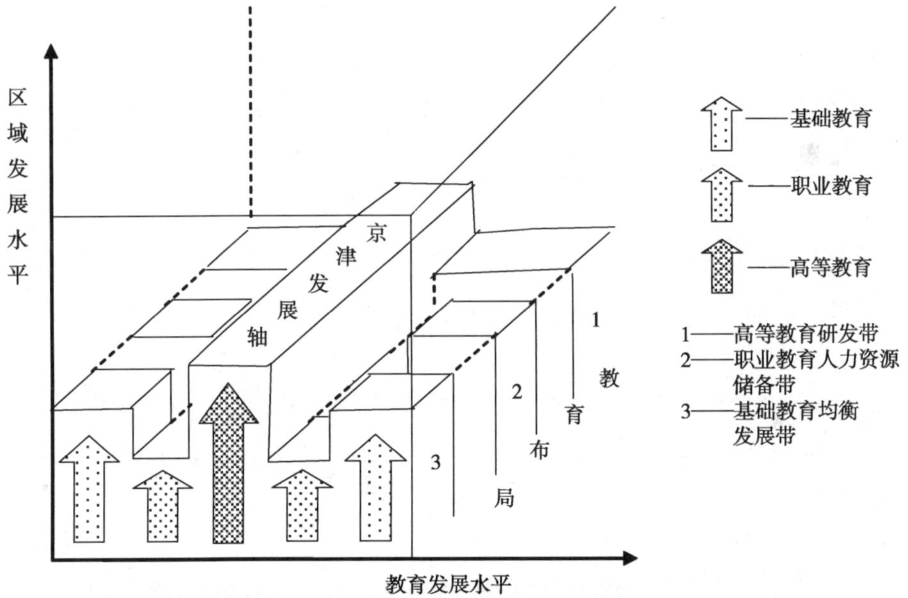

注：区域整体发展水平呈“山”字形，京津水平最高，河北次之，环京津贫困带是洼地；区域教育布局呈“王”字形发展，即以京津为轴的三个发展带。

图1－3　京津冀区域发展模式与布局的三维结构

五、研究方法

(1) 横向比较与纵向比较相结合。比较分析主要是根据可比性原则，依据一定标准，对相似区域加以对照分析，确定异同点。横向比较是区域间同一事物的比较分析，为了寻求异同，本研究中作横向比较的是长三角、珠三角和京津冀地区的区域和教育发展状况。纵向比较是对区域内不同地区在同一事物上的比较分析，为了寻找差距，本研究中作纵向比较的是北京市、天津市、河北省三个地区的社会发展和教育发展状况。

(2) 定量分析与定性分析相结合。为了更好地揭示区域间和区域内部教育与社会发展的互动关系，在区域间对长三角、珠三角、京津冀三大区域的教育事业发展指标、经济发展指标进行定量分析，在区域内对京津冀区域内的人口、经济、教育各项发展指标进行定量分析。同时，运用归纳与演绎、分析与综合以及抽象与概括等方法，对获得的各种材料进行加工，做到去粗取精、去伪存真、由此及彼、由表及里，达到认识事物本质、揭示内在规律的目的。

(3) 文献研究与实地调研相结合。利用图书、刊物和网络获取大量的理论研究和统计资料信息，同时，到北京市、天津市、河北省部分地区进行实地调研，了解各地教育发展需求和社会发展状况。

(4) 专家访谈与经验总结相结合。邀请京津冀地区的城市规划专家、教育专家座谈，同时，邀请京津冀地区有代表性的学校教师座谈，了解实际情况。通过对实践活动中的具体情况进行归纳与分析，使之系统化、理论化，进而总结并推广先进经验。

六、研究不足与展望

本研究有两个重要的落脚点，一是教育发展模式，一是教育布局。也许有人会问，为什么要研究这两部分内容，而不是选其一，使焦点更集中呢？我以为，首先，“模式”和“布局”是相辅相成、不能分开的，研究模式是为了更好地布局教育，这样研究才有意义。其次，“模式”和“布局”有共同点，即都关注教育与教育外部环境的关系，考虑教育如何更好地配合外部环境的发展。将“模式”和“布局”放在一起，是因为二者有着共同的目标和宗旨，那就是通过京津冀教育协调发展促进京津冀区域整体水平的提高。最后，“模式”和“布局”也有区别，即“模式”更关注各级各类教育在功能上与外部环境的呼应，“布局”更关注各级各类教育在形式（空间分布）上与外部环境的呼应。因此，二者的结合能让本研究的阐述更为充分。

本研究虽然对北京、天津、河北地区教育的成就和问题进行系统梳理，但由于数据获得等方面的限制，对各地区各级各类学校的数量和分布仍缺乏更为细致深入的了解，因此，许多政策只是理论探讨，尚非政府规划落实的具体方案；同时，也未能将民办教育、非正规教育（如继续教育、成人培训、岗位培训）等考虑进去，基本还是以公办学校、学校教育、学龄人口为主。

基于京津冀区域社会经济发展和教育现状，未来推进区域教育协同发展还需要多方努力。

首先，由国家牵头制定相关战略是支撑区域教育协同发展的重要秩序保障。没有国家的重视和整体战略规划的支持，京津冀区域不可能顺利开展区域教育协同合作。经验显示，在各地区没有积极协同意向而行政规划意识依然很强的情况下，由中央制定协同性条约或法规是十分必要的，是推进区域教育协同发展的重要保障。

其次，以首都为龙头倡导区域教育协同发展是现实赋予的责任。首都是京津冀区域中社会经济最发达的地区和国民经济增长的重心，经济发展速度快、总量大、基础雄厚，地区人口素质高，就业形势好，居民生活水平高。首都的教育在区域发展中有十分重要的地位。这里强调的是首都而不是北京——如果脱离了中央资源，北京的教育资源优势并不突出。首都的教育资源，一是为经济增长培养技术人才、创新科学技术；二是促使国民教育和科学技术追赶发达国家；三是提供更多机会、更高质量的教育，支援其他地区的教育发展。作为全国的教育中心和京津冀地区的教育发达地区，首都应在促进京津冀区域教育协同发展中发挥主导作用，扮演好三个角色——积极的倡导者、真诚的合作者和务实的行动者。

再次，各地区要积极推进改革以扫平教育协同发展障碍。北京、天津等发达地区虽然实力雄厚，但是教育与社会经济发展仍然呈现出供需矛盾：一是对大量高层次技术开发人才和管理人才的迫切需要与高等教育现有规模、结构和质量的矛盾；二是对大量较高素质的技术工人的迫切需要与社会的教育观念和现有教育结构、质量的矛盾；三是居民对教育消费的较高需求与现有教育的供给水平的矛盾。京津冀三地教育的互补，极有利于推进地区教育改革和协同发展。

最后，建立长效、权威的京津冀区域教育协同领导协调委员会十分必要。目前，京津冀区域教育协同发展面临的最为重要的问题有两个：一是发展理念、发展思路；二是制度层面的制约。解决问题的关键是体制机制创新。建议在适当时机，成立长效、权威的“京津冀区域教育协同领导协调委员会”，承担协调、规划、管理等职能；委员会下设协调管理专门工作委员会和专家咨询专门工作委员会，就协同发展的相关问题开展工作。

理论篇

★★★★★★★★★★★★★★

- 城市化进程推进区域融合
  区域教育发展是区域
  可持续发展的根本动力
- 研究区域教育就要研究
  其与各种社会资源的关系
- 教育与区域发展的各种
  纷繁复杂的互动关系需要
  通过理论研究来揭示

★★★★★★★★★★★★★★

第二章　碰撞中的融合：城市化进程与区域发展

城市化进程是近代工业化的必然结果。随着资本要素的全球化流动，一个世界性的城市化时代已经来临。对于发达国家而言，已经步入后城市化阶段，而大多数发展中国家还处于城市化发展的过渡期。中国社会蓝皮书指出，2011 年我国城镇人口占总人口的比重已达到 50% 以上，首次超过农业人口；中国的城市化进程到了新型成长阶段，也到了反思期。2012 年 12 月的中央经济工作会议提出，积极稳妥推进城镇化，着力提高城镇化质量，构建科学合理的城市格局，走集约、智能、绿色、低碳的新型城镇化道路。随着越来越多的人在城市定居，如何确保城市可持续发展，是 21 世纪人类社会面临的最严峻的挑战之一。打破行政区划的区域合作，或许能应对这一挑战。

第一节　城市化进程中的社会问题

与欧美国家经历了两三百年的城市化进程不同，我国的城市化是地区经济社会发展的重要抓手，是推动现代化进程的主要实现方式。城市社会聚集了人口、物质、资金、信息、文化和产业等各种人类生产和生活要素，也必然导致一系列与之相关的社会问题的聚集。在面对高速发展的城市化进程带来社会变迁时，要理性地认清城市化进程中的社会问题，寻找使城市社会可持续发展的路径。

一、城市化进程的内涵与实质

城市，在《辞源》中解释为人口密集、工商业发达的地方。然而，

“城市”一词在不同的学术领域有不同的解释。在经济学领域，城市是指具有相当面积的土地、住宅以及劳动力集中、各种部门能够生产协作并产生规模经济、各种要素相互交织并形成网络系统的连片的地理区域。在社会学领域，城市是指交通便利、遵循一定规章制度生产生活、人口密集且集中的非农业生产区域。根据国家住房和城乡建设部标准定额研究所发布的《城市规划基本术语标准》，城市是以非农业产业和非农业人口集聚为主要特征的居民点。在我国，城市包括按国家行政建制设立的市、镇。城市的行政管辖功能可能涉及较其本身更广泛的区域，包括居民区、街道、医院、学校、写字楼、商业卖场、广场、公园等。

城市化，是人口向城镇和城市相对迁移和集中的过程。从狭义上讲，城市化指农业人口不断转变为非农业人口的过程；从广义上讲，城市化实际上是一系列社会经济变化的过程。从人口方面看，城市化是农业人口的非农业化转变、城市人口规模不断膨胀和聚集的过程；从经济方面看，城市化是区域生产技术的不断革新、产业结构不断调整的过程，即第一产业向第二、第三产业转移，第二、第三产业所占的比重不断上升的过程；从文化方面看，城市化是城市文化、城市生活方式和价值观向郊区和农村地域的扩散过程；从地域方面看，城市化是城市用地不断向郊区和农村扩展、城市数量不断增加的过程。

早在农耕时代，城市就出现了。农耕时代的城市规模较小，并不具备生产功能，主要作用是举行祭祀仪式和进行军事防御。真正意义上的城市是随着工商业发展而诞生的，这些城市是重要的商业和贸易中心，人口规模较其他地区更为庞大、更为集中。例如，盛唐时期的西京长安，是当时世界的经济贸易中心和文化中心，人口达到100万，是人类历史上第一个人口数量达百万的城市。但是，农业经济时代，生产力水平低下，城市发展非常缓慢，重要的城市都是具有政治统治作用的都城、州府等。城市的出现，是人类走向成熟和文明的标志，也是人类群居生活的高级形式。

现代工业发展加快了城市化进程。18 世纪中叶，英国人瓦特改良蒸汽机之后，一系列技术革命引起了从手工劳动向动力机器生产转变的重大飞跃。随后，工业革命传播到英格兰，传到整个欧洲大陆，19 世纪又传播到北美地区。后来，工业革命传播到世界各国。随着现代工业的出现，涌现出许多新兴的工业城市和商业城市，这使得城市人口迅速增长，城市人口比例不断上升，城市化进程加快了。19 世纪之前，城市人口只占总人口的 3%；从 19 世纪初期到 20 世纪中期的 100 多年间，地球上的总人口从 9 亿增加到 25 亿，而 10 万人以上规模的城市人口所占比例从 3% 增加到 28%。欧美主要国家的绝大多数人口都生活在城市，城市化发展成为一个国家和地区富足和文明的象征。

从发展历程看，城市化进程是经济社会结构变革的过程，而推进城市化进程的关键是促进各种要素的融合，实现城乡空间的融合发展。这种融合包括地域环境的融合、文化环境的融合、人力资源的融合、产业结构的融合和保障制度的融合等。只有充分融合的城市化才能使人民群众享受到城市化进程所带来的丰富的物质财富和精神财富，才能真正实现区域内人民群众的共同发展和进步。

二、我国城市化进程的基本特征

（一）城市发展阶段分类

按照经济实力，可以将城市划分为各种不同的发展阶段，分别是集市型、功能型、综合型和城市群等。

（1）集市型是城市发展的初级阶段。集市型城市是周边农民或手工业者商品交换的集聚地，商业主要由交易市场、商店和旅馆、饭店等配套服务设施构成。

（2）功能型城市不仅是商品交换的聚集地，也是商品的生产地，通过资源开发和产业集中使城市具有特定的产业和功能。这种城市由于产业和功能的单一而对其他地区有较强的发展依赖性，有可能与周边其他地区形成互补性发展。

（3）综合型城市是产业结构完整、经济功能综合发展的区域。这些区域往往是经济发展重地和商贸中心，城市凝聚力强，地理位置优越，产业优势明显，如我国的直辖市、省会城市。

（4）城市群是城市发展到成熟阶段的空间组织形式，意味着城市的经济功能已不是在一个孤立的城市体现，而是以一个或多个中心城市为核心，同与其保持密切经济联系的一系列各种层次的中小城市组合而成的共同体。世界六大城市群：以纽约为中心的美国东北部大西洋沿岸城市群，以芝加哥为中心的北美五大湖区城市群，以东京为中心的日本太平洋沿岸城市群，以伦敦为中心的英国城市群，以巴黎为中心的欧洲西北部城市群，以上海为中心的中国长江三角洲城市群。

（二）我国城市化发展进程与特点

我国在城市化发展过程中所表现出来的阶段性和波动性是城市发展方针的直接反映。新中国成立以来，我国城市化发展大致可以分为五个阶段。第一个阶段是城市化发展的起步阶段（1949～1957年），国家处于恢复期，随后进入社会主义建设的第一个五年计划，开始了社会主义工业化建设。第二个阶段是城市发展的波动阶段（1958～1965年）。在“赶超英美”的口号下，全国兴起“大跃进”运动，全民大炼钢铁，工业化和城市化超常规发展，结果适得其反，国家经济受到重创。随后，大量精简城市人口，城市发展处于低迷徘徊期。第三个阶段是城市发展的停滞阶段（1966～1978年）。这一时期，社会动荡不安，工业发展缓慢，城市发展进入衰退期。第四个阶段是城市恢复发展阶段（1979～1983年）。随着改革开放政策的实施，国家开始重新重视城镇的发展，并适时适度地在1979年前后实施了一系列新的政策，如允许知青回城、允许下放干部返城等，使城镇机械人口特别是大城市的机械人口增长加快，城镇化水平整体提高。第五个阶段是城市加速发展阶段（1984年至今）。1984年，中央政府颁布了新的户籍管理政策，允许农民自带口粮进镇务工经商和进镇落户，同时，又修正了20世纪60年代以来的市镇建制标准，从而使全国城镇数量迅猛上升。总的来说，目前我国还处于农村进入城市为主导的加速发展阶段，但少数大城市郊区化和以都市圈为主导的阶段已经悄然来临。

纵观新中国成立以来的城市化发展过程，可以总结出以下几个基本特点。

（1）我国的城市化发展受国家发展政策的控制和影响。政府是经济发展的决策机构和工业化的发动者，所以我国城市的建立和发展基本上是由政府支配的，其结果是各级行政中心自然成为所在地区的最大经济中心，直辖市、省会城市、县城所在地的发展都是如此。这种城镇网络的优点是能够集中有限的资本、人力和各种生产要素，发展若干急需发展的产业，形成便于统一管理的城市体系。同时，政府利用其主体地位，可以通过强有力的措施限制农村人口向城镇的过度流入，从而使城镇发展限定在一个可控范围之内，避免像其他发展中国家那样，形成城市失业大军和城市贫民区。但是，政府的主导地位容易造成对企业的过多行政干涉，降低企业的经济效益；对人口流动的限制容易造成城乡壁垒，限制了城乡居民的个性发展。

（2）我国的城市化发展滞后于工业化发展。英美等发达国家的工业革命是以轻纺工业为主导展开的，而我国的工业化进程却同苏联一样，是从重工业开始的。按照目前我国所具备的工业生产能力和工业整体水平，城市化程度应该较高些。但由于重工业技术构成比例较高，所需资本投入量大，所以一定数量的资本对工业劳动力的吸纳力就相对较低，这就使城镇化的发展逐渐滞后于工业化。改革开放以来，乡镇工业化的分散进行，又使得我国的乡村城镇化进一步滞后于工业化。并且，同其他发展中国家不同，我国的城镇化是以工业为核心的，不像某些拉美和亚洲国家，其城镇化一开始就建立在服务性行业的发展基础上。因此，我国各级城市第三产业的发展都相当薄弱，大大降低了城镇第三产业对农村剩余人口的吸纳力和消化力，减慢了城镇化的应有发展步伐。[1]

（3）我国大城市人口增长速度明显快于小城市的人口增长速度。我

[1] 顾朝林，等．中国城市地理［M］．北京：商务印书馆，1999：119，120.

国城市规模结构中的大城市人口增长较快，小城市的人口增长较慢，与其他一些国家形成鲜明对照。据各国普查资料计算，全球10~25万人口的小城市，人口年平均增长率为2.9%，而同期全球城市总人口的年增长率只有2.76%。相反，1957~1984年，我国小城市的人口年平均增长率仅为1.84%，是城市人口平均增长率2.08%的0.88倍。近10多年来，我国小城市获得了较快发展，但主要是行政区划的变化使然，表现为城市数量的明显增加；实际上，考虑到长期暂住人口趋于在大城市集中，小城市的人口增长速度仍慢于大中城市。❶

（4）我国的城市化进程形成了独特的二元城镇发展结构。在城市化与农村城镇化并举的前提下，我国强调并突出中国式农村城镇化的发展，形成了独特的二元城镇化结构。一方面，由中央和各级政府发动的自上而下的城市化进程是在强调工业化的基础上形成的，因而设市城市的技术构成比例一般都比较高，且城市的地域规模、人口规模和产业规模发展都较为有序。另一方面，由乡村剩余劳动力自发转移形成的自下而上的农村城镇化过程，却是在资金不足、人才匮乏和技术构成比例较低的情况下起步的，因此表现为明显的小规模、分散化特征；城镇的基础设施较差，城乡差异不大，劳动力转移更多地表现为职业上的转变，而不是空间上的转变。❷

三、我国城市化进程中的主要问题

英国经济史学家哈孟德夫妇把英国工业革命之后由于城市爆炸而产生的一系列问题称为“迈达斯灾祸”：

> 工业革命带来了物质力量的极大发展，也带来了物质力量相伴着的无穷机遇。……然而，这次变革并没有能建立起一个更幸福、

❶❷ 顾朝林，等. 中国城市地理［M］. 北京：商务印书馆，1999：119，120.

> 更合理、更富有自尊心的社会，相反，工业革命使千百万群众身价倍落，而迅速发展出一种一切都为利润牺牲的城市生活方式。[1]

城市化引起的社会结构变迁催生了各种社会矛盾，如交通拥堵、土地紧缺、环境污染、人口爆炸，等等；城市就像一个步履蹒跚的老人，不堪重负。破解城市发展过程中出现的一系列问题，关键是要吸取城市发展历程中的经验教训。

（1）欧美城镇化空间无序蔓延。受自由主义思潮影响，欧美国家或地区城镇化进程中的资源配置主要由自由主义市场引导，呈现出无序竞争的状态，形成了空间上的无序城镇化发展模式。随着人口向郊区转移，带来中心城区的商业衰退，形成了快速发展的郊区和边缘城市或组团。由于交通等基础设施和公共服务设施发展瓶颈的局限，城镇空间向郊区和农村的延伸也很快超越了公共服务容量，降低了城市郊区化的质量。自20世纪80年代以来，一些国家的政府为防止城市人口减少带来的城市经济活动水平下降，不得不重新对中心城区进行改造，发起复兴活动。[2]

（2）拉美城镇化人口过度聚集导致“拉美陷阱”。20世纪70年代以来，拉美城镇化快速推进，城镇化水平超越了欧洲、大洋洲等经济发达地区，人口向城镇集聚明显超越了工业发展的阶段。[3]这些国家在快速发展中积聚的矛盾集中爆发，出现了贫富两极分化，城市化失衡造成环境恶化、失业人口增多、公共服务不足等现象。过度城市化不仅没有推动拉美经济持续发展，没有解决其农村农业问题，反而使其陷入更为棘手的城市危机。拉美国家的过度城市化已成为发展中国家的前车之鉴。

---

[1] 钱乘旦．工业革命与英国工人阶级［M］．南京：南京出版社，1992：35.

[2][3] 郭光磊，等．北京市新型城镇化问题研究——战略与政策分析［M］．北京：中国社会科学出版社，2013：2.

我国在城市化发展进程中也不同程度地存在上述问题。具体如下。

（1）政府对城市的发展缺乏有效的调控，大城市人口快速膨胀，区域统筹不均衡。过度聚集的城市化发展使得人口、资金向大城市聚集。为了应对大城市人口无节制的增长，我国贯彻了控制大城市、发展中小城市的方针。国外一些学者认为，发展初期大城市发展速度快，发展中期中等规模城市发展速度快，发展后期小城市发展速度快；欠发达国家应该把注意力放在人口集中的原因上，而不是把努力用于阻止集中本身。同时，一些学者提议，分配城市公用投资的政府立法应与城市发展的情况相适应，要更多地体现社会经济发展对城市发展的要求，要与地区发展的不平衡相适应。我国长期存在东、中、西三大区域社会经济体的非均衡性发展问题，发展水平呈现由南向北梯度递减的特征。国内区域社会经济体的差异表现在经济总量、产业结构、开放程度、社会保障、文化教育和旅游消费等各方面。当下，如何依托区域合作战略实现城市发展提档升级，成为我国新一轮城市化进程的基本诉求。

（2）城乡划分标准简单，城市发展缺乏渐进性。2008 年国家统计局正式印发的《关于统计上划分城乡的规定》指出：

> 城镇包括城区和镇区。城区是指在市辖区和不设区的市，区、市政府驻地的实际建设连接到的居民委员会和其他区域。镇区是指在城区以外的县人民政府驻地和其他镇，政府驻地的实际建设连接到的居民委员会和其他区域。与政府驻地的实际建设不连接，且常住人口在 3 000 人以上的独立的工矿区、开发区、科研单位、大专院校等特殊区域及农场、林场的场部驻地视为镇区。

我国的城乡划分是以人口为主要衡量标准，并且以单一的城市行政地域划分为主，缺乏可量化的指标，对概念的解释不够详细，实体地域概念模糊，相关城市化进程的数据不能得到国际上的认可。同时，在推进城市化发展的进程中，推进方式过于简单。有的地区仅因为行政建制发生变化，大量农村人口突然变成城镇人口；有的地区为了达到省级标准，盲目扩大非农业人口，导致基础设施不足，公共服务水平跟不上。城市发展模式和标准单一，城市之间发展不平衡问题日益严重。

（3）城市资源利用不合理，城市可持续发展的后劲不足。近年来，全国范围的开发区设置和房地产建设严重失控的超城市化发展，使得城市边缘用地增长，耕地资源撂荒，土地资源严重浪费，土地征用矛盾突出。城市用地结构不合理，城市空间分配与产业定位、功能设计、区位特色、市场资源配置相脱节，导致了一系列城市病蔓延，如城市的交通拥堵问题、环境污染问题等，人们不得不面对“聚集不经济”的效应。

（4）城市间产业结构趋同，城市化水平较低。由于市场发育不完善，各地竞相发展价高利大的加工业，一方面导致了重复引进，重复建设；另一方面，同类企业之间相互竞争、争夺原材料和市场，造成经济效益较好的工厂效益下降。城市间分工不明确，产业结构趋同，再加上高校扩招和专业的重复设置，导致高校人才培养与市场需求的结构性矛盾凸显，大学生群体就业压力逐渐显现。同时，农业人口向城镇转移是长期以来城市化的主线，然而城市的发展却忽视了农业对于城镇化的基础作用；地区经济结构变动和产业转型升级进一步导致劳动力供需结构失衡，诱发失业，使得民工潮与民工荒并存；在农村富余劳动力转移导致就业竞争激烈的同时，有一定技术水平的或熟练的农民工劳动力却供不应求。如何促进城市的产业升级，稳固第一产业，促进第三产业的协调发展，是我国科学推进城市化进程中的核心问题。

第二节　从城市到区域的发展转变

传统的城市化标准是以人口的聚集程度衡量城市的发展水平，以大城市的发展带动城市化进程。但实际上，一些打破行政区划的区域却有着人口与产业非完全聚集的特点，同样具有较高的城市化水平。例如，我国的长江三角洲，其“遍地开花”的小城镇模式在推动城市化进程中扮演了重要角色。可见，传统的城市化理论已经不能适应和解释我国城市化进程中碰到的问题。加拿大学者麦基通过对亚洲地区的考察，研究并发现了一种以区域为基础的城市化现象，即亚洲一些农业比较发达的三角洲并不完全像西方发达国家那样通过人口和经济活动向城市集中来实现城市化，而是通过农村地区逐步转向城乡混合区，人口和经济社会活动在城乡混合区集中，由原来高人口密度的农业区逐步演变为农业与非农业活动高度混合的区域，从而实现以区域为基础的城市化。❶ 显然，区域城市化能够对像长江三角洲这类区域的城市化以及空间结构演变做出合理的解释。

一、城市空间结构及其演化的动力机制

随着经济全球化和区域主义的兴起以及现代交通体系和市场机制的逐步完善，城乡间的沟通将更加密切，城市化发展目标与战略的确定将在很大程度上取决于区域整体发展。城市经济活动必须突破行政界限，使点状的乡村、城镇、城市发展与网络状的区域整体发展实体性联系起来，在这种融合互动中推进城市化的高速发展。区域与城市化进程息息相关，呈现出一荣俱荣、一损俱损的关系。

这里的“空间结构”是指经济现象和经济变量在一定地理范围内以分布的位置、形态、规模为特征的组织形态，及其所具有的系统性、持续性和可辨认的现象。简单地讲，就是某区域内各种生产要素的分布状态与组织形式。各种要素的空间分布状态与组织形式在区域经济活动中具有特殊的经济意义。城市的空间结构一般包括人类社会经济活动和地域系统的空间关系、人类社会经济活动的空间集聚形态和演变规律、空间结构内部各要素的相互作用关系和演变的形态。随着时间的推移和区域社会生产力的进步，区域空间结构也在演化。

---

❶ McGee TG. The Emergence of Desakota Regions in Asia：Expanding a Hypothesis [M] . Honolulu：University of Hawail，1991：51～52.

美国学者弗里德曼把区域空间结构的演变分为四个阶段，每个阶段所展现的特点不同（见图 2－1）。[1]

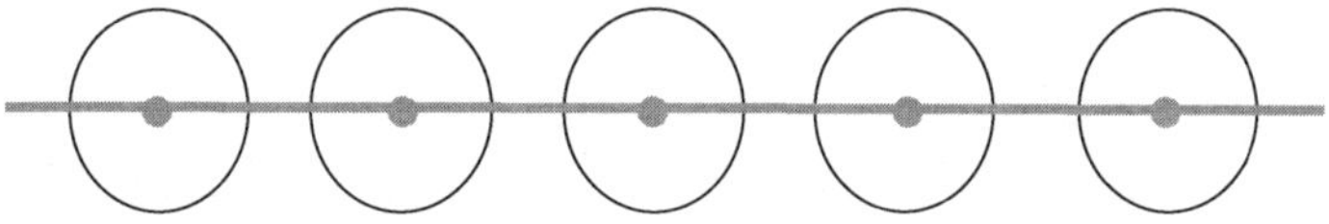

前工业化阶段：均质无序的区域中存有若干缺乏等级结构的独立地方中心

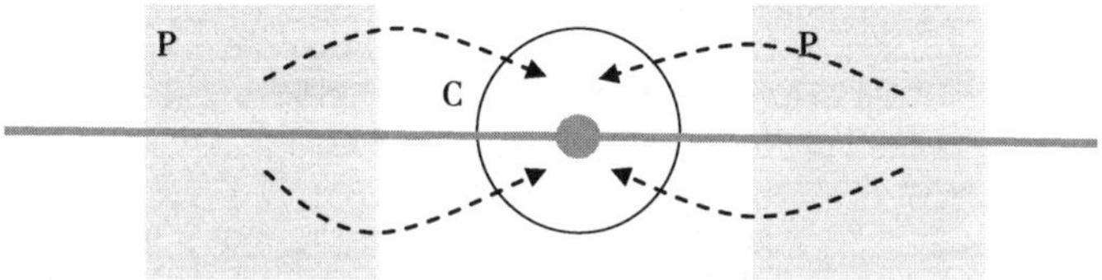

工业化初期阶段：开始拥有单个强有力的中心

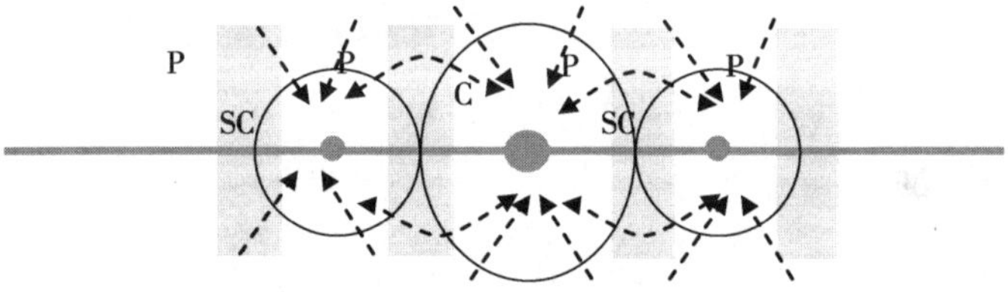

工业化成熟阶段：次级中心开始出现

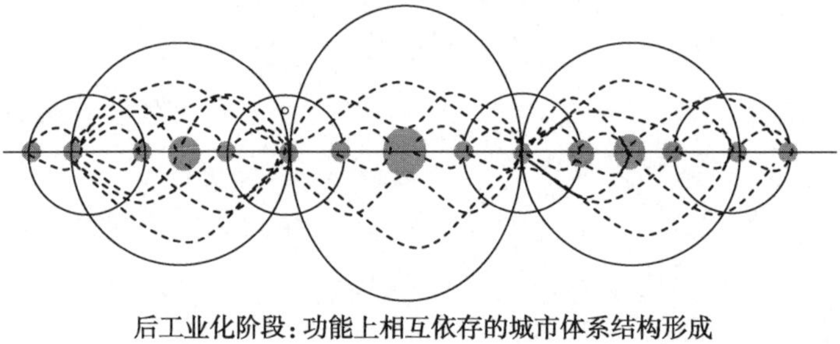

后工业化阶段：功能上相互依存的城市体系结构形成

图 2－1　弗里德曼区域空间发展的阶段划分

（1）前工业化阶段：均质无序的区域中存有若干缺乏等级结构的独立地方中心。区域生产力总体上处于低水平的平衡状态，其区域空间结

[1] Friedman JR. Regional development Policy: a case study of Venezuela [M]. Cambridge: MIT press, 1966: 120.

构是由一些独立的地方中心与大面积的农村组成。受地理条件和交通技术的制约，这一时期空间具有明显的封闭性，区域内部各地区的发展基本是独立的，彼此联系较少，区域发展非常缓慢。

（2）工业化初期阶段：开始拥有单个强有力的中心。这一时期经济快速增长，空间的原始均衡状态被打破，出现了区域性的经济中心，形成了单个相对强大的经济中心与落后的外围地区的组合，空间差异初步显现，产生了一定的空间经济梯度。

（3）工业化成熟阶段：次级中心开始出现。继工业化初期阶段的发展，形成了区域的多中心体系；每个经济中心都有大小不一的外围地区，构成了更趋复杂化和有序化的区域空间结构。

（4）后工业化阶段：功能上相互依存的城市体系结构形成。社会经济发展达到较高水平，区内与区际联系日趋紧密；经济中心与外围腹地的发展差异缩小，逐步形成功能上一体化的完善的空间结构体系。

空间结构的形成和演化是区域内部、外部各种力量相互作用的物质空间反映。在市场经济条件下，没有一个单一的力量可以完全决定空间的结构，各种力量相互作用后的合力才能推进区域空间的重组或扩展。这些力量存在于历史进程的各种政治运动、经济改革、社会变迁、文化演进、技术创新之中。虽然如此，在特定时期仍然会有某种力量主导最后的合力，并主要影响区域空间结构的变化。总的来说，区域空间结构变化的内在动力是城市经济的发展，而人力资源、技术发展、政策影响等是区域空间结构演化的外部推力；这些因素在改变社会秩序的同时，也反过来影响了区域社会经济存在和发展的空间形式。同时，区域经济一体化进程的加快，基于基础设施建设在空间上的连续性和网络化、区域资源和生产要素的集散性和广域流动性，区域之间进行了大量的横向互补式协作，将区域间产品、技术、资金、人才、信息交流对接，使区域空间双向互动关系更加密切，将区域空间结构纳入更高一级的空间体系中。

二、逆城市化与区域发展机遇

城市化水平达到一定程度后，城市规模的边际效应就会达到极限，城市空间的容纳能力便会饱和，城市聚集的各种生产要素逐渐流向城市边缘地带、农村地带，这种城市化发展过程中所产生的溢出效应便是逆城市化。

逆城市化是城市化发展的一个新阶段。城市化发展水平越高，城市规模越大，逆城市化趋势越强，越容易出现城市与边缘地带、农村地带的资源发展双向对流。

> 新增长的人口都会进入都市地区。当然，增长的很大部分将直接来自大城市本身，因为大城市已经不再像不久前那样只是吸纳人口，它们现在已经成为人口提供者。[1]

逆城市化不仅消除了城市中心和郊区、农村的界限，也扩大了现代大都市的规模和范围，在区域中形成了新的城市网络节点。区域城市网络不断扩张，其中最大的是在珠江三角洲、长江三角洲、大东京区域、大首尔区域、大伦敦区域、欧洲低地区域（从任仕达到鲁尔），以及原来简戈特曼（Jean Cottman）定义的布沃西区域（从美国缅因州的波特兰到弗吉尼亚州的里士满）。据统计，大上海和长江三角洲区域的城市现已容纳 8 000 多万人。这个数字是日本本州南部大阪—神户—京都都市区域大东京都市区域之和。[2] 一般来说，当城市化率达到 50% 以上，就有可能出现逆城市化的趋势。2008 年发布的《中国城市化率现状调查报告》对全国各省市的城市化率进行了排名，前 3 位是上海市、北京

---

[1] 简·雅各布斯．美国大城市的死与生［M］．金衡山，译．北京：译林出版社，2008：198.

[2] 任远，陈向明，Dieter Läpple．全球城市——区域的时代［M］．上海：复旦大学出版社，2009：8.

市和天津市。其中，上海市城市化率为85.76%，北京市为75.60%，天津市为60.09%。北京市、天津市的高水平城市化发展为京津冀区域协同发展带来了机遇。

逆城市化既能促进城市边缘地带和农村的发展，也有助于缓解“大城市化”所积累的城市病。按弗里德曼的城市空间演变理论来看，逆城市化所带来的“城乡一体化”的区域式发展是城市发展的最高阶段——大城市的政治、经济、文化和人口聚集功能纷纷向有条件的中小城镇和农村分解，中小城镇和农村因承载大城市溢出的生产要素而补充了新的能力，加速了自身的城市化进程。

逆城市化发展为区域协同发展带来了新机遇，打破了城市与郊区、农村对立的格局。首先，逆城市化为城市周边腹地的跨越式发展提供能量。随着中心城市的功能分解、产业转移和人口分流，城市周边腹地对吸收大城市溢出资源具有得天独厚的地理优势。逆城市化加速了城市周边腹地的发展。其次，交通、信息等空间网络的便利条件为区域协同发展提供了基本物质条件。发达的交通、通信技术为产业合理布局和转移创造了可能，也为消除城乡差距创造了可能。最后，逆城市化是我国城市群形成的重要模式。从区域角度而言，逆城市化的离心力完成了区域结构调整，使得城市群连绵成片。仍以长江三角洲为例：长三角是以上海为中心，以南京和杭州为次中心，以沪宁和沪杭甬为交通走廊组织形成的点轴——之字形空间结构；但是随着人口大规模流入，上海市、杭州市、南京市大都市的郊区化愈演愈烈；随之，苏州市、无锡市、常州市、嘉兴市、湖州市、宁波市、温州市等城市勃然兴起，长三角最终形成了区域网络协同发展的格局。

三、我国城市发展模式与区域发展战略

区域发展战略符合我国的基本国情。

当前和今后一个时期，我国仍将处于工业化、城镇化快速发展

阶段。遵循经济社会发展规律，立足我国基本国情，同步推进工业化、城镇化和农业现代化，建设社会主义新农村，是关系改革开放和现代化建设全局的重大任务。❶

我国是农牧业大国，我国实现现代化、全面建设小康社会就是要从根本上改变农民相对落后的生产生活方式。只有吸引大多数农民进城，使大多数人进入现代产业格局，中国的现代化和全面建成小康社会的目标才能真正实现。《中共中央关于构建社会主义和谐社会若干重大问题的决定》特别把“统筹城乡发展，统筹区域发展”作为坚持科学发展观、构建和谐社会的重要内容。可见，实现城市化是解决我国农民问题的根本出路，统筹区域发展是城市发展和城市化进程中的科学理念。

区域发展战略是加速我国城市化进程的有力措施。

城市不同用途之间的互相融合不会陷入混乱。相反，它代表了一种高度发展的复杂的秩序。❷

工业与城市都要占用平地，以人均平原面积来比较，我国与东亚地区各经济体类似而与美欧完全不同。以日本和美国为例：日本以人均只相当于美国3%的平原面积完成了工业化，说明平原面积稀缺不是工业化的障碍，但必须采取不同的空间结构模式。美日比较，最大的不同是美国采取了全国式分工结构，而日本是都市圈结构；其次，是日本的大城市化水平明显高出美国。日本都市圈结构的特点是每个都市圈都集中了3 000万左右的人口，都有一套相对完整的产业体系；都市圈内部的人口需求基本上可以吸纳掉都市圈内制造业的全部产出，因此其三大都

---

❶ 温家宝．中国农业和农村的发展道路［J］．求是，2012（1）．

❷ 简·雅各布斯．美国大城市的死与生［M］．金衡山，译．北京：译林出版社，2008：221．

市圈之间的经济交流很少，1979年只占全部货运量的1.5%。由于绝大部分产品都是在都市圈内部运输，因此，1980年日本全部货物的平均运距只有73公里，全部货运周转量只有5 000万吨公里。❶ 大城市化和都市圈化这两个因素，使得日本在工业与城市发展中可以大大提高土地使用的集约化程度。而我国的流通费用比重比发达国家要高出十多个百分点，原因是运量过大、运距过长。其中，运量过大主要是因为采取了全国分工式的空间结构。我国的人均平原面积虽略高于日本，但由于农业不能依靠国外，因此工业化和城市化对土地的使用必须比日本更集约。到2030年，按12亿城市人口和5万平方公里城市化可占用空间计算，人均只有42平方米，所以我国必须走人口和经济都向大都市圈集中的道路。❷ 可见，以都市圈为载体的区域发展战略是我国城市发展的必然选择。以一到两个大城市为中心，若干中小城市环绕其间，更多的小城镇星罗棋布所构成的城市群能将整片区域的优势同时发挥出来，实现不同城市模式之间的优势互补。

四、区域化城市与文化的创造力

创新是一个城市崛起的灵魂，也是城市区域化发展的基础。城市的区域化发展会遇到经济结构调整、城市功能转变、发展路径转化等问题，也会面临结构性失业、财政不平衡、社会分化和地方归属感消失等危机。要较好地解决这一系列问题、成功推进城市的区域化发展，就要充分发挥文化的力量，以文化促创新，从而带动城市的各方面发展。在经济全球化时代，由于信息网络的发展，城市发展中的各种要素都被迫调整自身以适应外界主体的快速变化。只有依赖于城市内部体制和机制的灵活调整与创新，同时吸收和融合外界的刺激力量，才能实现转型和

---

❶ 马海邻．大都市圈模式仍是最优选择——专访复旦大学经济学院院长袁志刚教授［N］．解放日报，2010－10－16.

❷ 王建．大都市圈中国空间结构的调整方向［N］．中国证券报，2007－10－10.

发展。未来城市发展的活力，在于它们是否有足够的创新能力和灵活性以便在变化多端的环境中生存、发展。

创新型城市主要依靠科技、知识、人力、文化、体制等创新要素驱动发展，对其他区域具有高端辐射和引领作用。城市创新资源主要包括人才、信息、知识和经费，城市创新的主体主要包括政府、企业、大学、研究机构等，城市维系和促进创新的环境主要包括政策、法律、文化、信息和科研等。世界七大区域化城市群都是以创新谋发展。例如，以伦敦为中心的英国城市群、以巴黎为中心的欧洲西北部城市群都是文化创新型城市。其城市的发展偏重于文化产业的突破，依托繁荣、发达的经济和较强的人力、物力、财力，大力推进文化创新；通过文化艺术领域创新，打造全新的城市发展形态。文化创新型城市，通常为一国的首都或重要城市。再如，北美五大湖城市群中的渥太华，凸显的是科技集成和科技创新。科技创新型城市一般依托国际一流大学和研究机构，形成雄厚的科技实力、较强的创新能力和明显的科技产业优势。通过大力发展先进的科技生产力，其在协调推进城市经济、社会、文化、生态发展的同时，为世界各国经济社会发展提供了大量的高新技术和高科技产品，成为推动全球科技进步的动力源。经验表明，创新型城市的驱动力量是在学习和知识的扩散中建立起来的，是一种以文化和技术为核心的力量；这种力量通过共享文化和知识来促进城市间的相互作用与融合，进而推动区域融合与发展。

文化逐渐取代单纯的物质生产，成为创新城市发展的主导力量。在物质生活比较丰富的后工业社会中，人们对工资等经济条件的关注度降低，但对音乐、艺术等人文环境以及气候、湿度和绿化等城市生活便利条件的需求越来越高。[1] 当今世界，一个区域或城市对全球的影响力和控制力不仅体现在经济上，也体现在文化的渗透上。文化通常被视为推

---

[1] 周振华．崛起中的全球城市——理论框架及中国模式研究［M］．上海：格致出版社，2008：283.

动经济发展、塑造国际形象的重要途径，越来越多的国家开始重视城市发展中的文化建设。但目前，我国在推动城市和区域发展上仍注重物质财富的积累，忽视了文化软实力的建设，其中最为典型的是一些经济特区的发展模式。我国的城市和区域发展要在世界崛起，就要把文化因素始终贯穿于创新城市的活动中，把文化建设作为推进城市综合发展的抓手。

城市文化的发展水平与整个社会公众教育水平的普遍提高和教育体系的日益发达密切相关。文化与人的生活品质的提高，与知识经济的兴起和教育自身的变革密切关联。在工业经济条件下，人们追求的是能被“用于工具、工艺、产品”的知识，即通常所说的科学技术类知识。但随着知识经济的到来，人们的需求结构中，精神需求占据了主导地位。在这种情况下，精神消费成为经济增长的主导动力，企业产品越来越多地转向新消费价值的开发。其结果是，人们在依旧重视发展科学技术知识的同时，更加注重“将知识应用于知识本身的知识”，即能对生产知识产生积极影响的知识。也就是说，在知识经济时代，教育的重要地位不仅在于它是有效促进科技创新和应用的核心，更为重要的是，它还通过自身对人们的精神需求所产生的广泛和深刻影响，拉动人们对各类知识的需求，进而拉动人们对知识的生产、组织、管理的需求，从而成为社会经济发展的动力。总之，积极发挥教育对文化的支撑和促进作用，是当前全球范围内文化创意产业发展的重要趋势之一。

第三节　区域发展的相关理论

区域发展理论是研究区域协调发展的核心基础理论。区域协调发展是相关地区在经济、政治、文化、人口和生态环境发展上相互联系、相互促进，地区差异趋于缩小，地区间合作共赢的过程和状态。系统的区域发展理论产生于20世纪50年代初的西方。由于第二次世界大战后各国重振国民经济的需要，区域发展理论得到了较大发展。区域发展问题涉及经济学、地理学、社会学、规划学等众多学科，因而区域发展理论也有不同的流派。其中，尤以与经济学相关的流派理论影响广泛。它们与西方经济学中的均衡与非均衡增长理论密切相关，成为始终贯穿于区域发展理论的主题。

一、区域均衡增长理论

受古典经济学的影响，均衡增长理论认为，区域的长期增长来源于三个基本要素，即资本、劳动和技术进步；由于要素报酬率的区域差异，劳动力将由低工资区域流向高工资区域，而资本则从高工资区域流向低工资区域；因而，市场机制的自我调节将使区域发展的差异不会持久，最终区域之间的发展差距缩小，趋于均衡增长。

均衡增长理论主张，应当在各个部门和产业同时投资，推进经济发展。其代表人物之一是保罗·罗森斯坦·罗丹。他是“极端”均衡增长主义者，主张在发展中国家或地区对国民经济的各个部门同时进行同一比率的大规模投资，以促进这些部门以同一速率平均增长，从而推动整个国民经济的高速增长和全面发展。代表人物之二是拉格纳·纳克斯，他是“温和”均衡增长主义者。他从“贫困恶性循环论”出发，认为打破恶性循环的关键在于突破资本不足形成的约束，因此主张对国民经济各部门同时但按不同比率进行大规模投资，使整个国民经济各部门按不同速率全面增长，实现经济发展。代表人物之三是斯特里顿。他是“完善”型均衡增长主义者，主张以“萨伊定律”为依据，按照国民经济各部门的价格弹性与收入弹性的不同来确定各部门的增长比率，从而达到发展经济的终极目标。

区域均衡增长理论为发展中国家迅速摆脱贫穷落后的困境、实现工业化和经济增长提供了一种发展模式。但由于均衡增长过分依赖计划和国家干预，限制了市场体系的发展，所以一旦政府计划失误，将造成大规模经济损失。

二、区域非均衡增长理论

非均衡增长理论认为，在总的发展水平低的情况下，市场体系持续发挥的作用和力量都将增加国内和国际的不平等，因而社会经济发展要根据不平衡发展规律，有重点、有差异地发展，而不是平均使用力量。要促进落后地区发展，缩小区域差距，就要依赖强有力的政府干预和周密的经济政策来推动，然后利用市场的力量实现整个区域的经济增长。也即是说，发展中国家应集中有限的资本和资源首先发展一部分地区和一部分产业，通过区域增长极的扩散效应，逐步扩大对其他地区和产业的投资，带动其他地区产业的发展。

非均衡增长理论的代表性观点有以下几种。（1）阿尔伯特·赫希曼的不平衡增长战略。该理论主张在投资资源有限的情况下，实行不平衡增长战略，即首先集中资本于直接生产性活动部门，获得投资效益，增加产出和后续投入。待直接生产性部门发展到相当水平后，再利用一部分收入投资于基础设施部门，推动其增长，以其优先增长来带动其他部门的发展，即一个国家在选择适当的投资项目优先发展时，应当选择具有显著前向联系效应和后向联系效应的产业，而联系效应最大的产业就是产品需求收入弹性和价格弹性最大的产业，在发展中国家通常为进口替代工业。（2）弗朗索瓦·佩鲁的“发展极”理论。这一理论认为，经济发展在时间和空间上都不是均衡分布的，一些主导部门和具有创新能力的行业集中于一些地区，以较快的速度优先得到发展，形成“发展极”；再通过其吸引力和扩散力不断增大自身规模并对所在部门和地区产生支配作用，从而不仅使所在部门和地区迅速发展，也可以带动其他部门和地区的发展。“发展极”的支配作用主要表现在技术的创新和扩散、资本的集中与输出，进而产生规模经济效益，形成“凝聚经济效果”；使具有“发展极”的地区得到优先发展，进而带动相邻地区的共同发展。（3）J. G. 威廉姆森的倒“U”形理论。他依据24个国家的截面经济数据和10个国家的时间序列经济数据，对区域经济增长趋势进行了系统的实证分析，指出国家在经济发展的初期，区域间增长的差异将会扩大，即倾向不均衡增长；之后，随着经济的发展，区域间的不均衡程度将趋于稳定；当达到发展成熟阶段，区域间增长的差异则渐趋缩小，即倾向于均衡成长。这就会使区域经济增长呈现出倒“U”形的变动趋向。从长期发展趋势看，区域经济增长表现为从不均衡到均衡的趋同过程。

区域不均衡发展理论可以引导发展中国家将有限的资源投向效率高的区域，实行有重点的发展，是比较符合发展中国家实际情况的、行之有效的理论。但在市场机制的作用下，资本仍会不断地流向规模效益和凝聚效果好、投资收益高的经济发达地区，导致区域间经济增长的不均衡在相当长的时期内持续存在，甚至不断地拉大差距。

三、内生增长理论

内生增长理论是在新古典增长理论的基础上演变而来的，其核心思想是经济能不依赖外力推动实现持续增长；知识或技术进步如同资本和劳动一样，是一种生产要素，并且是自发生成的；这种内生的知识积累和技术进步，是保证经济持续增长的决定因素。在内生增长理论体系下，不同的经济学家提出其各自的内生增长模型。根据其本假设的差别，可将其模型分为以下几类。

第一类是外部性增长模型。如罗默的知识溢出模型，认为知识或技术是私人厂商进行意愿投资的产物；像物质资本投资一样，私人厂商进行知识投资也将导致知识资本的边际收益递减，但知识或技术溢出足以使知识投资的社会收益率保持不变或呈现递增趋势。根据这一思想，发展中国家为了实现长期的经济增长，有必要具备一种使新设计或创意能产生和使用的机制。这就要求政府制定政策时，必须重视教育发展和科技投入以及创新的激励和保护。再如卢卡斯的人力资本溢出模型，认为每个劳动者的能力和他贡献给人力资本的时间（可视作受教育和培训的时间）决定了他进一步获取知识的速度。这揭示出：人力资本增值越快，部门经济产出越快；人力资本增值越大，部门经济产出越大。根据卢卡斯的模型，人力资本的形成有两条途径：一是通过学校教育；二是在实践中学习。前者假定每个生产者除生产外必须用一定时间从事人力资本建设，强调脱离生产活动的学校教育对人力资本形成的作用，而这样获得的人力资本，能够产生人力资本的“内部效应”；后者认为在实践中学习也可以形成人力资本，即专业化的人力资本，其具有外部效应，能够使企业受益。

第二类是 AK 模型。AK 模型假设总量生产函数具有最简单的线性关系 $Y=A\cdot K$，不变的外生储蓄率和固定的技术水平可以解释消除报酬递减后将如何导致内生增长。如琼斯—真野惠里模型，认为在一定条件下，规模收益不变的生产技术足以保证经济实现内生增长。当经济中不存在外生技术进步时，资本积累将中止；在不存在政府干预时，竞争性均衡同时就是社会最优，经济将渐进地趋近于平衡增长路径。

第三类是 R&D 增长模型。以 R&D 为基础的增长模型主要有两种基本形式。一是将技术进步理解为产品品种的增加，如格罗斯曼—赫尔普曼的消费品品种增加型增长模型。该模型假定经济存在于研究部门和消费品部门——研究部门研制新型消费品，消费品品种的增加产生两种外部性，即新设计所蕴含的知识促使研究部门的成本降低、生产率提高，消费多样化使消费者的满足程度提高。二是阿格亨—豪伊特的创造性破坏技术变化增长模型。他们认为，研究生产率的提高并不必然导致经济增长率的提高——由于创新具有破坏效应，所以较高的生产率将使其他研究产品遭淘汰的危险加大，从而削弱整个社会的研究努力，有可能导致经济增长率的降低。

第四类是劳动分工与专业化内生增长模型。如博兰德—杨模型，认为分工和专业化是经济增长的源泉，分工的动态演进是由经济中的边干边学和规模收益递增引起的。在该模型中，经济的均衡增长率是不断变化的——在初始阶段，由于生产率不高，分工的交易费用会大于分工经济，因此专业化水平很低；当知识积累到一定程度时，分工经济会大于分工交易费用，进而使劳动分工得到演进。分工的演进将引起市场容量扩大、人力资本积累加快、贸易依存度上升、人均收入增加，从而引起增长率的不断上升；当分工的潜力耗尽时，经济增长率将再次降低。博兰德—杨模型的一个突出特征是将制度演进与经济增长有机结合起来，消除了主流经济学中将生产者与消费者割裂的缺陷。再如贝克尔—墨菲模型，指出分工主要受"协调成本"和一般知识水平的限制，并且分工演进和知识积累相互促进，共同决定了经济增长。协调成本实际上是对交易成本的扩展，将随社会知识存量的增加而降低。贝克尔和墨菲认为，知识与分工是相互作用的，知识的增进趋于提高专业化的收益，并提高最优的分工水平；专业化的增进，反过来又提高投资于知识的收益。

内生增长理论将知识、专业化人力资本视为经济长期增长的决定因素，说明知识在经济发展中发挥着日益重要的作用；在推进区域协调发展过程中，如果仅仅通过市场的自身调节，必然会继续推动产业的聚集。因此，需要通过制定并实施相应的政策措施，通过知识和人力资本的调节，改变我国区域产业聚集的内在机制，以实现地区间的协调发展。

四、后发优势理论

后发优势是指后发国家或地区在推动工业化方面的特殊有利条件。由于可以直接吸收和引进先进国家和地区的技术，其技术成本要比最初开发的国家低得多；同时，在同样的资金资源、技术成本条件下，后发国家或地区还具有劳动力成本低的优势。只要在国家的保护下达到规模经济阶段，后发国家或地区就可能发展出新的优势产业，从而在其传统的资本或技术密集的分工领域追赶或超越先进国家或地区，但后发国家或地区区域间差距的不断扩大却是不可回避的事实。

后发优势理论是由美国经济史学家亚历山大·格申克龙于1962年创立的。格申克龙对19世纪的德国、意大利、俄国等欧洲较为落后国家的工业化过程进行了分析，指出一个工业化时期经济相对落后的国家，其工业化进程和特征在许多方面表现出与先进国家显著不同。其内涵概括起来有以下几点：第一，后发国家可以引进先进国家的技术和装备；第二，后发国家可以学习和借鉴先进国家的成功经验，吸取其失败的教训，避免挫折，少走弯路；第三，后发国家对经济落后的改善和寻求工业化发展具有强烈的社会意识。因为相对落后会造成紧张状态，这种状态会激起国民要求工业化的强烈愿望，从而形成一种社会压力，激发制度创新，并促进以当地适当的替代物弥补其先决条件的缺乏。

随后，众多学者对后发优势理论进行了深化、发展。格申克龙的假设提出后，美国社会学家列维于1966年出版《现代化与社会结构》一书，从现代化的角度具体阐述了后发优势理论。他认为，后发国家的现代化不仅存在后发优势，也存在后发劣势，如要素依赖问题、社会差距问题等。1989年，阿伯拉莫维茨提出潜在后发优势论，即不论是以劳动生产率还是以单位资本收入衡量，一国经济发展的初始水平与其经济增长速度都是呈反向关系的。也就是说，一国的经济越是落后，其经济增长的速度越快，反之亦然。20世纪80年代以来，罗索夫斯基、南亮进和大川一司通过对日本工业化进程的分析，在很大程度上验证了格申克龙后发优势理论的客观性，促进了相关理论研究的进一步深入。伯利兹、克鲁格曼、齐东等在总结发展中国家成功经验的基础上，提出基于后发优势技术发展的“蛙跳”模型。该模型研究了国与国之间为什么会发生技术领导权的转移，解释了落后国家超常规发展和赶超先进国家的现象。它是指在技术发展到一定程度、本国已有一定技术创新能力的前提下，后进国家可以直接选择和采用某些处于技术生命周期成熟前阶段的技术；以高新技术为起点，在某些领域、某些产业实施技术赶超。范艾肯在开放经济条件下建立了技术转移、模仿和创新的一般均衡模型，强调南北国家之间经济发展的趋同，即经济欠发达国家可以通过技术模仿、引进或创新，最终实现技术和经济水平的赶超。

后发优势理论不仅对探求经济落后国家或地区的经济协调发展有很

大的启示，也为研究教育落后地区或学校的教育振兴和崛起开拓了新视角。

五、梯度推移理论

梯度推移理论是在不平衡经济发展理论的影响下，以美国的跨国企业问题专家弗农等人的“工业生产生命循环论”为依据产生的理论。工业生产生命循环论认为，工业各部门及各种工业产品都处于生命周期的不同发展阶段，即创新、发展、成熟、衰退四个阶段。区域经济学家将这一理论引入区域经济学中，便产生了区域经济梯度转移理论。这种理论的基本观点是，无论是在世界范围内，还是在一国范围内，经济技术的发展是不平衡的，客观上已形成一种技术梯度——有梯度就有空间推移。如果区域内主导产业部门由处于创新阶段的专业部门构成，就说明该区域具有发展潜力，应将其列入高梯度区域；若区域内主导产业处于衰退期，则应将其列入低梯度区域。创新活动是决定区域发展梯度层次的决定性因素，而创新活动大都发生在高梯度地区。随着时间的推移及生命周期阶段的变化，生产活动逐渐从高梯度地区向低梯度地区转移，而这种梯度转移过程主要是通过多层次的城市系统扩展开的。生产力的空间推移要从梯度的实际情况出发，先让有条件的高梯度地区引进、掌握先进生产技术，然后逐步向处于二、三级梯度的地区推移。随着经济的发展，推移速度加快，就可以逐步缩小地区间的差距，实现经济分布的相对均衡。

我国在总体布局和区域经济研究中引入了梯度推进理论，强调把经济效率放在区域发展和生产力布局的首位，强调效率优先，兼顾公平。根据国际经济发展的一般规律和惯例，一个国家或地区在让自然条件占优势和经济优先发展的地区积聚一定的财力、物力和技术之后，再开发欠发达地区，从而使经济得到全面、健康、协调发展。1988 年，邓小平同志提出了著名的“两个大局”思想。他说：

> 沿海地区要加快对外开放，使这个拥有两亿人的广大地带较快地先发展起来，从而带动内地更好发展，这是一个事关大局的问题。内地要顾全这个大局。反过来，发展到一定的时候，又要求沿海拿出更多力量来帮助内地发展，这也是个大局。那时沿海也要服从这个大局。

经过20多年的改革开放和国家对沿海地区经济发展的政策倾斜，珠江三角洲、长江三角洲以及京津唐地区已成为我国经济发展最快的地区。[1]

遵循梯度推移理论构筑我国区域开发战略，是区域开发战略模式的创新。自改革开放以来，梯度推移理论就被引入我国区域经济发展的实践中。《国民经济和社会发展第七个五年计划》首次正式提出将我国经济发展区域按东、中、西三大地带划分，重点突出东部沿海地区的优先发展。在东部发展起来后，国家制定了西部大开发计划，而后又实行中部崛起战略。区域的梯度推移战略充分考虑不同区域人文、自然、生态、资源条件，集多视角优势互补性、市场机制与政府支持有机结合等复合原则于一体，指导我国经济建设。

---

[1] 李玉珍，赵庆海．邓小平的中国区域经济发展思想与西方区域经济发展理论比较［J］．江西金融职工大学学报，2007（8）．

第三章　内生动力：教育推进区域发展的理论依据

区域教育是区域社会发展的基础和可持续发展的根本动力，区域教育发展程度是区域社会发展的重要衡量指标。今后相当长一段时间内，“推进公平”将是我国重要的政策走向，缩小区域差距将是改革发展的重点。从历年社会发展改革的经验来看，教育一直是我国社会改革与发展的先行者。

第一节　区域教育发展的相关理论

研究区域教育发展的相关问题，首先要明确区域教育发展的内涵与实质、教育与区域发展的各种互动关系，其次要分析区域教育发展的理论基础、基本特征和实现条件等，为深入研究某一区域的教育发展模式与布局勾勒出基本原理框架。

一、区域教育发展的内涵与实质

区域是复杂交叉、相对性很强的空间概念，很难给定严格的范畴和边界。地理学一般按自然地理特征将其定义为地球表面的地域单元，如沿海区域、生态区域等；政治学按行政权力的覆盖面将其看成国家管理的行政单元，因此其边界与行政区域界限相重合，任何一个行政区划都可以称作区域；社会学将其定义为相同语言、信仰和民族关系特征上的人类社会聚落，其边界可以超越行政区划和地理区域，如巴蜀地区、齐鲁地区等；经济学对区域的解释更多，依据其人口和经济总体特征可分为城市、农村和山区，依据其经济功能可分为农区、林区、牧区、渔区等。

本研究中的区域是指，在地域上相连、经济上相融、文化上相近的、跨行政区划的、便于统一组织、计划、协调、控制的空间范围；区域教育是指，这一范围内带有空间特点的教育系统。

区域教育是区域公共事业发展的重要组成部分，是区域社会发展的子系统；它既体现全国教育发展的一般规律，也体现区域发展的特殊性。区域教育发展是教育发展区域化的一种表现形式。同一区域内的教育有共同的发展方向和目标，有统一的教育协作和沟通手段，其本质就是在遵循国家教育战略指导思想的前提下，依据区域社会事业发展的需求，科学规划区域内教育发展的规模、结构、质量和效益，合理定位区域教育发展的模式与布局，使区域教育与区域社会经济事业发展相协调，推动教育与社会全面进步。

二、区域教育发展与各种要素的关系

（1）区域教育与区域政策。区域政策是根据区域差异而制定的协调区域间关系和区域宏观运行机制的一系列政策，其在宏观层面上影响着区域发展。从政策制定的内容来分，区域政策有很多种，如经济政策、人口政策、交通政策、教育政策、景观和自然保护政策等；从政策制定的主体来分，主要有中央政策、地方政策和基层政策。区域教育发展要遵从区域政策。在一定时期内，区域内教育发展还存在差异；区域政策的关键是将区域内各种资源统筹规划，这可以有效地加快区域教育一体化步伐。区域教育要实现协调发展，归根结底是要通过政府的政策倾斜来实现，通过健全的规章制度来规范区域教育活动，通过充足的教育投资来引导区域教育的发展方向，通过科学的区域教育规划来提高区域教育发展效益。所以，由上级政府统一规划和制定区域教育发展政策是实现教育协调发展的重要条件。有了中央政策和地方政策精神，基层政府才能制定具体政策、推进政策落实。

（2）区域教育与区域经济。区域教育与区域经济主要通过人力资源的培养和适用发生关联。区域经济的发展水平决定了人力资源的素质，进而与区域教育的层次、规模、结构的联系越发密切。区域内各级各类教育的协调配合能够以最高效益为经济发展培养优质技术人才和劳动者，同时，高等院校或职业院校本身就是科学技术的生产和推广基地，合理的区域教育布局能够带动周边地区生产技术的创新和提高。区域经济实力的强弱对教育投入及体制创新的要求也不同，经济发达区域教育发展水平更高，对教育创新的要求更强烈。区域经济发展所带来的产业结构变化影响着区域教育的专业设置，教育要预测区域未来的产业发展情况提前培养所需人才，才不会造成人才浪费。

（3）区域教育与区域人口。区域人口的数量、年龄结构和素质决定着区域教育的发展规模和水平。随着适龄受教育人口数量的波动，区域教育的规模也要做出适当的资源调整与整合，防止出现教育资源紧张或浪费的现象。区域内从事教育工作的人口数量和素质能否满足区域教育发展的需要，关系着区域教育的质量。区域教育资源的集中与分散也影响区域人口的聚集程度。一个教学资源丰富的地区更容易吸引人居住、生活，因此，区域教育也有疏导人口的作用。

（4）区域教育与区域地理。平原、山地和沿海等不同的地理环境会影响区域的生产、生活特点，区域教育的发展水平和发展方向受此影响也存在差异。处于不同地理环境的教育在教学资源的丰富程度和教育结果水平上有差距，受教育者对教育的期望也有所不同。自然地理环境的阻隔，也会影响区域教育资源的分布。区域教育需要克服地缘的影响，为受教育者提供平等的、供需适当的教育资源，同时，也要依据地缘特点开设相关的特色课程。

三、区域教育发展的各种理论基础

（一）教育与区域发展的理论基础

（1）现代化理论与区域教育现代化。现代化可以概括为四类：一是指近代资本主义兴起后的特定国际关系格局下，经济上落后的国家通过技术革命，在经济和技术上赶超世界先进水平的历史过程；二是指工业化，是经济落后国家实现工业化的进程；三是指由于人类知识史无前例的增长而使人类得以控制其环境，各种传统制度适应于因知识增长而发生的各种功能性变化；四是指一种心理态度、价值观和生活方式的改变过程。[1] 总的来说，现代化理论把社会发展阶段分成传统和现代两个阶段，将工业化、城市化、高的教育发展水平、民主化等作为发展的基本特征。教育现代化是社会整体现代化的重要组成部分，是后发外生型区域在赶超早发内生型区域、实现本区域现代化的同时，达到先进区域教育发展水平的过程。

（2）互赖发展理论与区域教育依赖。发达地区的发展不仅依赖于资源和资本密集的技术，而且依赖不发达地区的资源、劳动力和市场。受依赖关系影响，不发达地区的内部变革也越来越依赖发达地区的资源和资本，这便推动了区域之间的交流、合作和一体化，导致社会、经济和政治的整合模式形成——各地区共同制定对所有区域都有利的方法，最终形成一个区域共同体，所有地区都受益。知识总是从中心向外围传播、扩散和辐射，外围总是跟踪、引进和消化中心知识。因此，发达地区的教育在区域教育体系中占主导地位。探索全球区域化时代教育发展的模式，是世界教育发展的大势所趋。区域教育是一种跨行政区划的教育，给政治、经济带来新变化，使教育思想、制度、方法形成某种趋同效应。

（3）内源发展理论与区域教育发展。内源发展强调通过自己主动的创新意识更有效地实现发展，以人本身的发展为指向。经济发展、社会发展、教育发展都围绕人的发展展开，以人为核心，重视文化的作用。传统区域发展注重资源经济要素，用资源丰富度、资金多少、人口数量等指标来衡量一个区域发展水平。知识经济时代，决定和影响经济增长

---

[1] 丁钢．中国教育研究与评论［M］．北京：教育科学出版社，2002：10～11.

的主要因素是知识、信息和人力资源，其对区域发展起主导作用。在内源发展理论的影响下，乡土教材、校本教材的开发成为区域教育内源发展的重要一环，以避免受教育者所学知识远离现实、对本区域一无所知。

（4）非均衡发展理论与区域教育资源配置。非均衡发展理论认为，经济技术的发展是不平衡的；无论是在世界范围还是区域范围内，客观上已经形成一种经济技术梯度——经济增长往往以不同强度实现，首先出现一个或几个实力较强的区域中心，然后通过不同的渠道向外扩散，最终对整个经济产生不同的影响。这些增长极对其他地区具有支配效应。随着经济发展、推移速度加快，地区差距逐步缩小，经济分布的相对均衡逐步实现，这一区域经济的均衡发展也将逐步实现。区域教育非均衡发展，是区域经济发展不平衡在教育领域内的表现。区域的梯度经济发展对人才需求总量、规格和结构提出梯度需求，也影响区域教育资源的配置。教育资源实力较强的区域所拥有的独特教育优势，为积极推动区域教育发展、适应区域经济发展的不平衡提供有效的服务。

（二）可持续发展理论与区域基础教育发展

可持续发展源于对人类生存环境的关注，一方面是满足人的基本需求，另一方面是促进社会公平与和谐。可持续发展观点认为，后发区域虽然有很多后发优势，却也客观存在种种后发制约，如环境污染、弱势群体增加、社会公平缺失等；可持续发展旨在不断改善人类生存条件，提高人类生活质量，实现以人为中心的经济、社会、文化的全面发展。教育是经济社会可持续发展的基础，可持续发展关注基础教育的改善，培养公众对社会发展可持续性的理解和意识。其中，消除贫困、推进农村改革、推进性别平等、促进健康和保护资源等，作为经济社会发展的基础，成为教育的重要关注点。

可持续发展理论在教育上最主要的价值体现就是教育公平发展和教育生态发展。教育的公益性决定了教育的内在特征是公平。教育不仅是社会发展的助推器，而且是社会发展的均衡器；促进教育公平，是保障社会公平、构建社会主义和谐社会的客观要求。因此，至少要在基础教育领域保证教育资源的均等，减轻受教育者之间不平等的程度。教育生态发展是指促进每一个受教育个体健康成长与进步的所有人际关系与环境因素都和谐发展，强调在教育动态发展过程中追求持续发展；通过互动与帮扶，促进区域教育逐渐呈现出相对均衡、优质、高位的发展态势，为区域经济发展和社会的公平、稳定、和谐做出积极贡献。

（三）产业分工理论与区域职业教育发展

在不同阶段，因资源优势的不同，区域发展会选择不同的主导产业。因此，各地区应在比较优势的基础上进行合理分工，发展优势产业，放弃劣势产业，并在此基础上进行互助合作，提高资源的空间配置效益，促进有序竞争，避免规模不经济、效率低下等各种弊端。区域内不同产业分工要求有不同的人力资源条件相配套，这为职业教育的发展指明了人才培养的方向。各地区利用优势资源发展相关产业，使职业教育培养目标具有明显的区域分工协作特征；一些职业教育发达的地区可在满足本地区人才需求的基础上，为其他地区培养区域产业发展所需的相关人才，形成资源共享、优势互补的教育理念。

区域职业教育发展要依据产业分工理论来规划职业教育的发展布局、体系层次和专业等。根据各地经济和社会发展的不同水平和需要，地方主管部门要综合考虑各种因素，制定职业教育分区发展的非均衡发展战略，不强求统一的发展进度。依据区域经济实力和发展需要，高经济技术发展区应特别注重高等职业教育的发展和职业教育体系的完善，一般经济技术发展区不求职业教育体系的完整，但求适用，注重中等职业教育的发展。职业教育专业结构要与区域产业结构相匹配，职业学校依据区域经济发展的支柱产业、新型经济领域对人才的基本需求，灵活设置专业。

（四）区域竞争理论与区域高等教育发展

区域竞争力是支撑一个区域持久生存和发展的力量，即一个区域在竞争和发展的过程中与其他区域相比所具有的吸引、争夺、拥有、控制和转化资源、占领和控制市场的能力以及为其自身发展所具有的资源优化配置能力。这主要体现在一个地区集散资源、创造财富、提供服务以带动、辐射周边地区的能力，是地区经济实力、国际化、基础设施、管理体系、科学技术、文化环境、人民素质的综合水平和能力的体现。因此，区域竞争力理论对各地区产业提出了要求，对各地区人才的数量和质量提出了要求，也对各地区培养人才的高等教育提出了要求。

高等教育的竞争力是区域竞争力的基础和重要组成部分，提升高等教育的竞争力也就意味着从根本上增强区域的国际竞争力。在国际竞争力的八大要素中，科技竞争力、国民素质竞争力是核心。国民素质竞争力的 44 项指标中有 22 项、科技竞争力的 26 项指标中有 19 项与教育相关，尤其是与高等教育相关。❶ 因此，高等教育要在人才培养数量和质量、科研成果和水平等方面满足区域竞争的需要。从现实经验来看，一个地区增强综合实力的重要举措之一，就是加强高等教育的发展。合理规划和布局区域高等教育、增加教育和科研经费，对提升区域竞争力具有重要的作用。

四、区域教育发展的基本特征

（1）区域教育发展是平衡—不平衡—平衡的动态调试过程。区域教育的一切活动都是为了达到整体平衡，因此，区域教育的平衡发展是各区域教育发展在总体战略上的着眼点。区域教育发展的不平衡集中表现了区域教育系统与外部环境、区域教育系统内部各要素相互作用的一种关系。不平衡是相对于区域教育的平衡而言，平衡是教育系统运动的一种理想状态；一旦区域教育系统的内外影响因素产生变化，原有的平衡就必然被打破，进入从不平衡到平衡的调试过程。

（2）区域教育的发展与规划是探索性的。世界上没有一模一样的区

❶ 王守法，王云霞．高等教育与区域经济发展关系的理论探讨［J］．北京工商大学学报：社会科学版，2006（5）：89.

域，每一个区域的特点都因其经济、文化、人口、地理环境等要素的不同而不同。教育发展因区域的不同特点而呈现出复杂局面。因此，一个区域的发展模式不能简单地套用于另一个区域。相似区域之间的教育发展与规划有哪些相同点和不同点，教育发展的重点和特色有哪些联系和区别，都需要进一步厘清。本区域的教育发展与规划需要高瞻远瞩的思维和敏锐的判断来不断地探索和总结。

（3）区域教育系统是相对独立的。区域教育是相对独立的系统：首先，区域教育是教育总体系统的子系统，具有区域社会的总体特征；其次，区域教育是区域社会大系统的子系统，反映区域教育的风貌；最后，区域教育的运行和管理是相对独立的，具有较为独立的管理协调机制和组织、计划、调控政策。

（4）区域教育内部同质性与差异性兼容。区域教育内部受共同的外部因素影响而呈现出一致性，不仅各个类型和层次的教育比较完整且相互联系，在发展方向和目标上也是一致的。区域内部教育由于区域内部发展的不平衡而体现出差异性。不同区域教育的发展特色不同，比较优势就不同，有利于合作互补。

（5）不同区域教育发展的驱动主体是不同的。区域教育拥有多个行为主体，其一体化发展的驱动力因区域实际情况的不同而有所不同。驱动主体主要指由谁来推动区域教育发展、协调发展过程中出现的问题。总的来说，驱动主体可以归为三类：一类是由政府主导推动，一类是由市场主导推动，一类是政府和市场的混合推动。

五、区域教育协调发展的实现条件

（一）区域教育协调发展的基本原则

（1）系统性原则。区域教育发展是通过区域的系统性来优化教育资源的开发，以求科学地利用教育资源，以较小的投入产生较大的教育效益。因此，在教育发展区域配置上要统筹兼顾，全面安排，综合平衡，处理好整体与局部的关系、生产力发展水平与教育发展的关系、受教育者储备与教育发展规模的关系、教育劳动者数量、质量与教育效益的关系、教育的可能性投资与教育的现实性投资的关系、教育环境与教育区划的关系。❶

（2）补偿性原则。立足于区域发展的整体利益，利用教育优势对区域发展过程中的处境不利群体或弱势群体进行必要补偿，使他们普遍得到教育带来的收益，使教育发展水平不断提高，进而推动整个区域发展。

（3）最优化原则。通过区域内教育资源合理搭配，以最小投入释放出最大能量，使教育资源得以发挥最大效益。坚持教育资源配置过程中公平性和差异性的统一，确保教育资源总量和分配比例既符合实际需要又保证重点，减少教育资源的浪费。

（4）阶段性原则。教育的区域性开发不是一蹴而就的，可分为近期、中期和远期目标。在近期的教育开发中，要特别注意开发现有的教育资源，较快形成教育区域内的优势群落；中期开发中，应抓好具有区域特色的教育体系构建，为区域社会经济发展提供较为全面的人才、科技服务，实现教育质量的全面提高，促进公民素质的全面进步；远期开发中，应注意教育资源的保护，构建与生产力发展水平相适应的教育体系，保证区域教育进入良性循环状态。❷

（二）区域教育协调发展的实现步骤

（1）分析区域教育发展现状。从教育内部分析区域内各级各类教育的规模、质量、结构、效益以及区域教育发展的人文环境和硬件条件，探究各地区教育发展的不足之处和遇到的瓶颈问题，为制定区域教育发展战略规划奠定基础。

（2）分析区域教育发展的各种影响因素。从教育外部分析区域经济、政策、社会、人口、环境等方面对区域教育的现实需求，这些外部

❶❷ 迟万昌．教育发展区域配置的理论思考［J］．玉溪师专学报：校庆专刊，1998（5）：133，134.

因素对教育区域发展起着极为重要的作用。对它们的了解有利于区分区域发展类型，确定教育的服务方向和目标，保证区域教育的协调发展。

（3）制定区域教育发展规划。选择和确定区域教育发展的结构模式，确定区域教育发展的方针和目标，合理规划区域教育布局，构建区域教育特色、教育发展重点、教育发展优先顺序和教育聚集带等，从宏观层面提出区域教育发展的实践策略。

（三）区域教育协调发展的现实保障

（1）确保区域教育发展达成多方共识。必须进一步转换观念，把教育纳入区域战略发展重点和现代化建设的整体布局，确保教育优先发展。必须以区域社会经济发展战略为基础，凸显教育区位优势和发展重点。政府与市场相互协商、对话，制定共同行动准则，共同组建区域教育组织管理部门。区域教育发展要广泛征求各方面意见，包括区域内同级政府和有关部门、区域内下一级政府和有关部门、区域外相邻地区政府和有关部门，以及有关方面的专家和其他组织机构的意见，集思广益，形成共识。

（2）确保合作互利，实现共赢。避免区域内不同地区在追求其各自目标的过程中发生利益矛盾或教育冲突，比如，争夺师资和生源、限制业务交流、教育重复建设等。要努力消除区域教育的体制障碍，破除条块分割和地方保护，形成灵活的运行机制。要发挥政策的导向功能，促进跨区域联合开发教育市场，实现教育资源的合理配置。

（3）以项目合作促进区域教育发展规划落实。一般来说，初期的区域教育发展规划的制定和实施都是从项目合作入手的。区域内各级政府和教育决策部门应借助这种形式，组织各方面力量，针对本区域教育发展的重大问题，开展合作研究，以项目的不断推进带动区域教育规划的落实。

第二节　教育改革是推动社会发展的动力

改革开放后，我国发展呈现出一系列新的阶段性特征：社会结构日趋多元化，推进不同利益群体间的“和谐”成为当今社会发展的主题；社会需求逐渐提升，满足人民群众日益增长的物质文化需求成为当今社会发展的主要任务；社会环境公开透明，先进的理念和行为模式成为当今社会发展的主要方式。当然，我国在社会建设和管理上依然面临诸多新课题，改革发展任重道远。

近10年是我国改革的加速期，也是改革的窗口期，体制改革与创新发展显得尤为重要。按世界银行的标准，我国已于2011年进入中上等收入国家行列。经济发展进入明显的转型期，劳动力成本的上升、人口结构的老化都是不可避免的。这期间，有三个方面亟待改革：(1) 财税体制改革，降低税收；(2) 金融体制改革，走开放的市场化道路；(3) 教育体制改革，提高人才创新能力。❶改革开放30多年的基本经验告诉我们，一直以来，教育都是国家改革的试水区，教育改革是推动社会发展的基本动力。社会主义建设必须强调教育优先发展，社会主义现代化要求教育率先实现现代化。

一、社会公平的突破——从1977年恢复高考制度说起

1966年4月6~14日，高等学校招生工作座谈会召开。座谈会明确提出：要采用新的办法，高等学校取消考试，采取推荐与选拔相结合的办法。同年6月18日，《人民日报》社论传达了会议精神，提出废除高考制度，“要彻底把它扔到垃圾堆里”。1971年《全国教育工作会议纪要》明令废除高考，要求高校招生严格坚持“自愿报名，群众推荐，领

❶ 许斌．最近十年是中国改革的窗口期[EB/OL]．[2011-12-05]．http://www.forbeschina.com/review/201112/0013859.shtml.

导批准，学校复审”。这样的选拔制度，带有极强的政治性和不公正性，堵塞了一代青年精英的成长之路。

1972 年 10 月 14 日，周恩来在与美国哥伦比亚大学教授、诺贝尔奖获得者李政道博士有关中国教育的谈话中受到启发，指出：

> 学生应当以学习为主……中学毕业后，不需要专门劳动两年，可以直接上大学，边学习、边劳动。

这番话在当时引起了社会震动。尽管在江青集团的反对下并没有实现，但还是起到了一些效果，教育部以贯彻周恩来 1972 年讲话的名义要求各地在每年的招生中分出 1% ~5% 的名额给应届生。

1977 年 8 月 13 日，教育部根据邓小平的指示，召开了第二次全国高等学校招生工作会议。由于各方意见不统一，头绪太多，会议创造了一项开会时间的纪录——历时 44 天，❶ 主要争论点还是如何突破“两个凡是”。会议确定了高考招生办法，具体包括：（1）劳动知识青年和应届高中毕业生都可以报名；（2）具有高中毕业文化程度的才可以报名，而且必须通过大学入学考试；（3）政治审查主要看本人表现，要破除唯“成分论”；（4）德智体全面考核，择优录取。

1977 年 10 月 12 日，国务院批转教育部《关于 1977 年高等学校招生工作的意见》，规定了高等学校新的招生政策：废除推荐制度，恢复文化考试，择优录取。同年 10 月 21 日，《人民日报》用一版刊发消息《高等学校招生进行重大改革》和社论《搞好大学招生是全国人民的希望》，标志着中断了 11 年的高考制度正式恢复。据统计，当年的报考人数为 570 万，录取人数为 27 万，录取率为 4.7% 。

1977 年恢复高考，不仅仅是纠正了“文化大革命”的错误，不单

❶ 李梓．高考中断：“要彻底把它扔到垃圾堆里!”［J/OL］．新世纪周刊，http：//culture. inewsweek. cn/20130607/detail - 44716 - 5. html［2013 - 06 - 07］．

单是一种考试制度的恢复，而是社会公平与公正的重建，更是转变了我国自1949年以来不重视人才的局面，为今天的发展奠定了基础。

恢复统一高考制度之所以会得到举国上下的普遍认同，原因在于：(1) 统一高考实现了机会面前人人平等——只要考生符合规定的资格条件，都有同等机会和平等权利参与竞争；(2) 按分数高低录取，不分身份地位和家庭背景，一视同仁。构建社会主义和谐社会，一个核心的理念是“共同建设、共同享有”。高考制度改革确保了高等教育资源的公平分配，以机会平等、竞争平等为前提，让人民体会到了成果的共享。这种教育的公平是重要的社会公平。

改革开放30多年来，我国在迅速发展的同时，贫富差距扩大等不公平现象也逐渐增多。美国著名经济学家弗里德曼认为，平等不应被误解为结果均等；只有把机会均等放在首位的国家，才能得到更多的平等，才能阻止特权地位制度化，才能使国家得到更快发展。我们的时代已经走到“更加注重社会公平”的高点上，高考制度作为社会公平的象征需要进一步传承和发展下去。

二、提高民族素质——《关于教育体制改革的决定》明确教育的重要地位

1985年5月27日，中共中央发布《关于教育体制改革的决定》，指出教育体制改革的根本目的是提高民族素质，多出人才，出好人才。教育体制改革的主要内容：改革管理体制，在加强宏观管理的同时，坚决实行简政放权，扩大学校的办学自主权；调整教育结构，相应地改革劳动人事制度。同时，还要改革同社会主义现代化不相适应的教育思想、教育内容、教育方法。改革所要达到的成效：要开创教育工作的新局面，使基础教育得到切实加强、职业技术教育得到广泛发展、高等学校的潜力和活力得到充分发挥；学校教育和学校外、学校后的教育并举，各级各类教育能够主动适应经济和社会发展的多方面需要。《关于教育体制改革的决定》提出的很多改革内容对后来的教育发展产生了深

远的影响。

首先,《关于教育体制改革的决定》把教育放在社会发展的重要位置上,明确指出教育必须为社会主义建设服务,社会主义建设必须依靠教育。邓小平在1985年全国教育工作会议上的讲话中严肃指出:

> 还有相当一部分同志,包括一些高级干部,对于发展和改革教育的必要性,认识不足,缺乏紧迫感,或者口头上承认教育重要,到了解决实际问题时又变得不那么重要了……忽视教育的领导者,是缺乏远见的、不成熟的领导者,就领导不了现代化建设。

当前,我国教育事业正处在一个极其重要的发展时期,重温这些重要指示,对于调动全社会特别是各级领导干部以更大的热情关注和重视教育事业,具有重要的意义。

其次,下达"普九"任务开启教育现代化。实行九年制义务教育,实行基础教育由地方负责、分级管理的原则,是发展我国教育事业、改革我国教育体制的基础一环。1986年颁布的《中华人民共和国义务教育法》对普及九年义务教育产生了巨大的推动作用。到2000年,70%以上的县实现全县"普九",全国"普九"人口覆盖率达到85%以上;全民受教育水平由1985年以前的人均4.3年提高到2001年的人均8.1年。❶ 基本普及九年义务教育,是最大范围的教育普及,也是最艰巨的教育工程;虽然在推行过程中出现了种种问题,但依旧体现了我国提高人口基本素质的决心和人才强国的信念。

最后,明确"大力发展职业教育""扩大高校办学自主权",确定高中阶段的普通教育和职业教育比为5:5;扭转中等教育结构不合理的状况,充分调动企事业单位和业务部门的积极性,发展职业技术教育。

---

❶ 杨旭,李剑萍."普九"的提出:新时期教育现代化启航[N].中国教育报,2010-01-19.

同时，《关于教育体制改革的决定》所提出的“简政放权”，其重点是扩大高等学校的办学自主权，以解决“在教育事业管理权限的划分上，政府有关部门对学校主要是对高等学校统得过死，使学校缺乏应有的活力，而政府应加以管理的事情，又没有很好管理起来”的问题。

三、带动经济发展——《关于深化教育改革全面推进素质教育的决定》刺激教育消费

1999 年 6 月 13 日，中共中央、国务院发布《关于深化教育改革全面推进素质教育的决定》，指出：

> 调整现有教育体系结构，扩大高中阶段教育和高等教育的规模，拓宽人才成长的道路，减缓升学压力。通过多种形式积极发展高等教育，到 2010 年，我国同龄人口的高等教育入学率要从现在的百分之九提高到百分之十五左右……在非义务教育阶段，要适当增加学费在培养成本中的比例，逐步建立符合社会主义市场经济体制以及政府公共财政体制的财政教育拨款政策和成本分担机制。

这一决定除了强调为实施素质教育创造条件外，还明确了两点内容：(1) 扩大高中阶段教育和高等教育的规模，发展高等教育，拉动内需；(2) 正式提出教育成本分担机制。

当时，我国消费需求增幅持续下降，人民消费投资意愿不强；市场对经济增长的拉动作用明显减弱，经济上通货紧缩。在这种背景下，中共中央、国务院提出高等教育扩招并适当增加学费，主要目的就是刺激消费。大规模地教育硬件建设以及扩招后大批学生的消费对经济发展产生了重要影响。首先，高校扩招可以推迟学生初次就业时间，缓解就业压力。扩大教育规模可以使更多的人留在学校，减少当前的就业人数，降低就业压力。其次，扩招有助于拉动内需，带动经济增长。随着经济发展和人民生活水平的提高，高等教育一直供不应求。大幅度发展我国

高等教育规模，增加了人们对教育的投资和消费，增加了教育从业人员的数量，带动了教育相关行业的发展，形成了新的经济增长点。

四、影响人口管理——非户籍人口的升学考试政策倒逼人口制度改革

2012年8月31日，国务院办公厅转发教育部等四部委制定的《关于做好进城务工人员随迁子女接受义务教育后在当地参加升学考试工作的意见》，要求“各省、自治区、直辖市有关随迁子女升学考试的方案”原则上应于2012年年底前出台。我国初步解决务工人员随迁子女的义务教育问题就用了10年时间，中考、高考问题也很难在短期内得到圆满解决。近3年来，我国流动人口规模以每年1 000万的速度增长。第六次全国人口普查数据显示，2010年，我国流动人口数量达2.21亿，占全国人口总量的16.5%。人口流动日趋活跃，资源环境面临全面协调问题。人口流动给教育带来了深层次问题，其中最突出的便是流动人口随迁子女的升学考试问题。

受户籍制度以及全国高考政策的限制，流动人口随迁子女往往不能享受与户籍学生同等升学考试的权利；特别是跨省（市）流动人口随迁子女，由于区域间管理模式、教育模式等差异，其升学考试问题更难解决。据2005年国家统计局1%人口抽样调查数据，人户分离的流动人口约占全国人口的11.46%，其中跨省（市）的流动人口约占全国人口的3.9%。在这些跨省（市）流动的人口中，5～19岁的学龄人口占17.09%，20～34岁婚育年龄人口占25.83%；两类人群占总流动人口的近一半，说明流动人口在异地受教育的需求还是很大的。

2012年3月1日，全国9万多名“随迁子女”家长发布了致全国人大代表、全国政协委员的公开信，要求代表、委员在“两会”上关注教育公平问题，推动“取消高考户籍限制”的政策尽快落实。从近期来看，在以地方政府为主的政策调整过程中，户籍制度与升学考试尚不能割裂，改革只能做些微调整。目前，上海和广州开始制定积分入户办

法。二者不同的是，在对待随迁子女的升学考试问题上，上海的积分入户制度是与学籍年限挂钩的，而广州则不是——只要入了户就与户籍人口享有同等待遇。异地高考在社会上掀起的热潮看似是教育的问题，实则是人口管理制度的问题。从某种程度上说，教育关注的热点触动了社会问题的根源，助推了社会深层次的体制机制改革。

五、探索现代治理体系——以深度改革构建教育科学发展的长效机制

2013 年 11 月 12 日，中国共产党第十八届中央委员会第三次全体会议通过《中共中央关于全面深化改革若干重大问题的决定》，确定了教育改革的基本方向和政策要点。为进一步贯彻落实党的十八届三中全会关于深化教育领域综合改革的要求和部署、全面提升教育现代化水平、努力办好人民满意的教育，各级政府着手研制并落实深化教育领域综合改革。2014 年成为深化教育领域综合改革元年，教育被赋予了全新的时代特征，教育改革更加注重协同性、协调性、整体性，着力突破教育领域发展的瓶颈和体制机制障碍。

（1）深化教育领域综合改革，明确“立德树人”的根本任务。《中共中央关于全面深化改革若干重大问题的决定》明确提出：

> 全面贯彻党的教育方针，坚持立德树人，加强社会主义核心价值体系教育，完善中华优秀传统文化教育，形成爱学习、爱劳动、爱祖国活动的有效形式和长效机制，增强学生社会责任感、创新精神、实践能力。

“立德”是我们的历史使命，它对教师、学生、家长和社会的基本道德素养都提出了要求；践行“立德将进一步加强公民的基本道德水平，为培育恒定统一的价值观奠定扎实基础。“树人”是我们的核心任务，践行“树人”就是多方面创造条件因材施教，激发并引导学生的兴

趣爱好，促进他们全面发展和健康成长。

（2）深化教育领域综合改革，明确“促进公平”的发展重点。党的十八届三中全会后，“促进社会公平正义”成为我国新一轮社会体制改革的基本取向。习近平曾在在联合国“教育第一”全球倡议行动一周年纪念活动上致辞：

> 中国将坚定实施科教兴国战略，始终把教育摆在优先发展的战略位置，不断扩大投入，努力发展全民教育、终身教育，建设学习型社会，努力让每个孩子享有受教育的机会，努力让13亿人民享有更好更公平的教育，获得发展自身、奉献社会、造福人民的能力。

教育公平的推进有助于破解义务教育中的择校问题。教育主管部门通过教育资源标准化建设、校长教师交流轮岗和扶持贫困地区等办法，统筹城乡义务教育资源均衡发展，确保适龄儿童能够在家门口上好学校。

（3）深化教育领域综合改革，明确以考试招生制度改革为切入点。《中共中央关于全面深化改革若干重大问题的决定》要求：

> 推进考试招生制度改革，探索招生和考试相对分离、学生考试多次选择、学校依法自主招生、专业机构组织实施、政府宏观管理、社会参与监督的运行机制，从根本上解决一考定终身的弊端。

2014年9月，国务院发布《关于深化考试招生制度改革的实施意见》，对改进招生计划分配方式、改革考试招生形式和内容、改革招生录取机制、改革监督管理机制四方面提出了具体要求。这是继1977年恢复高考制度后，我国考试制度的又一次重大调整。

（4）深化教育领域综合改革，明确“管办评分离”的教育发展新格局。“管办评分离”是《中共中央关于全面深化改革若干重大问题的决定》中有关教育领域综合改革的重要内容，是我国进入改革深水区后，教育领域解放思想、转变观念的重要体现，是构建我国现代教育治理体系的基本要求。推动“管办评分离”不是真正意义上的分离，确切地说，是推动“管办评”的协同联动。如果说过去我国“管办评”的状态是“政府既是运动员，也是教练和裁判员”，那么，对于“管办评分离”的浅层次理解就是“政府是教练，学校是运动员，社会是裁判员”，而深层次的、科学而又形象的理解则是“政府作为教练对运动员给予合理、科学的技术指导，运动员在指导下努力发挥潜能赛出最佳水平，裁判员对运动员给予公正客观的评价并向教练反馈比赛成绩”。将“管办评分离”落到实处，要从外部大环境和内部各主体的融合着手。

总之，深化教育领域综合改革难度不小，要解决多年积累的矛盾，触动各方利益。然而，教育领域综合改革的顺利推行，必将为社会和谐与发展提供正能量，为探索构建现代治理体系发挥示范作用。

第三节　信息化时代为区域融合带来机遇

胡锦涛在党的十七大报告中指出，“科学分析我国全面参与经济全球化的新机遇新挑战，全面认识工业化、信息化、城镇化、市场化、国际化深入发展的新形势新任务，深刻把握我国发展面临的新课题新矛盾，更加自觉地走科学发展道路”，说明新时期“信息化”在我国建设小康社会、建设和谐社会中的重要战略地位。数字化、网络化的现代信息服务，极大地促进了资源的开发与利用，促进了区域间的信息共享、资源整合，降低了物流成本，加速了区域合作的进程。《中共中央关于全面深化改革若干重大问题的决定》中指出“构建利用信息化手段扩大优质教育资源覆盖面的有效机制，逐步缩小区域、城乡、校际差距”。可见，信息化技术的发展为推进区域教育合作带来了机遇。

一、信息化与区域融合发展

在知识经济社会和信息化时代，不论是城镇化进程还是区域融合发展，都需要资源的扩散。在科技飞速发展的今天，信息技术是资源扩散的重要载体之一，特别是在自然资源匮乏、交通不发达的地区，信息技术是支持智能资源扩散的最有效途径，为拉平区域间的差距带来了契机。

首先，信息化助推经济发展模式转型，使交流障碍逐渐化解。通信、电子、计算机、网络等高新技术的快速发展，使全球信息资源的交流和利用更加便捷。传统的工业社会正在向信息科技社会演变，传统工业发展模式逐渐改变，以信息技术为基础的商业生态圈逐渐成为中国经济变革的引领力量。英国《卫报》旗下的《卫报周刊》（*Guardian Weekly*）近日刊登了一篇题为《阿里巴巴使数字经济的益处传到中国最偏远地区》的文章，见证了电子商务如何改变偏远农村地区的面貌。[1] 信息技术丰富了不同区域的人们沟通交流的手段。

其次，信息化缩小区域发展差异，使地域界限逐渐模糊。在数字化、网络化、智能化的推动下，发达地区可将其发达的技术、理念、服务、能量向腹地辐射。信息技术成为社会的主要财富和发展动力，信息技术所承载的知识、情报成为新的资源优势。信息资源通过网络实现落后地区与发达地区的对接，逐渐模糊双方在地理位置、自然环境、经济实力等方面的差距，推进区域融合。

最后，信息化提升资源配置效益，使恶性竞争逐渐消除。信息化平台建设将信息、技术、设备、人员等优质资源要素实现跨区域共享，为区域间的分工与协作奠定基础，有效避免小而全、自成体系的资源重复建设。同时，这种跨区域的资源共享平台也有助于消除地区间的恶性竞

---

[1] 《卫报》探访福建“淘宝村”：马云改变了中国偏远地区命运［EB/OL］. 王琪，编译 . http：//www. thepaper. cn/newsDetail_ forward_ 1263690.

争，增强区域可持续发展能力。

二、信息化是缩小教育差距的手段

习近平在致国际教育信息化大会的贺信中指出：

> 中国坚持不懈推进教育信息化，努力以信息化为手段扩大优质教育资源覆盖面。我们将通过教育信息化，逐步缩小区域、城乡数字差距，大力促进教育公平，让亿万孩子同在蓝天下共享优质教育、通过知识改变命运。

教育的信息化越来越成为缩小区域差距的重要手段，通过教育信息化实现资源共享、缩小差距的平台种类也十分多样。归纳起来，大致可以分为以下三类。

（1）教育资源共享平台。按照归属性质和管理层次，教育资源可分为中央教育资源和地方教育资源；按照办学层次，可分为基础教育资源、职业教育资源和高等教育资源；按照知识层次，可分为品牌资源、师资资源和生源资源；按照政策导向，可分为计划资源和市场资源。因此，打造区域教育资源共享平台，需要结合各地实际情况和发展需求，搭建资源共享类别。其共享的具体内容既可以是优秀课件、课程教学案例，也可以是优秀教师、专家，还可以是教学设备、科研仪器等。通过资源共享平台，可以有效调取优秀师资数据库，推动区域间课程共享、师资流动，提高资源的利用效率，使不同教育发展水平地区的学生能够享受同样的教学质量。

（2）在线学习交流平台。在线学习就是通过手机互联网或计算机互联网在虚拟课堂中进行学习，这种方式既不受时间、地点、空间的限制，又能够实现一对一的有效沟通。在线学习交流平台就是在学生利用资源共享平台学习的同时，为学生提供在线答疑、在线交流和在线测评服务。可以说，在线学习交流平台是教育资源共享平台的一种升级，学习者可以根据自己的能力和兴趣自主选择学习内容、随机利用时间、灵活掌握学习进度，并在沟通与交流中不断深化个人对知识的理解和运用。

（3）教育信息供需平台。教育信息供需平台类似一种教育中介平台，通过它可以发布区域居民学习需求、提供线上或线下教育教学培训。教育信息供需平台有助于提供更为全面、更为有用的学习资源，对于普通教育来说，可以丰富教育内容，开发学生潜能；对于继续教育来说，能够为劳动者提供二次学习的机会，提升劳动者素质。因此，不管是学龄人口、青壮年劳动者，还是老龄人口，信息化的教育供需平台都有助于形成人口与当地社会发展的良性互动机制，缩小区域教育发展差距。

此外，为进一步提升教育质量，世界各地也探索了多种多样的信息教育模式。例如，“慕课”（MOOC）把一些优质的课程材料发布于互联网上，无论学习者身在何处，只需要一台电脑和网络连接，就可以花最少的钱享受美国大学的一流课程。翻转课堂式教学（The Flipped Class Model）是由教师创建视频，学生在家中或课外观看视频中教师的讲解，回到课堂上师生面对面交流并完成作业的一种教学形态，课堂中教师的角色发生了变化，教师更多的责任是去理解学生的问题、引导学生去运用知识。“微课”则是根据中小学生的认知特点和学习规律，把教学时长设置为5～8分钟，教学主题突出，内容更加精简。也正因如此，人人都可以成为微课的研发者，并且通过网上视频、手机、微博等多种方式传播成果。

可见，随着信息化社会的发展，不断涌现出新型的、更有时代特点的信息化手段。缩小教育差距的一个便捷途径是利用信息化带来的条件与机遇，有效利用先进、主流的信息技术共享优质教育资源。因此，要缩小教育差距，有必要大力推进教育信息化，加强教育信息基础建设和“区域教育信息网”的升级换代，加强数据、资源、服务的规范化建设与管理，形成覆盖城乡，满足学校、社会、家庭需求的远程教育网络；以教育信息化带动教育现代化，不断提升全民信息素养和信息能力。

实证篇

★★★★★★★★★★★★★★★★★★★★

- 京津冀区域每十万人口在校大学生数为3 974人，比例远高于长三角区域
- 北京市大专及以上文化程度人口占总人口比例为41.21%，天津为23.05%，河北为7.73%。研究生和成人本专科生规模过度集中在北京
- 生均公共财政预算事业费中，北京市小学是河北的4.3倍，普通初中是河北的4倍，普通高中是河北的4.5倍，中等职业学校是河北的3.7倍，普通高等学校是河北的2.9倍

★★★★★★★★★★★★★★★★★★★★

第四章　横比有差距：京津冀与长三角、珠三角综合实力比较

区域一体化是世界经济发展的一个重要趋势。作为我国经济发展的三个增长极，长三角、珠三角和京津冀三大区域的发展备受瞩目。任何一个区域的发展都离不开高素质的人力资源，教育作为人才培养和智力支持的根本保障，成为区域崛起的关键要素。区域一体化势必带来人才开发的一体化和科教资源的整合，因此，比较各区域经济发展水平、教育发展水平与协作现状有助于优化区域教育结构，为推动区域经济社会发展提供智力和人才支持。

第一节　三大区域社会经济发展比较

区域教育与人力资源发展受经济水平、产业结构、人口状况、自然环境和教育发展模式等多种因素影响和制约。因此，分析一个区域的教育与人力资源发展水平，要以当地社会经济发展概况为背景，同时，教育与人力资源的开发和配置也必须符合地区社会经济发展需求。

一、从经济总量来看，京津冀区域经济增长速度快，但经济总量的贡献率低

2013 年，长三角区域实现国内生产总值 118 332.4 亿元，比 2009 年增长 63.2%，占全国的比重达 18.8%；珠三角区域实现国内生产总值 62 163.97 亿元，比 2009 年增长 57.4%，占全国的比重达 9.9%；京津冀区域实现国内生产总值 62 172.1 亿元，比 2009 年增长 68.4%，占全国的比重达 9.9%。发展速度上，京津冀区域发展最快；总量上，

京津冀区域仅为长三角区域的1/2，长三角区域的国内生产总值对全国的贡献率比京津冀区域高8.9个百分点（见图4－1）。

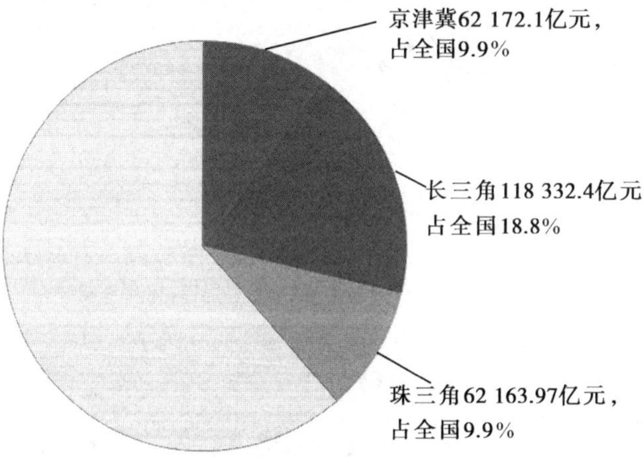

图4－1　2013年三大区域国内生产总值在全国的占比情况

二、从经济外向度来看，京津冀区域进出口贸易增速快，但贸易额低

2013年，长三角区域完成货物进出口总额13 278.6亿美元，比2009年增长65.1%，占全国的比重达31.9%；珠三角区域完成货物进出口总额10 915.8亿美元，比2009年增长78.6%，占全国的比重达26.2%；京津冀区域完成货物进出口总额6 124.1亿美元，比2009年增长98.7%，占全国的比重达14.7%。增速方面，京津冀区域货物进出口总额增幅高于长三角和珠三角；总量方面，京津冀区域与长三角、珠三角区域差距明显，长三角、珠三角区域货物进出口贸易总额分别是京津冀区域的2.2倍和1.8倍（见图4－2）。

三、从居民收支水平来看，京津冀区域城乡居民消费水平增幅快，但整体收支水平低

近年来，全国居民收入和消费水平稳定增长。2013年，除河北省

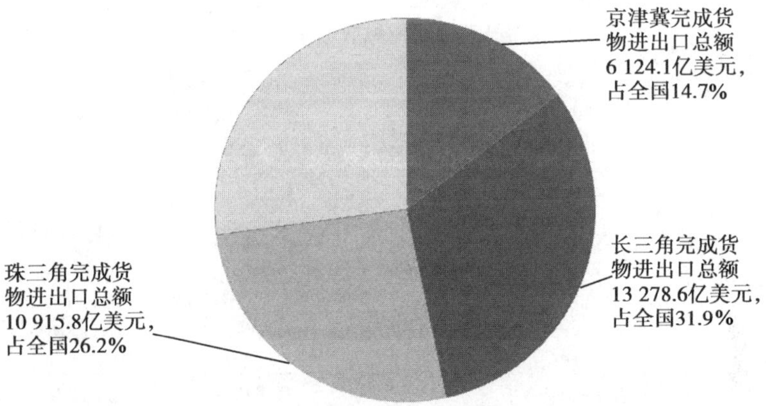

图 4－2　2009 年三大区域货物进出口贸易总额在全国的占比情况
（按经营单位所在地分）

外，我国三大区域城镇居民人均可支配收突破 30 000 元大关，城镇居民人均消费水平达 20 000 元以上。2013 年，长三角区域平均城镇居民人均可支配收入为 38 079. 9 元，比 2010 年增长 39. 1%；平均城镇居民人均消费性支出为 23 927. 9 元，比 2010 年增长 29. 5%。同年，珠三角区域平均城镇居民人均可支配收入达 33 090. 0 元，比 2010 年增长 38. 5%；平均城镇居民人均消费性支出为 24 133. 3 元，比 2010 年增长 30. 5%。2013 年，京津冀区域城镇居民人均可支配收入达 31 731. 6 元，比 2010 年增长 36. 7%；平均城镇居民消费性支出为 20 542. 4 元，比 2010 年增长 31. 6%。2010～2013 年，三大区域城乡居民人均收入和消费水平的差距不断拉大。2013 年，在城镇和农村居民人均收入差距上，长三角区域收入差距为 21 647. 0 元，珠三角区域为 21 420. 7 元，京津冀区域为 17 304. 8 元；在城镇和农村居民人均消费性支出上，长三角区域支出差距为 11 959. 6 元，珠三角区域为 15 789. 8 元，京津冀区域为 10 595. 0 元。从总体上看，长三角地区居民收入和消费水平最高；从增幅来看，长三角区域城镇居民可支配收入增幅较大，京津冀区域农村居民消费性支出增幅较大，分别高出长三角和珠三角区域 25. 7 个和 14. 3 个百分点；从城镇和农村居民收入和消费差距来看，京津冀区域城乡居民差距最小（见图 4－3）。

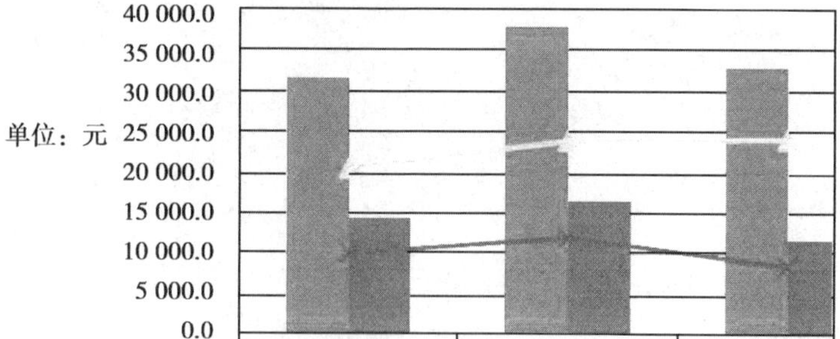

	京津冀	长三角	珠三角
城镇居民收入	31 731.6	38 079.9	33 090.0
农村居民收入	14 426.8	16 432.9	11 669.3
城镇居支出	20 542.4	23 927.9	24 133.3
农村居民支出	9 947.4	11 968.3	8 343.5

图 4－3　2013 年三大区域城乡居民收支情况

四、从产业结构来看，京津冀区域产业结构以第三产业为主，但农业比例依然较高

第三产业比重是反映一个国家或者地区工业化水平的重要指标，并在一定程度上反映一个国家或地区的综合竞争力和城市化水平。随着工业化进程不断深入，各地区产业结构都在不断优化。一般来说，一个城市的第三产业比重越大，经济实力就越强，综合竞争力就越强。从 2005～2009 年的三次产业产值占 GDP 的比例来看，三大区域第一、第二产业比重逐年下降，第三产业比重逐年上升。京津冀区域第三产业占比从 2009 年的 50.5% 提高到 2013 年的 53.5%，在三个区域中拔得头筹；长三角、珠三角区域第二产业占比逐年下降，不再是区域中占比最高的产业，2009 年长三角、珠三角第二产业占比分别是 50.3% 和 49.2%，2013 年分别为 45.2% 和 47.3%。京津冀区域虽然以第三产业为主，但与长三角相比，第一产业占比依然较高。2013 年，京津冀区域第一产业的占比为 4.8%，长三角为 3.9%（见表 4－1）。

表 4-1　三大区域平均三大产业结构比重（%）

年　份	京津冀			长三角			珠三角		
	第一产业	第二产业	第三产业	第一产业	第二产业	第三产业	第一产业	第二产业	第三产业
2009	6.7	42.8	50.5	4.9	50.3	44.8	5.1	49.2	45.7
2013	4.8	41.7	53.5	3.9	45.2	51.0	4.9	47.3	47.8

资料来源：《中国统计年鉴 2010》《中国统计年鉴 2014》。

五、从城市竞争力来看，京津冀地区城市整体实力弱，区域内部发展差距大

城市综合竞争力指的是一个城市多快好省地创造财富的能力，它的高低及变动，反映城市在经济规模、经济增长率、综合生产率、产业层次、收入水平、发展成本、幸福感等方面的状况及其变化。从整体上看，长三角、珠三角和环渤海区域的城市综合竞争力相当靠前，实力强劲。在全国排名前 50 城市中，长三角有 11 个（上海、杭州、苏州、无锡、南京、宁波、常州、扬州、南通、温州、徐州），珠三角有 6 个（深圳、广州、佛山、东莞、中山、珠海），京津冀有 3 个（北京、天津、石家庄）。❶ 长三角、珠三角区域城市整体水平差距不大，排名较靠前；京津冀区域除北京、天津外，河北的发展整体落后，仅石家庄一市进入前 50 名，可见京津冀区域内部发展差距较大。

六、从区域环境来看，京津冀区域存在生态发展矛盾，拉大了区域内部差距

虽然三大区域都存在产业发展与生态环境协调发展的问题，但相比之下，京津冀区域生态发展面临的问题更为棘手。首先，京津冀位于我国北方，山区面积大。目前，京津冀环境污染呈恶化的趋势，沙尘暴、

❶ 倪鹏飞．城市竞争力蓝皮书：中国城市竞争力报告［M］．北京：社会科学文献出版社，2011：30.

水土流失等问题对区域生态环境构成严重威胁。其次，冀北地区在上游，要为京津二市及下游地区提供涵养水源、调节水量、保护环境、改善气候、促进生物多样性等多种生态服务。目前，上游地区提供的生态服务基本上是无偿的，它们一方面要为保护生态环境付出巨大的发展代价，另一方面自身的经济发展却受到制约。生态改善与经济欠发达的现象并存，已经在特大城市周边形成环京津贫困带，加剧了地区间的贫富差距，不利于生态文明建设和社会经济的可持续发展，更不符合和谐社会的建设要求。

总的来说，首先，京津冀区域的经济发展水平、居民收入水平和城市竞争力都落后于长三角和珠三角区域，仍有较大的待发展空间。其次，从产业结构来看，京津冀区域已先于长三角、珠三角区域形成以第三产业为主的产业结构。这成为区域整体实力提升的重要契机，也需要更多的高新优质人力资源支撑，因而教育必须发挥重要作用。最后，京津冀的区域发展环境进一步印证，只有大力发展人才经济，才能更好地解决生态发展的矛盾，缩小区域内部差距。

第二节　三大区域教育与人力资源发展比较

一、从人口发展状况来看，京津冀区域总抚养比高，人口密度相对低

了解区域人口状况是实现“以人为本”的最基本前提，有助于为区域制定相应的社会经济和社会保障政策提供数据支撑。从 2013 年三大区域的比较来看，京津冀区域人口具备较好的发展条件。首先，京津冀区域劳动年龄人口不具优势，15 ~64 岁劳动年龄人口的比重占 75. 26% ，而长三角和珠三角区域具有微弱优势，分别是 76. 81% 和 76. 08% ；京津冀区域的总抚养比（包括少年儿童和老年人的抚养比）为 32. 88% ，而长三角和珠三角分别是 30. 19% 和 31. 45% ，京津冀区域劳动年龄人口抚养负担相对较重。其

次，从人口年龄结构来看，三大区域都面临人口老龄化和少年儿童人口比例减少的趋势。其中，长三角的问题最为严重，其0～14岁人口比重低于全国水平约4.14个百分点，65岁及以上人口比重高于全国水平1.27个百分点；其次为京津冀区域，其0～14岁人口比重在全国水平之下，为15.38%，65岁及以上人口占9.36%。最后，从人口密度来看，京津冀区域人口密度最小，为512.61人/平方公里；长三角区域人口密度最大，为752.25人/平方公里（见表4-2）。人口年龄结构和人口密度的变化客观上要求社会结构包括教育、卫生、就业、福利等也必须发生相应的改变。由于人口流入的热点主要在珠三角、长三角和京津地区，[1] 从表面上看导致人口负担加重，实际上真正的负担在于人口素质的低下，因此，培养适应区域发展需求的高素质劳动者是当务之急。

表4-2　2013年三大区域人口发展状况

区　域	人　口（万人）	0～14岁人口比重（%）	15～64岁人口比重（%）	65岁及以上人口比重（%）	总抚养比（%）	地区面积（平方公里）	人口密度（人/平方公里）
京津冀	10 920	15.38	75.26	9.36	32.88	213 027.8	512.61
长三角	15 853	12.24	76.81	10.95	30.19	210 740.5	752.25
珠三角	10 644	16.68	76.08	7.24	31.45	177 900.0	598.31
全　国	136 072	16.41	73.91	9.68	35.29	9 600 000	141.74

资料来源：《中国统计年鉴2014》。

二、从居民受教育水平来看，京津冀区域居民高学历人口比重大

三大区域居民受教育水平高于全国平均水平，但是各区域之间的差距比较大。在2013年三大区域抽查的6岁以上人口中，高中教育层次的人口比例均高于全国平均水平，未上过学的人口比例均低于全国平均

[1] 乔晓春．中国人口布局的现实特征与未来展望：来自“六普”数据的分析[J]．新华文摘，2011（22）：24.

水平。三大区域中，初中教育水平的居民是主体，其次是小学教育水平，高中、大专教育水平的居民比例低。结合区域人口年龄结构来看，0～14岁人口比重原本就低，接受义务教育的比例也应该低，而实际上这一数字偏高，这说明区域人口的受教育程度仍有较大的提升空间。相比之下，京津冀、长三角区域大专及以上人口所占比例高，分别为16.49%和16.67%，而珠三角区域仅为8.20%，低于全国水平，这说明京津冀、长三角区域居民人口受教育程度较高，丰富的教育资源为居民素质和学历的提升奠定了良好的基础（见表4－3）。

表4－3　2013年三大区域居民受教育水平抽样数据

区域	6岁及以上人口（人）	未上过学		小学		初中		高中		大专及以上	
		数量（人）	比例（%）	数量（人）	比例（%）	数量（人）	比例（%）	数量（人）	比例（%）	数量（人）	比例（%）
京津冀	83 915	2 747	3.27	17 384	20.72	35 693	42.53	14 256	16.99	13 836	16.49
长三角	123 744	5 799	4.69	28 510	23.04	47 163	38.11	21 642	17.49	20 629	16.67
珠三角	81 324	2 620	3.22	18 284	22.48	37 022	45.52	16 733	20.58	6 665	8.20
全国	1 041 825	52 010	4.99	274 658	26.36	425 144	40.81	172 088	16.52	117 925	11.32

资料来源：《中国统计年鉴2014》。

三、从科技资源配置来看，京津冀科技资源具有政府主导的特征

2000年以后，我国的科技资源配置模式从政府主导逐渐向市场或企业主导转换。与其他地区以企业资金来源为主不同，京津冀科技经费中有近一半来自政府，高比例的政府投入使得整个区域的资源配置模式具有政府主导性特征。从表4－4可以看出，到2012年，京津冀地区的政府支持科技资金在总经费的构成中达到39.68%，而同期全国水平约为21.57%，长三角和珠三角地区政府支持科技资金仅占15.80%和8.73%。从表4－5可以看出，2012年三大区域科研活动主体是规模以上工业企业，但京津冀地区的研究与开发机构的科研内部支出经费与工

业企业差距并不大，而长三角、珠三角乃至全国都是以工业企业为科研活动主体的，工业企业的科研内部支出经费都在80%以上；相比之下，京津冀区域高等学校科研经费支出的比例为13.50%，高于其他区域和全国水平。由此可见，京津冀的研发活动显然是与政府资源配置的目标一致的，企业和研发机构是科研活动的主体，高等学校较其他区域有研发优势。京津冀现有科技资源存量具有“三高”特点，即科技人员资源密度高、政府经费比重高、国家级项目中基础性项目比例高，这使得京津冀区域内科研合作的创新模式有别于长三角和珠三角地区，即以政府为主导、以科研机构和高校为主体、以原创性及尖端科技创新为目标、以人才资源密度优势为特征的区域协作创新模式。

表4-4　2012年三大区域科技活动的资金来源情况

区　域		研究与实验发展经费（R&D经费）内部支出	政府资金	企业资金	国外资金	其他资金
京津冀	经费支出（万元）	16 696 175	6 625 580	8 554 500	547 104	968 991
	比重（%）	100.00	39.68	51.24	3.28	5.80
长三角	经费支出	26 899 119	4 249 953	21 565 302	198 945	884 919
	比重（%）	100.00	15.80	80.17	0.74	3.29
珠三角	经费支出（万元）	12 361 501	1 079 004	10 909 494	88 863	284 141
	比重（%）	100.00	8.73	88.25	0.72	2.30
全　国	经费支出（万元）	102 984 090	22 213 950	76 250 233	1 004 006	3 515 899
	比重（%）	100.00	21.57	74.04	0.97	3.41

资料来源：《中国科技统计年鉴2013》。

表4-5　2012年三大区域科技活动主体比较

R&D经费内部支出		规模以上工业企业	研究与开发机构	高等学校
京津冀	经费支出（万元）	6 512 977	5 461 695	1 868 353
	比重（%）	47.05%	39.45%	13.50%
长三角	经费支出（万元）	20 404 253	2 948 423	1 794 576
	比重（%）	81.14%	11.72%	7.14%

续表

R&D 经费内部支出		规模以上工业企业	研究与开发机构	高等学校
珠三角	经费支出（万元）	10 778 634	391 156	440 082
	比重（%）	92.84%	3.37%	3.79%
全　国	经费支出（万元）	72 006 450	15 489 322	7 805 558
	比重（%）	75.56%	16.25%	8.19%

资料来源：《中国科技统计年鉴 2013》。

四、从教育发展规模来看，京津冀区域教师数量充足，高等教育规模大

区域教育发展规模主要看教育人口，教育人口包括在校生和教职工数。从 2013 年每 10 万人口各级学校平均在校生数和教职工数可以看出，珠三角区域是受教育人口规模最大的区域，其每 10 万人口在校生数为 21 232 人，高于全国水平；京津冀区域是从事教育工作人口规模最大的区域，其每 10 万人口教职工数达 1 117 人，高于全国水平。京津冀区域高校数量为 250 所，长三角为 313 所，京津冀区域高校数量少于长三角；而从各级学校拥有的学生数来看，京津冀区域高校在校生比长三角多，每 10 万人口在校大学生数为 3 974 人，远高于长三角区域的 2 866 人（见表 4 –6）。从教育规模的对比中可以看出，京津冀是教育人口较多区域，从事教育的人口和受高等教育的人口规模庞大，蕴含丰富的潜在人力资源。教师规模上的优势有助于推进区域教育内涵发展，提高教育质量。

表 4 –6　2013 年每 10 万人口各级学校平均在校生和教职工数　（人）

区　域		小　学	初中阶段	高中阶段	高等学校	合　计
京津冀	在校生	6 230	2 436	2 262	3 974	14 902
	教职工	391	204	259	263	1 117
长三角	在校生	5 451	2 382	2 291	2 866	12 991
	教职工	303	209	225	205	941
珠三角	在校生	7 626	3 821	4 239	2 199	21 232
	教职工	392	260	277	126	1 055

续表

区　域		小　学	初中阶段	高中阶段	高等学校	合　计
全国	在校生	6 913	3 279	3 227	2 418	18 714
	教职工	404	256	247	169	1 075

注：初中阶段为专任教师数。

资料来源：《中国统计年鉴2014》。

五、从教育投入来看，京津冀区域教育经费投入比重大

教育投入比例是衡量一个地区教育努力程度的主要指标，合理的教育财政投入比例是教育发展、经济增长的重要保障。从2011年地方财政性教育经费的总量来看，长三角区域教育经费投入总量最大，为20 978 545万元；其次是京津冀区域，为13 054 851万元。从地方财政性教育经费占GDP的比重来看，京津冀区域教育投入的比重最大，为2.51%；其次是长三角区域，为2.08%。从区域内部来看，北京地区财政性教育经费占GDP的比重高于上海地区0.86个百分点，天津地区财政性教育经费占GDP的比重高于江苏省0.13个百分点，河北省财政性教育经费占GDP的比重高于浙江省0.03个百分点（见表4－7）。从2012年高等学校科技领域经费投入情况来看，长三角区域高校科技领域的课题数最多，为130 004项；其次是京津冀区域，为102 596项。从投入经费总量上看，京津冀区域科技领域经费投入最大，总量是1 495 520万元，平均每项课题投入14.58万元，每项科研课题投入的经费分别比长三角和珠三角高4.95万元和7.80万元（见表4－8）。上述数据表明，京津冀区域在教育方面的努力程度超过长三角和珠三角地区，各地区教育具有良好的经济基础，为开展京津冀区域教育协作提供了财力支持。

表 4－7　2011 年三大区域教育经费投入情况

区　域	地方财政性教育经费（万元）	财政性教育经费占 GDP 的比重（%）
京津冀	13 054 851	2.51
北京市	5 136 580	3.16
天津市	2 270 774	2.01
河北省	5 647 497	2.30
长三角	20 978 545	2.08
上海市	4 407 376	2.30
江苏省	9 234 608	1.88
浙江省	7 336 561	2.27
珠三角	10 440 230	1.96

资料来源：《中国统计年鉴 2012》。

表 4－8　2012 年三大区域高等学校 R&D 课题经费投入情况

区　域	R&D 课题数（项）	投入经费（万元）	平均每项课题投入经费（万元）
京津冀	102 596	1 495 520	14.58
北京市	69 557	1 134 831	16.32
天津市	16 763	291 256	17.37
河北省	16 276	69 433	4.27
长三角	130 004	1 251 878	9.63
上海市	42 572	434 945	10.22
江苏省	44 383	513 401	11.57
浙江省	43 049	303 532	7.05
珠三角	44 800	303 655	6.78

资料来源：《中国科技统计年鉴 2013》。

总的来说，京津冀区域的教育和人力资源发展水平都优于长三角和珠三角区域，教育实力相对雄厚，人力资源质量相对较高。未来京津冀区域在人口发展方面不仅要应对人口老龄化趋势，而且要应对流动人口不断增加的趋势，从这个角度来说，区域教育和人力资源仍有较大的发展空间。虽然整体来看，京津冀区域教育在规模和投入上都有一定基础，但是区域内部依然存在较大差距；只有打破地区间壁垒，构建区域教育一体化发展，才能充分发挥区域教育优势，为区域整体竞争力的提升提供智力和人才支撑。

第三节　三大区域教育发展阶段特征比较

从全国范围来看，我国客观上存在经济发展水平差异较为明显的东、中、西三大区域，各区域的工业化进程也不尽相同。从2005年各经济区域工业化水平来看，长三角、珠三角工业化水平综合指数分别为85和80，同处于工业化后期的后半阶段，远高于全国整体水平；环渤海的工业化水平综合指数为70，处于工业化后期的前半阶段；中部地区和西南地区都处于工业化中期阶段（见表4－9）。

表4－9　2005年主要经济区域的工业化进程得分

地　区	人均GDP	产业产值比	工业结构	城市化率	产业就业比	综合得分	所处阶段
长三角	82	94	100	56	75	85	四（Ⅱ）
珠三角	71	96	100	56	57	80	四（Ⅰ）
环渤海	67	95	79	28	49	70	三（Ⅱ）
中部六省	35	44	24	11	21	30	二（Ⅱ）
大西南	23	41	24	6	12	24	二（Ⅱ）
大西北	35	40	10	11	11	26	二（Ⅱ）

资料来源：陈佳贵等：《中国工业化进程报告——1995～2005年中国省域工业化水平评价与研究》，社会科学文献出版社2007年版，第19～44页。

经济发展所处的不同阶段必然影响着区域教育发展的阶段特征。按照教育与经济社会发展的关系，区域教育发展模式可大致分为三类：（1）以农业经济为主的区域教育待发展阶段。这一阶段大致与农业经济社会相对应，区域教育和区域经济发展都处于劣势，教育发展的规模、结构、质量和效益主要取决于国家对区域经济社会发展的战略安排。（2）以工业经济为主的区域教育成长阶段。这一阶段大致与工业化初期、工业化中期社会相对应，经济发展使得产业和劳动就业结构迅速转为以第二、第三产业为主，迫切需要教育、培养大批技术人才和熟练劳动者，不断为教育发展提供大量资本、思想和技术装备，因而教育的重心上升，教育活动的规模急剧扩大。在这一阶段，教育发展的生命线在于满足经济社会发展对高智力综合因素的需求，教育在经济社会发展中承担起更多的责任。（3）以知识经济为主的区域教育成熟阶段。这一阶段大致与工业化后期社会相对应，经济高度发达，经济发展依赖于教育和科学技术的发展；区域教育和区域经济发展都具有相当的优势，教育与经济以市场需求为纽带连接起来，形成交叉影响的互动关系。从全国来看，三大区域教育呈现出梯度发展模式。

一、东部长三角区域处于以知识经济为主要驱动力的教育协作阶段

长三角区域处于工业化后期，较为完善的区域内部协调机制成为长三角教育协作的坚强后盾。长三角于1992年成立协作办（委）主任联席会，2001年形成三个层面的内部协调机制，即两年一次的“沪苏浙”省（市）长座谈会、长三角城市常务副市长的“经济协调会”。地方政府间交往以WTO式的国际通行规则展开，在一定程度上为长三角教育一体化提供了先期条件。2003年，“长三角高校毕业生就业工作合作组织”的成立，是江浙沪教育协作跨出的具有实质性意义的第一步，标志着长三角人才的培养、准入和输出都通过市场机制进行调控。

长三角区际教育协作内容宽泛深入。在信息交流方面，及时沟通、信息共享、共解难题。在基础教育方面，资源共享多样、有序，共同探索中小学课程教材改革和中学、高考制度改革，共同开展教师培训。在职业教育方面，面向国际化，共享职业教育实训基地，把职业教育的发展目标定位为“培养能适应世界500强和国内外知名企业的技能型人才”；针对长三角人才结构开设职业教育紧缺专业，与国外职业教育机构合作办学，让学生进入国际知名企业实习实训。在高等教育方面，各地高校优势互补，产学研成为后发优势。

总之，长三角教育协作进入了互通、互认、互流的务实阶段，在区域经济一体化进程中占有举足轻重的地位。(1) 互通，建立实时交流互通的信息平台，消除因信息沟通不畅或不对称造成的资源浪费；(2) 互认，两省一市关于教育方面的有关认可或评估可以互认，不需要重复认可，以降低人才流动、使用上的行政成本；(3) 互流，两省一市实现教育资源、人才的“无障碍”流动，表现为校长、教师到另一方学校兼职，进行广泛的教学科研合作，互相提供土地、校舍和教学设施等。[1]教育协作使各地的教育规划、工作思路拓展到长三角地区的“大教育”，打破了区域壁垒。区域教育协作为长三角经济发展提供了人才保障，教育的产学研功能，满足了长三角经济对创新技术日益旺盛的需求。

二、南部珠三角区域处于以市场经济驱动为主、政府辅助的教育协作阶段

珠三角区域也处于工业化后期。除市场经济驱动区域教育协作外，该区域还具备得天独厚的政治条件，即隶属同省政府，因此，在推动区域教育协作中，政府起到了打破地区间壁垒的作用。2008 年，国家发展和改革委员会正式颁布《珠江三角洲地区改革发展规划纲要（2008—2020 年）》，对教育发展协作提出要求。在整体框架下，珠三角区域建立了教育行政首长联席会议制度，每年举办一次；建立了教育厅办公室主任协调制度，协调推进协作事项的进展并提交报告和建议。

珠三角区域各级各类教育协作初步形成。在基础教育领域开展对口帮扶。在职业教育领域，加快职业教育基地建设，大力支持职业教育发展。通过推广“零学费入学、零距离上岗”等人才培养模式，珠三角现代职业教育体系建设有了新的进展。在高等教育领域，大学城的建设，引进国内外名校来粤办学，使广东高等教育在人才培养数量、高校规模等方面有了

---

[1] 徐敏．苏浙沪建立“长三角”教育合作机制的思考［EB/OL］．http：//old.jfdaily.com/gb/node2/node142/node200/userobject1ai299432.html.

很大提升。❶

珠三角教育协作提升区域文化品位，是区域经济现代化的主要力量。首先，珠三角地区选择珠海、深圳、东莞等城市建设大学城，填补了当地高等教育的空白。高等教育是城市先进文化的重要组成部分，通过输送人才、科学研究、服务社会等途径引导城市文化发展，潜移默化地提升城市的文化品位。其次，高等教育区域协作尤其是大学城建设，强化了高等教育与区域经济社会发展的关系。大学园区成为“科技成果孵化”基地，为当地发展高科技产业服务，形成高新技术产业带，也为产业发展输送大量人才。

三、京津冀区域教育协作尚处萌芽阶段，需要政府驱动

京津冀—环渤海—东北亚地区有着良好的区域教育协作基础。目前，虽然区域教育协作呼声较高，却没有明确的行动。京津冀区域教育综合优势明显大于长三角和珠三角。从区域工业化进程来看，京津冀区域的经济发展水平比长三角和珠三角低。京津冀区域内经济社会发展水平存在落差，北京市第三产业水平较高，天津市与河北省的第二产业比重较大，是重化工业、装备制造基地；河北省是能源和劳动力的输出省份，第一产业从业人员较多，农村人口占62.37%，土地和人力的成本较低。区域内人民生活水平差距较大，《2006中国区域发展蓝皮书》指出，环京津贫困带还存在272.6万贫困人口。

出现这种现象的原因可能有两方面：一是区域经济增长仍然是粗放式的增长，教育对经济发展的贡献还十分有限。因此，加快教育的科技成果的转化，增加教育对经济增长的贡献，显得十分重要。二是区域教育管理体制没有同整个社会的经济体制改革同步，限制了经济发展较快

❶ 大学城对珠三角意味着什么［J］．广东科技，2003（8）．

地区教育发展的需求。❶ 总的来说，京津冀区域教育的比较优势优于区域经济的比较优势，教育需要承担更多的责任来引领区域经济发展。因此，通过政府来引导京津冀区域教育协作十分必要。从整个区域发展特点来看，京津冀区域发展必须充分发挥科教引擎的作用，而当前区域经济的发展水平还不能驱动教育协作；因此，只有发挥中央和地方政府的行政力量，才能打破地区间壁垒，推动区域教育协作。

第四节　三大区域比较带给京津冀的启示

一、京津冀区域教育协作需尽早开展，合理规划

与长三角和珠三角区域教育协作进展情况相比，京津冀区域教育协作还存在若干现实问题（见表4－10）。首先，缺乏总体规划和协调机制。京津冀三地行政区划分割，重视自身利益，忽视整个区域的发展，缺乏整体协作理念，尚未建立起高层次的协作磋商协调机制，政府调控的协作机制有待加强。其次，教育资源封闭，配置效益不高。京津冀区域内高等教育资源总量丰富，京津冀三地高等教育资源禀赋各不相同、各有优势，但开放的人事、培训、招生、教学等制度改革还很滞后，教育资源的流动性明显不足，区域教育资源的优势没有形成有效合力。再次，区域高等教育的经济贡献力不足。京津冀区域的优质高等教育资源主要集中于中央部委直属院校，对省市属院校的辐射、带动作用没有得到有效发挥，不适应属地经济社会发展需要。最后，人才资源流动率低，人才闲置、浪费。京津冀尚未形成有效的就业协作机制，人才资源自由流动尚难以实现；现有人才得不到合理使用，有的地区急需高层次人才却引不进来，有的地区人才却闲置、浪费。未来区域教育协作是必

❶ 胡咏梅，薛海平．我国教育竞争力的区域划分——与吴玉鸣博士等商榷［J］．教育与经济，2003（1）：6.

行之势，因此，在现有条件下未雨绸缪，合理配置京津冀区域教育资源十分必要。

表 4－10　区域教育协作基本内容

	长三角	珠三角	京津冀
建立区域教育协调机制	○	○	×
成立相应的研究机构	○	×	×
建立教育协作管理组织	○	○	×
定期举行各种教育联席会议	○	○	○
共建区域信息库和信息平台	○	○	×
共同探索教学改革	○	○	×
共同开展教师培训	○	○	×
共同使用教育基地	○	×	×
联合办学	○	○	×
学分互认	○	×	×
师资互聘	○	○	×
区域产学研结合	○	○	×
毕业生就业协作	○	○	×
社区教育协作	○	×	×
证书互认培训互动	○	×	×
人才智力共享	○	○	○
制定区域人才培养体系	○	○	×
区域教育规划	×	×	×
区域制度保障	×	×	×
协作地域不断扩大	○	○	×

注：表中“○”表示已经开展的内容，“×”表示没有开展的内容。

二、京津冀区域发展需政府主导，科教驱动

我国三大区域发展水平并不均衡，各具特点、优势各异。从上述分析可以看出，在经济发展水平上，呈现出“长三角 > 珠三角 > 京津冀”的总体趋势；在人力资源和教育的发展水平上，京津冀区域具有优势，

但并不明显，仍有较大的提升空间，对区域发展的贡献水平也仍待提高（见表4－11）。

表4－11　区域协作情况对比研究

	长三角	珠三角	京津冀
区域发展模式	"一核两翼"的市场推动模式：以上海为核心，以杭州和南京为副中心，南北两翼区域共同发展	"四小龙"市场推动模式：以港澳为动力，以第三产业为重点，类似于外向型出口加工的发展模式	"双子星座"政府推动模式：以北京市、天津市为核心，以河北省为腹地
竞争优势	区位条件优越，内在潜质最佳；科技、教育、研发力量雄厚；城市体系框架初步形成	边界区位条件独特；行政区划单一；外向型经济发达；开放程度高	全国科技教育文化中心，全国智力资源最富集的地区
存在问题	城市间产业结构趋同，分工不明确	对外部技术依赖度过高，自身科技实力有限	受行政区划的阻碍，协作困难重重
区域教育发展方向	推进区域经济一体化，保证科技资源和人才资源在区域内自由流动	加强政府辅助引导，提高科技研发为经济服务的能力	政府主导，科教驱动，打破区划限制，落实各项协作

在京津冀区域，市场发展水平还不足以推动协作，各种资源控制仍是政府主导。尤其北京地区，是中央院校的聚集地，是中央政府所在地。目前，国家主体功能区规划中明确将京津冀都市圈列入优先开发区域，作为提升国家竞争力的重要区域，中央政府要迈出推进京津冀区域协作的脚步。京津冀区域协作将作为战略重点大力发展，京津冀教育资源必须成为区域发展的驱动力，原因如下。

第一，京津冀区域发展需要构建相互认同的人文环境，教育是传承文化的动力和源泉。京津冀三地毗邻，但有着不同的地域文化，这使得三地很难进行全方位协作。文化是区域协调发展的支撑和指导力量，为了实现区域协调发展，必须在原有文化基础上构建一个相互认同、相互包容的文化体系。传承文化是教育的基本功能之一，区域教育协作是推动区域文化乃至区域一体化发展的强劲动力。

第二，京津冀区域发展需要培养适应产业结构升级的人力资源，教育起主导作用。产业结构的升级将影响京津冀区域人力资本需求。京津冀区域虽然人才资源总量大，但高层次人才和高素质的一线劳动者缺乏，人才资源地域分布不均衡、流动不灵活。这些问题制约着京津冀区域人才资源的开发和利用，成为区域经济可持续发展的瓶颈。加快各层次人才培养必须成为区域一体化进程中的重要任务，作为人才培养主体之一的教育具有不可推卸的责任，各地学校必须发挥各自优势紧密协作。

第三，京津冀区域经济发展必须提高科技创新能力，教育科研是提升区域核心竞争力的主体力量。要防止经济波动带来的不良影响，就要走高精尖发展的道路。京津冀区域蕴含着一条极有潜质的高新技术产业带，这里集聚了八大产业区，初步形成了六大支柱产业。要打造联系紧密并具有国际竞争力的高新技术产业带，须整合区域资源，走科技含量高、经济效益好、资源消耗少、环境污染少的新型工业化道路。但要实现这一切，就要靠科技与创新。高校不仅是培养人才的基地，也是科学研究与知识生产的重要基地，承担着前沿和尖端课题，带动着区域的科技创新发展。京津冀地区高校云集，高校的科技与创新能力理应形成在全国引领知识创新的发展格局，为区域经济一体化做出贡献。

第四，京津冀区域面临人口老龄化和流动人口等一系列问题，教育资源整合有助于缓解这些问题带来的压力。京津冀区域面临人口老龄化和人口素质差异悬殊等问题，区域教育协作是走“内卷化”❶劳动力流动的明智选择。同时，京津冀区域自然资源匮乏，如果不从外部注入一种机制就不可能改善生态环境。京津冀区域教育协作一方面可以通过人力资源开发，提高人口素质，促进生态地区可持续发展能力；另一方面可以加强生态教育和生态研究，以科研项目扶持为主，既可改善地区生态环境质量，又能促进当地农牧业综合协调发展。

❶ “内卷化”的主要含义就是区域内部自我吸收，也可称“就地城市化”道路。“内卷化”道路的益处是十分明显的，既避免大量引入区域外流动人口、进一步加剧本已十分紧张的人口资源环境关系，又吸纳了区域内农业剩余劳动力。

第五章　内视有机遇：北京、天津、河北协作需求分析

京津冀区域既是环渤海区域的重心，也是东北亚协作的核心区域，地理位置十分重要。相应地，在整个社会发展中具有基础性、全局性和引领性作用的教育必然与政治环境、经济水平、地理环境、人口条件等产生密切的联系。总的来看，京津冀区域教育协作有基础，高等教育拥有一批特色专业和重大科技创新平台，可以为前沿经济提供人才和科研支持；职业教育拥有一批国家级重点学校和示范专业，培养了充足的技能型人才；基础教育整体实力强，且改善幅度大。但同时，京津冀区域教育发展也存在问题和困难，表现为高等教育专业重复设置严重，不利于地区间分工协作；职业教育服务水平不高，不能较好地满足区域发展需求；基础教育地域差距大，不能充分满足本地区教育需求。京津冀区域教育资源只有整体统筹，依据区域社会发展需求进行合理配置，才能充分发挥其优势带动作用。

第一节　区域内社会经济结构分析

一、从发展定位来看，京津冀三地各有特点、各具优势，为区域整体布局提供依据

北京是全国的政治、文化与国际交往中心，在教育、科技、文化等领域有巨大优势。2008 年，北京成功举办了一届有特色、高水平的奥运会，城市的国际形象和国际影响力显著提升，为成为国际大都市奠定了基础。2011 年，北京市提出将以更高的标准实施人文北京、科技北京、绿色北京战略，推动建设中国特色世界城市迈出坚实步伐。建设中国特色世界城市

需要以更开放、更包容的战略眼光谋划未来发展，同时，北京的繁荣也必须依赖于周边腹地的繁荣，这为京津冀区域协调发展策略的制定奠定了基础。2014 年，首都城市战略定位为，坚持和强化首都全国政治中心、文化中心、国际交往中心、科技创新中心的核心功能，深入实施人文北京、科技北京、绿色北京战略，努力把北京建设成国际一流的和谐宜居之都。“四个中心”的定位突出了北京在全国的地位，突出了首都的内涵，进一步明确了工作中哪些地方要有所作为，哪些地方应有所不为，强调打破自家“一亩三分地”的思维定式，推进协同发展。

天津是我国北方的工业基地和港口城市。近年来，天津将开发滨海新区列为国家战略布局的重要构成部分，力图改变我国经济“南快北慢”的不平衡局面；同时，借助滨海新区的开发开放，将天津逐步建设成经济繁荣、社会文明、科技发达、设施完善、环境优美的国际港口城市、北方经济中心和生态城市。

河北毗邻北京、天津，具有得天独厚的区位优势——既是北京的广阔腹地，也是东北地区与关内各省区联系的通道，还是山西、内蒙古和广大西北地区通往天津港的必经之路。未来，河北将努力构筑环首都经济圈，壮大沿海经济隆起带，打造冀中南经济区，着力改善生态环境，提高创新能力，加快科学发展、富民强省进程。

二、从区位条件来看，京津冀地处核心位置，交通便利，是东北亚区域协作的前沿阵地

京津冀地区具有政治、科技、教育、文化优势，是环渤海经济圈的核心区域，更是我国在全球经济一体化背景下参与东北亚区域协作的前沿阵地。在地理位置上，京津冀区域可分为以大滨海地区为主的“新兴发展带”、以山前城镇密集地区为主的“传统发展带”以及以环京津燕山和太行山区为主的“生态文化带”，可根据不同的社会、地理特点合理安排经济、教育乃至文化的发展格局。受土地面积和自然资源限制，京津二市对河北省的水资源、生态环境有利益诉求；京津地区土地成本、社会负担都高于

河北省，这必然促使京津过度聚集的社会资源向周边河北地区溢出。在交通方面，京津冀基本形成3小时都市交通圈；同时，结合现代通信技术，使区域内再无距离感，能够催化区域一体化发展。

三、从产业结构来看，京津冀三地产业结构互补，有各自的经济增长极

从京津冀的产业结构来看，各有其产业优势，有利于优势互补。2009～2013年，北京市、天津市、河北省都进行了产业结构调整和升级，表现为第一产业比例不断缩小，第三产业比例不断扩大；其中，北京市、天津市第二产业比例逐渐缩小，而河北省的第二产业有所提升。相比之下，北京市第三产业比例较高，2009年为75.5%，到2013年提升到76.9%；天津市与河北省的第二产业比重较大，都达到50%以上。其中，天津市的第二产业比例从2009年的53%下降到2013年的50.6%，河北省的第二产业比例从2009年的52%提升到2013年年52.2%。河北省依然是农业大省，其第一产业比重较其他两市高出10多个百分点（见图5－1）。可见，北京市是第三产业发达的城市，以高新技术产业和金融产业、文化创业产业等现代服务业为代表；天津市是北方传统的工业城市，以装备制造业、汽车工业、化学工业等为代表；河北省第一、第二产业比重较高，城市化进程落后于工业化进程。其第一产业从业人员较多，占38%，第二产业从业人员占31.1%。河北省在工业方面主要以钢铁产业、建筑业等为主。

三地都有各自的经济增长极。北京的中关村是我国科技创新的制高点，已经初步形成以软件、集成电路、网络通信和生物制药等产业为主的复式科技产业群，构建了以企业为主体、政产学研结合的区域自主创新体系。天津滨海新区的开发开放是国家战略，在此将建设高水平的现代制造业基地，建设北方国际航运中心和国际物流中心，建设高水平的研发转化基地，建设节约型、生态型、循环型的城区。河北的曹妃甸以其独特的区位优势满足了我国对大型专业深水码头的需求，确定了以大

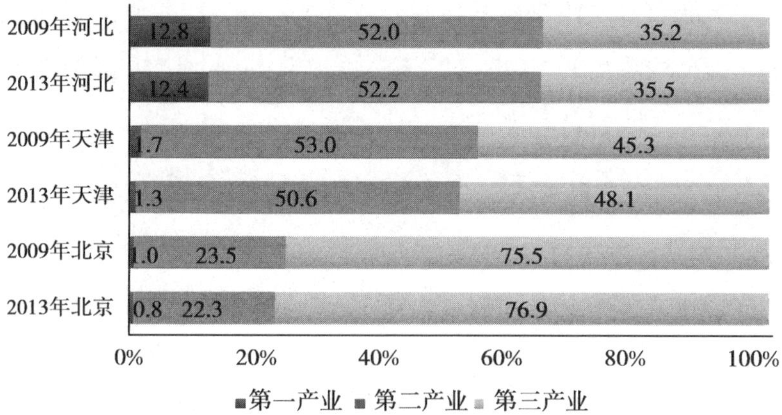

图 5－1　2009 年和 2013 年京津冀三地产业结构对比

港口、大钢铁、大化工、大电能四大主导产业为核心的现代化工业区，将成为我国北方最大的能源原材料枢纽港。曹妃甸工业区与沧州临海工业区、秦皇岛临港经济区形成一个沿海经济隆起带，将带动河北全省的经济发展（见图 5－2）。

四、从人口结构来看，京津人口密度大，河北人口密度小，但三地均处于“人口红利期”

从人口的年龄结构来看，2013 年，天津市 65 岁及以上人口比重超过 10%，而北京市、河北省的老龄人口比重还不足 10%。可见，天津地区的人口老龄化程度高于北京、河北；北京、天津的劳动年龄人口比重高于河北，均超过了 75%。因此，北京、天津两地劳动年龄人口抚养负担相对小，河北的相关抚养负担较重。从人口密度来看，河北的人口密度最小，且人口增长速度最慢；北京、天津的人口密度较大，几乎是河北的 3 倍，且增长速度较河北快。与 2009 年相比，北京、天津的人口密度分别增长了 7.84% 和 13.77%（见表 5－1）。人口负担系数小于或等于 50% 称为人口机会窗口期，也称人口红利期。因此，从京津冀三地目前的人口年龄结构来看，正处于少儿与老年抚养负担均相对较轻、劳动力资源相对丰富的“人口红利期”。然而，京津两地面临外来劳动力持续大批涌入的压力，预计这一趋势

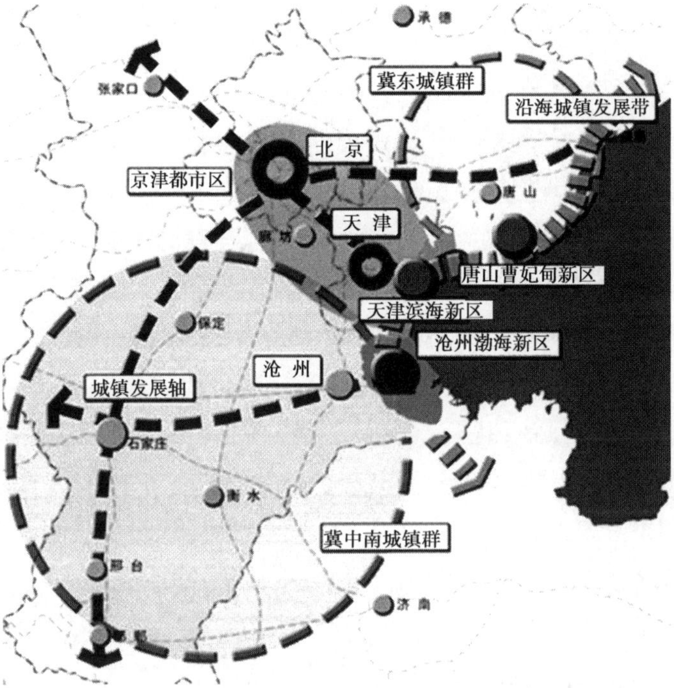

图 5－2　京津冀区域经济发展总体布局

在短期内不会逆转；而且，在特大城市有更多的发展和就业机会、更高的预期收入和更好的生活质量情况下，外来人口的聚集和滞留将进一步突出。京津冀区域作为一个整体，采取有效措施推动人口从高密度区域向低密度区域流动，成为当务之急。

表 5－1　2013 年京津冀区域人口发展状况

区　域	人　口（万人）	0～14 岁人口比重（%）	15～64 岁人口比重（%）	65 岁及以上人口比重（%）	总抚养比（%）	地区面积（平方公里）	人口密度（人/平方公里）	较 2009 年人口密度增加（%）
北京市	2 115	9.92	81.50	8.58	22.70	16 410.54	1 288.81	7.84
天津市	1 472	11.19	77.36	11.46	29.27	11 917.30	1 235.18	13.77
河北省	7 333	17.80	73.03	9.17	36.92	184 700.0	397.02	2.05
京津冀	10 920	15.38	75.26	9.36	32.88	213 027.8	512.61	4.59

资料来源：《中国统计年鉴 2014》。

五、从人口素质来看，京津缺少技能型人才，河北缺少高学历人才

预计到2020年，北京市技能人才总需求量将达到400万人以上，其中高技能人才需求量为120万人左右。北京现有的技能人才中，近40万人为高级工，大部分是初级工和中级工；技师和高级技师总量为9.9万人，不到技能人才总数的5%。从目前的情况来看，现代制造业、现代服务业等多个行业仍存在很大缺口。❶天津地区现有技术工人只占全部工人的1/3左右，而且多数是初级工，技师和高级技师仅占4%；有40%以上的技师、高级技师年龄超过46岁，人才断档问题比较突出，年轻高技能人才严重短缺。❷

从人口的受教育程度来看（以大专及以上文化程度占人口的比例为例），2013年，北京市的指标为41.21%，天津市为23.05%，河北省为7.73%；河北省大专及以上文化程度人口比例，尚不及京津冀区域的整体水平（见表5-2）。人才总量不足和结构不合理一直是制约河北省经济发展的瓶颈之一。据相关研究，京津两地尽管拥有明显的人才优势，却在"消耗人才资源能值""消耗专业技术人才能值"两个指数上明显偏低。这一方面表明京津两地存在明显的人才资源浪费现象，另一方面，也为河北省进一步利用京津人才资源提供了较大空间。

从现实情况来看，区域内已经形成便捷的交通网络，便于分工协作，各地的重新定位和调整有助于推进区域一体化发展。区域内产业结构呈梯度发展，这种结构性的内在联系和比较优势意味着区域内必须加强协作，谋求共同发展。京津两地对河北的农产品、基础工业体系有着长期需求，河北对京津两地的科技资源有着强大需求，三地还

---

❶ 北京：2020年技能人才需求将突破400万[J].出国与就业：就业版，2010（1）.

❷ 吴松涛.天津经济社会发展与高技能人才需求[J].中国经贸导刊，2012（11）.

有着互为消费市场的需求。区域内的人口结构和人才素质形成了较好的互补关系，便于规划区域内人口良性流动格局、促进跨区域城乡统筹互动。京津二市对河北省有着丰富的劳动力资源需求，河北省对京津有着人才资源需求。总的来说，京津冀既是环渤海区域的重心，也是东北亚区域协作的主要区域，地理位置十分重要；不论政治环境、经济水平、地理环境，还是人口条件，都将与教育产生密切的联系；区域教育资源只有根据上述因素的发展需求进行合理配置，才能充分发挥其优势带动作用。

表 5－2　2013 年京津冀居民 6 岁及以上人口受教育水平抽样数据

区　域	未上过学比例（%）	小学比例（%）	初中比例（%）	高中比例（%）	大专及以上比例（%）
北京市	1.67	10.17	27.01	19.95	41.21
天津市	2.52	16.35	36.63	21.44	23.05
河北省	3.91	24.78	48.4	15.18	7.73
京津冀	3.27	20.72	42.53	16.99	16.49

资料来源：《中国统计年鉴 2013》。

第二节　区域内教育发展基本成就

一、高等教育拥有一批特色专业和重大科技创新平台，为前沿经济提供人才和科研支持

京津冀区域拥有一批国内知名的高水平大学。在全国 39 所“985 工程”重点建设大学中，北京有 9 所，天津有 2 所，约占全国的 28%；在全国“211 工程”重点建设的 112 所高等学校和重点学科中，北京有 26 所，天津有 4 所，河北有 1 所，约占全国的 28%。区域内科技创新资源雄厚。2013 年，全国共有国家重点实验室 289 个，其中教育部主管 118 个。北京有国家重点实验室 103 个，其中教育部

主管34个；天津有国家重点实验室有4个，全归教育部主管；河北有国家重点实验室1个。京津冀地区共有国家重点实验室108个，约占全国的38%，其中教育部主管38个，约占教育部主管总数的32%。由上述数据可见，京津冀区域拥有的重点大学和学科约占全国的1/4，是国家科技创新和高层次人才培养的重要基地；拥有的教育部国家重点实验室约占全国的1/3，是教育部国家重点实验室的主要聚集地之一。这种雄厚的高等教育资源，有助于推进区域内更大范围、更高层次的产学研战略联盟的成立。

两市一省在高等教育资源和专业研究领域已形成如下比较优势。

1. 北京市：综合实力雄厚，以高新技术研究为主

北京是国家科研资源的聚集地，拥有大量国家级科研机构和资源，如科学院、重点高校、高新技术开发区和科技创业园区等。随着国家创新战略的深入推进，北京正在成为国内最具科技创新优势的城市。北京汇集了强大的教育资源，共有87所普通高等学校，其中中央直属高校35所。这些高校在哲学、经济学、法学、教育学、文学、理学、工学、农学、管理学等学科领域涵盖了国家50%以上的重点专业，优势突出，综合实力强（见表5－3）。在依托国家重点实验室的基础上，这些高校在生物、化学、物理、信息、交通、材料、地理、军工8个方面资源优势明显（见表5－4）。在科技活动中，北京市电子、交通的相关专业都是强势专业（见表5－5）。2013年，北京地区高校的科学家和工程师中具有高级专业技术职称的人员达19 837人，占全国高校的8.3%；校均567人，超出全国高校校均的90.2%。

表 5－3　“211 工程”重点学科在京津冀高校的分布状况

			北京市	天津市	河北省	全　国
“211 工程”重点学科[①]	哲　学	涉及学校（所）	3	/	/	10
		涉及专业（个）	5	/	/	8
	经济学	涉及学校（所）	6	1	/	19
		涉及专业（个）	14	3	/	15
	法　学	涉及学校（所）	6	/	/	15
		涉及专业（个）	16	/	/	19
	教育学	涉及学校（所）	3	/	/	10
		涉及专业（个）	7	/	/	11
	文　学	涉及学校（所）	11	/	/	23
		涉及专业（个）	17	/	/	21
	历史学	涉及学校（所）	3	1	/	14
		涉及专业（个）	3	3	/	6
	理　学	涉及学校（所）	7	1	/	44
		涉及专业（个）	34	1	/	50
	工　学	涉及学校（所）	13	3	2	78
		涉及专业（个）	63	13	3	107
	农　学	涉及学校（所）	2	1	/	25
		涉及专业（个）	16	1	/	24
	医　学	涉及学校（所）	4	2	1	33
		涉及专业（个）	26	3	1	59
	管理学	涉及学校（所）	6	1	/	22
		涉及专业（个）	8	1	/	12

注①：详细数据可参见附表 1。

资料来源：“211 工程”重点学科信息资源网。

表 5－4　京津冀高校国家级重点实验室分布状况

		北京市	天津市	河北省
国家级重点实验室	拥有数（个）	32	4	1
	涉及领域	生命、化学、物理、信息、交通、材料、地学、军工	化学、数学、物理	材料

资料来源：中国科技资源共享网。

表 5－5　2002 年京津冀科技活动经费在产业中的分布状况[①]

排名	产　业	经费金额（亿元）	占制造业比重（%）	占京津冀地区该行业经费投入的比重（%）	所在地区
	制造业总计	95.6	/	/	/
1	电子及通信设备制造	30.9	32.3	71.10	北京市

续表

排名	产　业	经费金额（亿元）	占制造业比重（%）	占京津冀地区该行业经费投入的比重（%）	所在地区
	制造业总计	95.6	/	/	/
2	黑色金属冶炼及压延加工业	15.4	16.2	51.89	河北省
3	医药制造业	10.4	10.9	60.06	天津市
4	交通设备制造业	7.3	7.7	59.27	北京市
5	化学原料及化学制品制造业	4.6	4.8	58.87	天津市

注①：因2003年之后我国不再进行这方面的统计，所以能找到的最新数据是2002年的。一个地区的产业结构在一定时期具有稳定性，因此，尽管具体数据有所变动，但呈现的趋势是一致的。

资料来源：《中国科技统计年鉴2003》。

2. 天津市：科技创新和贡献能力强，以轻化工研究为主

天津是我国的老工业基地，在重工业和轻工业方面都有着丰厚的产业基础和充足的人力资源。由于国有经济的比重过高，其民营经济在传统产业领域稳扎稳打的同时，又在新兴领域寻求突破，由此诞生了以中药提纯、生化保健、连锁超市和民营科技孵化为代表的新型民营经济体系。天津的高等学校着力服务滨海新区的开发开放，建设一批面向滨海新区主导产业的科技研发服务平台。南开大学和天津大学独立办学、紧密合作的机制取得实质性进展——南开大学科技园进入国家重点建设行列，成为滨海新区“科技园区”的重要智力资源；依托天津大学绿色能源研究中心，形成了一系列绿色能源产业集群。在“211工程”重点学科领域中，以工学、医学为主，特别是在光学、力学、自动化、泌尿外科、肿瘤学、针灸推拿等专业上优势突出（见表5-3）。科研方面，天津市在医药、化学领域具有一定优势，完善了生物制药、现代中药等产学研战略联盟机制（见表5-5）。

3. 河北省：高校办学水平不断提高，以重工业研究为主

河北是纺织制造、冶金钢铁、医药产业发达的省份，也是我国北方的民营企业集群大省，是唯一一个能与我国东南沿海产业集群相媲美的省份。其民营企业的发展为高等教育的发展奠定了良好的经济基础，有

助于推动产学研结合。河北省所辖的石家庄、唐山、秦皇岛、保定、廊坊（两翼一线中的一线）5 个骨干城市拥有河北省 110 所高等院校中的 80 所，占比达到 72.7%。由此，河北也成为全国各大省份中拥有高校较多的地区。近年来，河北省高校重点实验室、硕博授权单位不断增加。在“211 工程”重点学科领域中，以工学为主，特别是在电机与电器、机械设计等专业上优势突出（见表 5－3）。从科研优势来看，河北省在黑色金属冶炼及压延加工业方面更为突出（见表 5－5）。

二、职业教育拥有一批国家级重点学校和示范专业，培养了充足的技能型人才

目前，京津冀区域已经形成一大批国家级中等职业教育重点学校。在教育部审批和公布的首批和第二批共计 1 504 所国家级重点中等职业学校中，京津冀区域共有 149 所，占全国的 10%。其中，北京有 32 所，天津有 44 所，河北有 73 所。全国首批公布的中等职业教育示范专业共 20 个，涉及学校 176 所，其中，京津冀区域有 18 所学校，占全国的 10.2%；涉及专业 10 个，占所有示范专业的 50%。这其中，北京市涉及 7 所学校 6 个专业，天津市涉及 5 所学校 5 个专业，河北省涉及 6 所学校 5 个专业（见表 5－6）。

表 5－6　国家级中等职业教育示范专业点在京津冀的分布

示范专业	全国	京津冀				示范专业	全国	京津冀
			京	津	冀			
计算机及应用	15	4	2	1	1	物业服务与管理	1	/
数控技术应用	9	2	1	/	1	旅游服务与管理	3	/
机电技术应用	15	2	1	1	/	服装制作与营销	4	/
饭店服务与管理	15	2	/	/	2	食品生物工艺	2	/
工业与民用建筑	14	2	/	1	1	护理	15	/
汽车运用与维修	15	1	1	/	/	畜牧兽医	9	/
园　林	8	1	/	1	/	机械加工技术	10	/

续表

示范专业	全国	京津冀				示范专业	全国	京津冀
			京	津	冀			
种　植	12	1	/	/	1	工业分析与检验	4	/
烹　饪	7	1	1	/	/	电子电器应用与维修	4	/
建筑装饰	2	1	/	1	/	电子技术应用	12	/

资料来源：《中国教育年鉴2003》。

两市一省在职业教育资源上形成了各自的特点。

1. 北京市：中等职业教育办学条件好，师资充足

北京市中职学校以课程改革促进人才培养模式转变。近年来，北京市中职学校毕业生平均就业率连续保持在95%以上。2008年，北京市启动第二轮中职课程体系改革，选择17个与北京市经济社会发展紧密联系的专业，以课程改革试点立项研究的形式，深化课程体系整体改革。一方面，北京市探索解决校企合作共同开发职教课程，专业教学标准与职业资格证书衔接、沟通，理论与实践教学相结合等问题；另一方面，探索并建立“工作过程导向”的职业教育课程体系，实现了中职课程的整体优化。目前，北京市已完成17个专业的教学指导方案和232门专业核心课程标准的开发，遴选了32所学校41个实验项目，完成学校专业教学实施方案的制定和专业核心课程的教学设计。[1] 北京市在师资条件等方面具有绝对的优势。从2011年中等职业教育学校生均经费支出情况看，北京市生均教育经费支出约3万元，在全国排名第一（见表5－7）。

表5－7　2011年京津冀中等职业学校生均教育经费支出情况

地　区	在全国排名	教育经费支出（元）	事业性经费支出			基本建设支出
				个人部分	公用部分	
全国平均	/	10 391.91	10 098.91	5 215.84	4 883.07	293.01

[1] 北京中职学校以课程改革促进人才培养模式转变［EB/OL］. http：//www.cvae.com.cn/www/df/11bj/10－07－16/7504.html.

续表

地　区	在全国排名	教育经费支出（元）	事业性经费支出			基本建设支出
				个人部分	公用部分	
北京市	1	29 985.50	29 248.38	14 612.42	14 635.96	737.12
天津市	3	21 708.96	21 613.36	12 105.00	9 508.36	95.60
河北省	29	7 275.65	7 213.03	4 352.77	2 806.26	62.62

资料来源：《中国教育经费统计年鉴2012》。

2. 天津市：职业教育走特色发展道路，建设职业教育新区

2005年，教育部将天津滨海新区作为全国职教改革试验区，80%的高职院校和70%的中职学校均由行业举办，形成了以行业办学为主的职业教育办学体制。围绕滨海新区的开发开放，以促进优势产业发展为目标，以探索工学结合、校企合作、订单培养人才等培养形式为重点，全力推动航空机电、石油化工、电子信息等技能型紧缺人才培养基地建设。这种贴近行业、依托企业、适应市场的职教联动新机制使天津市的职业教育走出了一条特色之路。2008年，天津市决定建设天津职业教育新区，加快启动空客A320、百万吨级乙烯、千万吨级炼油、渤海化工园、金属制品、电子信息产业、金融外包服务、现代物流技能型紧缺人才培养基地建设。

3. 河北省：中等职业教育规模大，建设了一批实训基地和职教集团

从全国范围来看，河北省中等职业教育规模较大。2013年河北省中等职业学校毕业生数为33.7万，在全国排名第三，仅次于河南和广东。河北省在装备制造、医药化工、现代农业、汽车运用与维修、数控技术应用、电子信息、建材建筑、物流、计算机应用技术、钢铁冶金等领域加强实训基地项目建设，每个项目的省支持资金在100万元以上。2009年，河北省已组建16个职业教育集团，职教集团的专业设置基本涵盖全省主导产业和重点行业，能够基本满足重大经济项目对中初级技术人

才的需求。❶

三、基础教育整体实力强且改善幅度大

我国政府公共服务的第一份综合研究报告——《中国公共服务发展报告2006》从基础教育、公共卫生、一般公共服务、科学技术、社会保障、环境保护、基础设施、公共安全绩效8个方面，对2000～2004年全国31个省、自治区、直辖市的公共服务总体状况进行了全面评价。在基础教育方面，北京市得分第一，被评为优秀，成为此项评价指标中唯一达到优秀等级的城市；天津市位居第三。在基础教育改善幅度方面，北京市的改善幅度最大，其次为河北省。

《中国公共服务发展报告2006》对基础教育的评价分为投入、产出、效果三类指标。投入类指标包括人均教育经费支出、人均财政性教育经费支出、普通中小学生均教育经费支出、普通中小学专任教师与教职工人数之比、普通中小学专任教师中专科以上学历人数占比，等等。产出类指标包括农村和城镇普通中小学生均教育经费之比、普通中小学生均校舍建筑面积、普通中小学生均图书藏量、生均年末固定资产总值等。效果类指标包括适龄儿童入学率、普通小学入学率、普通初中入学率、普通高中入学率、15岁以上人口文盲半文盲率。综合以上评价指标，北京市基础教育的基准分数5年来均排名第一，绩效等级为A，是所有省市中唯一达到A类等级的城市。第二名为上海，第三名是天津，效绩等级均为B。报告还显示，2000～2004年，全国各地的基础教育都有所改善。其中，北京的改善幅度最大，5年累计改善率达16.65%；

---

❶ 16个职教集团分别为：河北省钢铁冶金职教集团、河北省化工医药职教集团、河北省信息技术职教集团、河北省轨道运输职教集团、河北省汽车职教集团、河北省电子信息职教集团、河北省旅游职教集团、河北省土木建筑职教集团、河北省纺织服装职教集团、河北省现代农业职教集团、河北省建材职教集团、河北省煤炭职教集团、河北省交通职业教育集团、河北省装备制造职业教育集团、曹妃甸工业职业教育集团、河北省建筑技术职业教育集团。

其次是河北省，5 年累计改善率为 15.71% 。从上述结论可以看出，京津冀区域基础教育发展水平在全国范围内具有一定的实力和优势。

综上所述，京津冀地区具有较高的教育水平和丰富的教育资源，各地区已形成各具特色的教育资源竞争优势，为区域内教育联动发展、两市一省各级各类优质教育资源强强联合、教育资源特色互补、联合培养紧缺人才等创造了优越条件；为教育资源共享、产学研合作、优化区域教育资源整体配置等提供了巨大空间；为进一步把区域教育做大、做强、做活，大力提升整体区域科教资源综合实力和竞争力奠定了重要的基础。

第三节　区域内教育发展基本问题

一、高等教育专业重复设置严重，不利于地区间分工协作

一些专业投资少、运转便捷，导致一批高校不顾自身特色和类型开展专业低水平重复建设。全国高校新增专业一览表显示，2010 年度经教育部备案或审批同意设置的高等学校本科专业中，京津冀地区高校新增本科专业 154 个，其中工学专业 53 个、文学专业 41 个、理学专业 21 个、管理学专业 16 个、教育学专业 9 个、历史学专业 4 个、法学专业 3 个、农学专业 3 个。虽然新增的文科类专业数量与新增的理工科专业数量不相上下，但是前者中重复设置的专业较多，如商务英语就有 4 所高校同时增设。另外，一些专门学校还开设了与本校特色不相干的专业，如农业类大学的文秘教育专业、金融保险专业，理工类大学的小语种专业等。实际上，各专业在区域社会需求和自身发展规律等方面存在差异，重复设置势必会导致有限的资源向某一专业集中，影响对其他专业的更好支持。同时，专业重复设置也会导致过度输入人力资源，使相关专业人才供大于求。专业设置不合理，导致人才资源不匹配，不利于区域内的分工协作。

与此同时，中央高校与地方高校有差距，也不能更好地适应区域经济发展与产业结构优化升级的需要。当前，京津冀地区有中央高校 43 所，地方高校 209 所。北京是中央高校集中的地区，而河北则相对匮乏；同时，“985 工程”和“211 工程”学校中，也以中央高校为主。中央高校和地方高校在空间上的这种分布差异以及综合实力的差距，不利于二者的合作，不利于推动区域经济发展。

二、职业教育不能较好满足区域发展需求，服务水平有待提升

（一）职业教育没有借助区域内行业背景优势建设重点专业

随着第三产业持续高速发展，北京市金融、信息、咨询等新兴生产性服务业增长较快，第二产业增长主要是通信设备、计算机及其他电子设备制造业。天津市拥有国际大港，具备发展物流业的独特优势，交通运输、仓储及邮电通信业有很大的发展空间。河北省具有农业大省的优势，农副食品加工业具有较大潜力。可见，京津冀区域在物业服务、旅游服务、电子技术、物流、食品工艺等行业就业人才需求量较大，但与之相适应的区域中等职业教育专业还都不是国家重点专业（见附表 17）；中等职业教育在有些专业上也没有与高等教育形成对口，如高等教育领域医学类专业是国家重点专业，但是对口的中职护理专业却不是重点专业等，相应的技能人才培养重点有待调整。

（二）区域职业教育人才培养质量和数量有待提升

数据显示，2012 年，京津冀区域中等职业教育毕业生中获得职业资格证书的比例偏低，北京为 57.0%，天津为 49.3%，河北为 45.4%，均低于62.8% 的全国平均水平。河北省将做大做强钢铁、装备制造和石油化工业，改造提升食品、医药、建材建筑、纺织服装业，特别是曹妃甸精品钢铁基地、山海关百万吨造船基地、石家庄纺织工业园等一大批重点项目和现代通讯制造等一批重大工程的实施，都对技能型人才的总量、结构和素质提出了新的、更高的要求。但目前河北省生产第一线技

能型人才紧缺、劳动者素质偏低的问题较为突出。全省企业职工中，技术工人仅占工人总数的一半，技师、高级技师仅占技术工人总数的4.5%，高级工仅占技术工人总数的19.86%。❶

（三）各地的职业教育也面临不同问题

北京的职业教育传统生源逐年减少，与首都经济发展对高素质劳动者和技能型人才的巨大需求之间的矛盾不断加大。2006～2012年，中等职业教育招生数从63 637人下降到49 783人，招生规模缩减21.8%；高等职业教育招生数从42 634人下降到37 704人，招生规模缩减11.6%，生源危机已成为影响北京市职业教育发展的瓶颈。河北省中等职业教育经费不足，2011年中等职业学校生均教育经费支出为7 275.65元，在全国排名倒数第三，低于全国生均10 391.91元的水平，其职业学校的办学条件和教学质量必然受到影响。

三、基础教育地域差距大，不能充分满足本地区教育需求

（一）河北的基础教育在硬件和软件方面与京津有差距

据抽样统计，2013年，北京、天津、河北的人口中大专及以上文化水平所占比重分别为41.21%、23.05%、7.73%；北京、天津、河北的居民中6岁及以上未上学人口的比例分别为1.67%、2.52%和3.91%。河北省6岁及以上人口中，小学和初中受教育人口比例较大，高于京津冀区域整体水平；北京市、天津市6岁及以上人口中，高中阶段和大专及以上受教育人口比例较大，高于京津冀区域整体水平（见表5－8）。总的来看，两市一省的居民教育水平存在明显差距。在生均教育经费支出方面，2011年，河北省小学和初中分别是5 228.62元和7 769.80元，没有达到全国平均水平；其中小学生均教育经费不及北京市的1/4和天津市的1/3（见表5－9）。河北省对基础教育的投入不足，

❶ 河北省职业教育规划［EB/OL］. http：//jy. hebeinu. edu. cn/E_ ReadNews. asp？NewsID＝207.

造成人才“吸空”现象，优秀教师资源流向京津。在教师资质方面，2011年，三地专任教师的学历合格率基本都在99%以上，但专任教师的学历水平以及三地的生师比都有较大差距（见表5－10），尤其是专任教师本科及以上学历者所占比例差距悬殊。河北省小学专任教师的学历在本科及以上者所占比例为28.23%，天津市为55.92%，北京市则达到80.34%。河北省普通初中专任教师学历在本科及以上者所占比为69.95%，天津市为88.08%，北京市则达到95.95%。

表5－8　2013年京津冀居民受教育水平抽样数据

区域	6岁及以上人口（人）	未上过学		小学		初中		高中		大专及以上	
		数量（人）	比例（%）	数量（人）	比例（%）	数量（人）	比例（%）	数量（人）	比例（%）	数量（人）	比例（%）
北京市	16 645	278	1.67	1 692	10.17	4 496	27.01	3 321	19.95	6 859	41.21
天津市	11 582	292	2.52	1 894	16.35	4 242	36.63	2 483	21.44	2 670	23.05
河北省	55 688	2 177	3.91	13 798	24.78	26 955	48.4	8 452	15.18	4 307	7.73
京津冀	83 915	2 747	3.27	17 384	20.72	35 693	42.53	14 256	16.99	13 836	16.49

资料来源：《中国统计年鉴2013》。

表5－9　2011年京津冀义务教育阶段学生均教育经费支出情况

普通小学			普通初中		
地区	在全国的排名	教育经费支出(元)	地区	在全国的排名	教育经费支出（元）
全国平均	/	6 117.49	全国平均	/	8 179.04
北京市	1	24 920.45	北京市	1	37 826.96
天津市	3	16 497.38	天津市	3	23 107.43
河北省	23	5 228.62	河北省	19	7 769.80

资料来源：《中国教育经费统计年鉴2012》。

表 5－10　2011 年京津冀各地小学、初中教师情况

地　区	年　级	生师比	专任教师学历合格率（%）	专任教师中本科及以上学历者所占比例（%）
全　国	小　学	17.71	99.72	28.47
	初　中	14.38	98.91	68.21
北京市	小　学	13.38	99.89	80.34
	初　中	9.90	99.76	95.95
天津市	小　学	13.84	99.84	55.92
	初　中	10.13	98.68	88.08
河北省	小　学	17.09	99.90	28.23
	初　中	12.47	99.24	69.95

资料来源：《中国教育统计年鉴 2011》。

（二）“环京津贫困带”的教育水平不及河北省的平均水平

2005 年 8 月，亚洲开发银行与河北省政府发布《河北省经济发展战略研究》报告，首次指出：“环京津地区目前存在大规模的贫困带。”“环京津贫困带”是指隶属河北省、环绕京津的 32 个贫困县，面积 8.3 万平方公里，包括 3 798 个贫困村，272.6 万贫困人口，人均年收入不足 2 000 元，有些县的经济水平和人民生活水平甚至比西部最贫困的“三西地区”还低。对河北省贫困县九年义务教育的调查统计显示，初中阶段的学生辍学、流失现象严重，大量未成年人流入社会，成为社会的负担；中小学师资力量薄弱，整体素质不高，办学条件差；拖欠教师工资现象严重，贫困地区教师不断流失。[1]

（三）京津面临如何妥善处理外来务工人员子女受教育的问题

北京已经并将继续成为全国最大的流动人口流入地。最新调查结果显示，在北京生活、工作的非户籍人口已近 800 万人，北京面临着大量外来务工人员涌入带来的子女教育问题；随着滨海新区的发展，天津的

[1] 南月省．河北省贫困地区基础教育现状及发展对策［J］．河北师范大学学报：教育科学版，2002（4）．

外来流动人口也在大量增加，在津入学人数每年以万人递增。目前，外来务工人员子女在北京接受义务教育的有41.73万人，占全市义务教育在校生总数的40.75%；在天津接受义务教育的学生共有14.77万人，占全市义务教育在校生总数的18.98%。[1] 政府面临教育公平、教育财政、社会舆论等各方面的压力，如果处理不当，未来5~10年，甚至在更短的时间内，北京市中小学非户籍的在校生人数将超过户籍学生人数，天津市亦将陷入教育资源紧张等问题。

若要更好地解决上述问题，需要区域整体统筹，中央和地方进一步厘清思路，从制度设计、体制创新、机制引导等方面进行突破。区域整体统筹可以有效避免各地高校的专业重复设置和浪费，能更好地利用中央的教育资源，充分发挥高水平大学在人才培养、科学研究和社会服务方面对城市经济建设和社会发展的作用。区域整体统筹可以使职业教育重点专业设置更加合理、满足区域发展需求，能更好地促进优质资源共享，解决局部地区因生源不足或经费缺乏造成的教育服务质量下滑问题。区域整体统筹还可以促进优质教育资源在区域内流动，发挥其辐射和扶助作用，缩减地区间差距；同时，调控后进地区外来务工人员涌入，缓解京津外来人员子女带来的教育压力。

第四节　区域内教育发展差异比较

实现京津冀协同发展，基本公共服务资源合理分布是重要衡量标准之一。教育是重要的基本公共服务资源，检验京津冀区域是否达到协调发展的状态，就要对基本公共服务资源的差异状况进行评估，教育资源差异过大必将阻碍京津冀协同发展。区域教育差异是指在一定时期、特定区域之间，教育发展中存在的不均衡现象，主要体现在教育规模、教

[1] 天津17万外来工子女同享优质教育 入读公办学校［EB/OL］. http://news.enorth.com.cn/system/2012/02/26/008733574.shtml.

育效益、教育投入和教育布局等方面。因此，科学准确地描述、衡量区域教育差距状况及其变化是不可回避的现实问题。

研究区域差异的方法很多，每一种方法都有其相应的特点、适用范围和优劣势。研究区域教育差异首先要考虑不同教育阶段的特点，其次要分析不同测量方法的构造特点，然后通过不同测度方法对京津冀区域教育差异进行应用分析，使测量结果具有良好的针对性和选择性。

一、京津冀教育的规模和等级差异测评

（一）测评方法

研究京津冀教育规模和等级差异就是分析不同教育阶段受教育人口或学校数量的分布状况。高等教育和中等职业教育的在校生规模一定程度上显示了这一层级教育对相应年龄人口的吸引力和聚集程度。因此，衡量地区间高等教育和中等职业教育的差异将借鉴马克·杰斐逊的城市首位律法则，观察不同等级受教育人口在城市的集中程度，通过首位城市与次位城市的受教育人口规模之比计算教育首位度。其测算公式如下：

$$S_2 = P_1/P_2 \tag{1}$$

$$S_4 = P_1/(P_2 + P_3 + P_4) \tag{2}$$

$$S_{11} = P_1/(P_2 + P_3 + \cdots\cdots P_{11}) \tag{3}$$

其中，S_2，S_4，S_{11}分别表示二城指数、四城指数和十一城指数；P表示城市某一层级教育的在校生规模，P_1、P_2……P_{11}为在校生规模由大到小排序。按照位序—规模原理，二城指数小于2、四城市指数和十一城市指数小于1，表明结构正常、集中适当；二城指数大于2、四城市指数和十一城市指数大于1，则表明存在结构失衡、过度集中的趋势。

基础教育规模与地区人口数量密切相关。因此，本书将借鉴泰尔指数来衡量地区间基础教育差异。泰尔指数为0~1，数值越大，说明地区差异越大；数值越小，说明地区差异越小。根据基础教育的基本公共服务资源属性，京津冀基础教育的泰尔指数及其结构分解的测算公式调整

如下：

$$T_B = \sum_i \left[\frac{Y_i}{Y_B} \times \ln\left(\frac{Y_i/Y_B}{P_i/P_B}\right)\right], \quad (i=1, 2, \cdots\cdots 16) \qquad (1)$$

$$T_T = \sum_i \left[\frac{Y_i}{Y_T} \times \ln\left(\frac{Y_i/Y_T}{P_i/P_T}\right)\right], \quad (i=1, 2, \cdots\cdots 16) \qquad (2)$$

$$T_H = \sum_i \left[\frac{Y_i}{Y_H} \times \ln\left(\frac{Y_i/Y_H}{P_i/P_H}\right)\right], \quad (i=1, 2, \cdots\cdots 11) \qquad (3)$$

$$T_0 = \frac{Y_B}{Y} \times \ln\left(\frac{Y_B/Y}{P_B/P}\right) + \frac{Y_T}{Y} \times \ln\left(\frac{Y_T/Y}{P_T/P}\right) + \frac{Y_H}{Y} \times \ln\left(\frac{Y_H/Y}{P_H/P}\right) \qquad (4)$$

$$T_i = \frac{Y_B}{Y} \times T_B + \frac{Y_T}{Y} \times T_T + \frac{Y_H}{Y} \times T_H \qquad (5)$$

$$T = T_0 + T_i \qquad (6)$$

其中 T_B、T_T、T_H 分别表示北京、天津、河北的泰尔指数，T_0 和 T_i 分别表示区域间和区域内的泰尔指数，T 为总泰尔指数；Y_B、Y_T、Y_H 分别表示北京、天津、河北的基础教育资源占有量，Y_i、Y 分别表示各省（市）下辖市（区、县）的基础教育资源占有量和京津冀区域的基础教育资源总量；P_B、P_T、P_H 分别表示北京、天津、河北三地人口数量，P_i、P 分别表示各省（市）下辖市（区、县）的人口和京津冀区域的人口总量；T_0/T 表示区域间教育差异对区域总差异的贡献率，T_i/T 表示区域内教育差异对区域总差异的贡献率。区域内各子区域的贡献率分别为$\frac{Y_B}{Y} \times \frac{T_B}{T}$，$\frac{Y_T}{Y} \times \frac{T_T}{T}$，$\frac{Y_H}{Y} \times \frac{T_H}{T}$。

（二）测度分析

1. 高等教育和中等职业教育的差异测度

京津冀区域各城市高等教育的规模差距在不断加大，其中，成人本专科教育的差距在缩小。从二城指数来看，北京市和天津市高等教育规模差距在缩小，高校在校生首位度指数下降到 1.78。从四城指数来看，天津、石家庄、保定的高等教育规模与北京的差距在增加，高校在校生首位度指数从0.82上升到0.86，其中，成人本专科教育的首位度从1.31下降到1.20。从十一城指数来看，天津、石家庄、保定、唐山、秦皇岛、邯郸、张家口、承德、沧州、廊坊10个城市的高等教育规模与北京的差距在增加，高校在校生首位度指数从0.57上升到0.59；天津、石家庄、保定等10个城市的成人本专科教育规模与北京的差距在缩小，成人本专科在校生的首位度指数从0.86下降到0.74（见表5-11）。

表5-11　京津冀区域高等教育与中等职业教育规模首位度指数

首位度指数		高校在校生	研究生在校生	普通本专科在校生	成人本专科在校生	中职在校生
S_2	2011年	1.83	4.67	1.29	3.13	1.46
	2012年	1.75	4.66	1.19	3.08	1.02
	2013年	1.78	4.71	1.21	2.63	1.06
S_4	2011年	0.82	3.44	0.56	1.31	0.53
	2012年	0.83	3.43	0.56	1.25	0.44
	2013年	0.86	3.46	0.59	1.20	0.45
S_{11}	2011年	0.57	/	0.39	0.86	0.24
	2012年	0.57	/	0.38	0.79	0.20
	2013年	0.59	/	0.40	0.74	0.21

注：因京津冀区域拥有研究生的城市不足11个，故未测得研究生在校生数的十一城指数。2011～2012年中职在校生的首位城市是石家庄，2013年中职在校生的首位城市是北京。

各城市普通本专科教育规模基本适度，但研究生教育和成人本专科教育过度集中在北京。从教育规模首位度指数来看，北京市在校研究生和成人本专科在校生的二城指数大于2，四城指数大于1，说明这类层级的教育存在结构失衡、过度集中的现象。特别是研究生首位度指数近年来不断上升，说明北京的研究生教育规模仍在不断增加，与其他城市的差距不断拉大。

石家庄的中等职业教育规模存在大幅缩减趋势，区域各城市的职业教育规模差距逐渐缩小。2011～2012年中职在校生的首位城市是石家庄，而2013年石家庄的中职在校生从2011年的24.67万突减至15.64万人，北京的中职教育在校生从2011年的16.9万人微降至16.54万人，成为中职在校生的首位城市。近年来，中等职业教育的四城指数从0.53下降到0.45，十一城指数从0.24下降到0.21，说明首位城市的中职教育规模在下降，其他城市与首位城市的规模差距在逐渐缩小。

2. 基础教育差异测度

京津冀区域中学分布比小学分布更为不均衡。2012年的京津冀区域基础教育中，小学学校数的总泰尔指数是0.1271，中学学校数的泰尔指数是0.2154。从这一指数可以看出中学的泰尔指数较高，说明京津冀区域中学分布不均衡现象较小学严重。

小学分布不均衡突出表现在区域间，中学分布不均衡突出表现在区域内。对京津冀区域基础教育的泰尔指数进行进一步的空间分解，按照北京市、天津市、河北省三个区域测算区域间的基础教育差异和区域内部基础教育差异。京津冀三个地区内部小学学校数的泰尔指数是0.0272，三个地区内部的差异对京津冀整个区域总差异的贡献率为21.36%；而三个地区之间小学学校数的泰尔指数是0.1，三个地区间的差异贡献率对京津冀整个区域总差异的贡献率为78.64%。这说明，小学的地区间差异要远大于地区内部差异。同理，通过观察区域内和区域间的泰尔指数和贡献率发现，中学的地区内部差异要大于地区间差异（见表5-12）。

表5-12　京津冀区域间和区域内的泰尔指数及贡献率

2012年指标	小学学校数	中学学校数
区域内泰尔指数	0.0272	0.0255
贡献率（%）	21.36	80.77
区域间泰尔指数	0.1	0.0061
贡献率（%）	78.64	19.23

天津市下辖区县内中小学不均衡现象最为突出，其次是北京市。通

过测算北京市、天津市、河北省三个区域内部的泰尔指数发现，天津市中小学学校数的泰尔指数和贡献率位列三个区域的首位，这说明其下辖区县内部的差异较大。北京市下辖区县中小学学校数的泰尔指数位列第二，且下辖区县内中学的差异贡献率对京津冀区域内的总贡献率位列第二（见表5－13）。

表5－13　北京市、天津市、河北省各地区内部的泰尔指数及贡献率

2012年	北京市下辖各区县		天津市下辖各区县		河北省下辖各地市	
指　标	小学学校数	中学学校数	小学学校数	中学学校数	小学学校数	中学学校数
泰尔指数	0.0869	0.0681	0.1835	0.0947	0.0120	0.0046
贡献率（%）	4.98	32.78	8.18	37.42	8.19	10.57

二、京津冀教育的专业化程度差异测评

（一）测评方法

教育的专业化程度决定了它是否具备较好的教育集聚和扩散能力。区域社会学中的区位商是用来判断一个部门是否是地区的专业化部门：区位商大于1，可以认为该部门是地区的专业化部门，区位商越大，专业化水平越高；区位商小于或等于1，则认为该部门是自给性部门。其测算公式如下；

$$Lq_{be}=\frac{G_{be}/G_b}{G_e/G} \tag{1}$$

$$Lq_{te}=\frac{G_{te}/G_t}{G_e/G} \tag{2}$$

$$Lq_{he}=\frac{G_{he}/G_h}{G_e/G} \tag{3}$$

其中，式（1）表示北京地区教育部门从业人员的区位商，式（2）表示天津地区教育部门从业人员的区位商，式（3）表示河北地区教育部门从业人员的区位商。G表示京津冀区域总从业人员的数量，G_e表示

京津冀区域教育部门从业人员数量；G_b 表示北京市从业人员数量，G_{be} 表示北京地区教育部门从业人员数量；G_t 表示天津市从业人员数量，G_{te} 表示天津地区教育部门从业人员数量；G_h 表示河北省从业人员数量，G_{he} 表示河北地区教育部门从业人员数量。

（二）测度分析

北京、天津地区教育服务周边能力不足，河北地区教育行业的专业程度处于劣势。通过测算 2013 年京津冀区域各地区教育部门从业人数的区位商发现，北京市的区位商是 1.37，天津市的区位商是 1.49，河北省的区位商是 0.81（见表 5 - 14）。北京市、天津市的区位商都大于 1，这说明其教育部门是京津冀地区的教育专业化部门，其城市的从业人员中分配给教育部门的比例高于京津冀区域的分配比例，在区域教育发展格局中具有比较优势。通常，区位商在 2 以上表明该部门主要为区外服务。从这一点说，北京市、天津市虽然具有教育服务的专业化优势，但还不足以向周边地区提供扩散性服务。总的来说，教育部门仍然是京津冀区域的弱势部门，三地都需要增加教育从业人员——北京、天津需要扩充相关人员数量以发挥地区优势，服务周边；河北需要增加相关人员，让教育成为区域各行业中更加专业的部门。

表 5 - 14　2013 年京津冀区域教育从业人员数量及区位商

地　区	教育部门从业人员数量（万人）	全社会从业人员数量（万人）	区位商
北京市	49.5	981.9	1.37
天津市	46.59	847.46	1.49
河北省	125.56	4183.93	0.81
京津冀	221.65	6013.29	/

三、京津冀教育经费配置差异测评

（一）测评方法

教育经费是教育均衡发展的重要物质基础。对教育经费的区域配置差异可以用基尼系数来评价。基尼系数数值为0～1，数值越低，表明教育经费在各地区的分配越均衡。基尼系数为0.2～0.3，表示分配比较平均；0.3～0.4，表示分配相对合理；0.4～0.5，表示分配差距较大；0.5以上，表示分配差距悬殊。教育的基尼系数计算公式如下：

$$G = \sum_{i=1}^{n-1} M_i \times Q_{i+1} - \sum_{i=1}^{n-1} M_{i+1} \times Q_i \times M_i$$

其中，M_i 表示各地区某教育阶段生均预算内教育事业费占京津冀区域该阶段生均预算内教育事业费的累积百分比，Q_i 表示各地区某教育阶段在校生数占京津冀区域该阶段在校生数的累积百分比。

（二）测度分析

京津冀地区教育经费分配差距悬殊，调整义务教育阶段的经费差距更为迫切。通过观察京津冀地区各级教育生均公共财政预算事业费的基尼系数发现，各级各类教育经费的基尼系数都在0.5以上，这表明各地区教育经费分配差距悬殊。尽管2011～2012年各地区各级各类生均教育经费都在不断增长，教育经费基尼系数有所下降，但下降得微乎其微，各地区教育财政投入的不均衡状况并没有得到实质性改变。从京津冀的整体水平来看，普通小学的教育经费配置差异最大，其次是普通初中，然后依次是普通高中、中等职业教育、普通高等教育（见表5－15）。这表明，改变教育经费的区域不均衡状态，应率先从义务教育着手。

表5－15　京津冀地区各级教育生均公共财政预算事业费基尼系数

年　份	普通小学	普通初中	普通高中	中等职业教育	普通高等学校
2011	0.7690	0.7505	0.7608	0.7126	0.6101
2012	0.7659	0.7480	0.7387	0.6846	0.5633

四、京津冀学校空间分配差异测评

京津地区学校密度大，河北地区学校密度小。从京津冀每百平方公里负担的各级学校数量来看，2012 年，天津地区负担的基础教育学校数量最多；其中，幼儿园、小学和普通中学的数量分别是 7.14、4.40 和 12.4，尤以普通中学最为明显。北京地区每百平方公里负担的普通高校数量达到 0.55，是天津的 1.15 倍、河北的 9.17 倍，但同时，其所负担的幼儿园数量是京津冀区域中最少的。根据人口与学校布局一致性的原则来看，北京的幼儿园数量仍有待增加。总的来说，各级教育学校的数量与其区域面积并不协调（见表 5 – 16）。

表 5 – 16　2012 年京津冀每百平方公里负担的各级学校数量（所）

地　区	幼儿园	小　学	普通中学	普通高校
北京市	6.52	3.80	7.64	0.55
天津市	7.14	4.40	12.40	0.48
河北省	6.83	1.59	4.94	0.06

北京、天津的学校空间分布过度集中于中心城区。从京津冀三地每百平方公里负担的各级学校数来看，北京市东城区和西城区负担的基础教育学校数量最多，幼儿园、小学和普通中学的数量都达到 100 所以上；东城区、西城区和海淀区每百平方公里负担的高校数量都达到 6 所以上（见图 5 – 3）。同样，天津市内六区每百平方公里负担的各级学校数量最多，尤以和平区最为突出；市内六区负担的高校数量都达到 7 所以上；市内六区每百平方公里负担的基础教育学校数量虽然最多，但各区各级学校配置程度并不协调——除和平区外，幼儿园密度最大的是河东区（121 所），小学密度最大的是红桥区（108 所），普通中学密度最大的是河北区（78 所）（见图 5 – 4）。河北省每百平方公里负担的各级学校数量：幼儿园密度最大的是保定市（8 所），小学密度最大的是廊坊市（12 所），普通中学密度最大的是邯郸市（3 所），普通高校密度最大的石家庄市（0.31 所）（见图 5 – 5）。

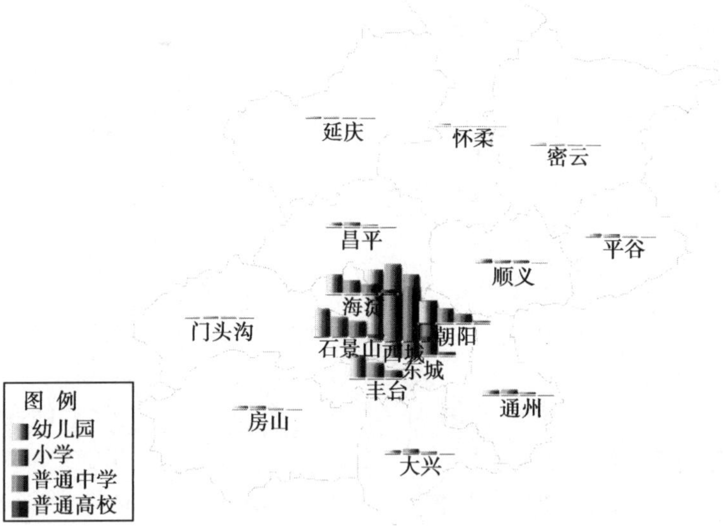

图 5－3　2012 年北京市每百平方公里负担的各级学校数量

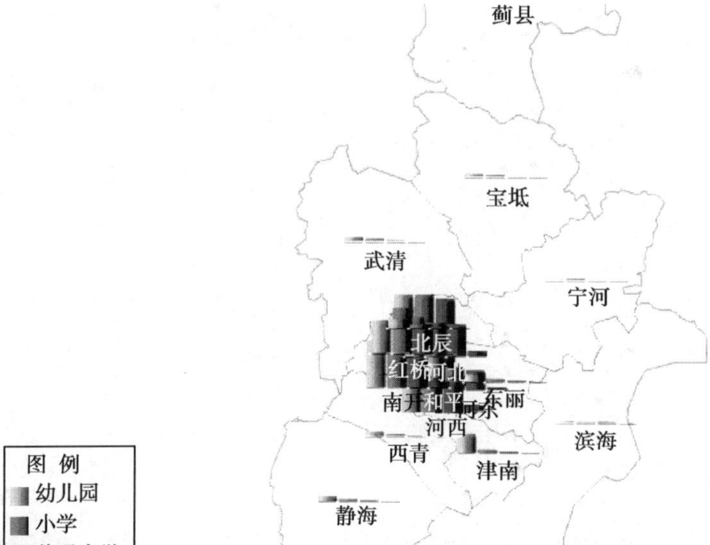

图 5－4　2012 年天津市每百平方公里负担的各级学校数量

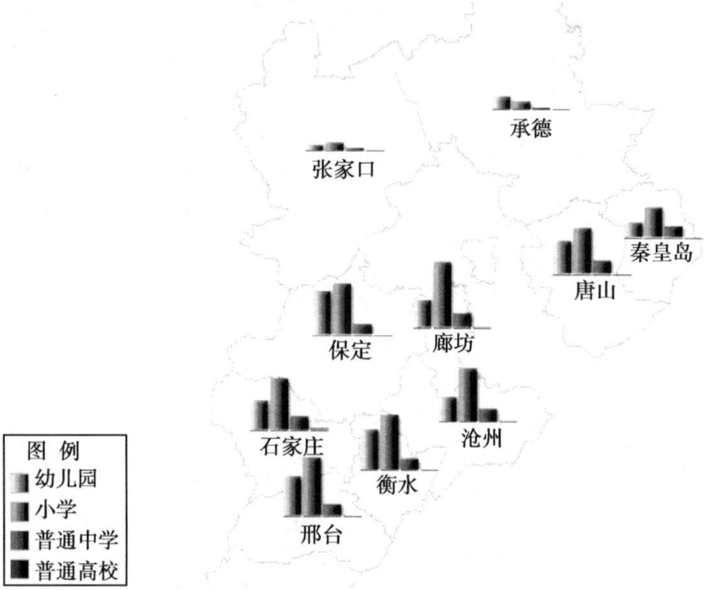

图 5-5　2012 年河北省每百平方公里负担的各级学校数量

五、京津冀区域教育差异的基本结论

（一）普通本专科生城市规模适度，研究生和成人本专科生规模过度集中

通过整理不同城市不同等级的在校生规模和首位度指数发现，2013年，北京成为京津冀地区聚集高等教育和中等职业教育人口最多的城市，特别是研究生教育和成人本专科教育最为突出，且研究生教育规模仍在不断增加，与其他城市的差距不断拉大。可见，北京市教育门类全，教育发展层次和重点不突出，对其他城市的带动作用不强。其他城市的普通本专科教育和研究生教育等高层次教育发展较慢，区域内的教育差距在逐步拉大。同时，从高等教育的空间分布来看，高等教育密度最大的地区是北京和天津的中心城区。这从另一个角度表明，高等教育资源需要在区域内做出存量资源优化，在区域间做出增量资源调整。

（二）区域内中等职业教育规模整体缩减，中职学校转型发展更为迫切

京津冀区域中，石家庄的中等职业教育在校生规模大幅缩减，从中等职业教育的首位城市降到次位城市；与此同时，区域内各城市的职业教育在校生规模差距逐渐缩小。2013 年，中职教育的首位城市是北京，这与其城市产业层级发展需求并不相符。区域内各城市的中职教育生源规模都在缩小，这必然导致中职教育资源过剩。考虑到中职学校的转型发展成为必然趋势，探讨职业教育与普通教育的相互融通更为紧迫。

（三）基础教育的区域内不均衡比区域间不均衡更为突出

京津冀基础教育阶段的不均衡突出表现在区域内的不均衡，尤其是天津市、北京市区域内的不均衡。而在三地之间，基础教育的不均衡主要是小学分布的不均衡。天津市下辖区县内中小学不均衡的现象最为突出，其次是北京市。北京、天津的学校空间分布过度集中于中心城区，基础教育资源在区域内调整的意义大于区域间的调整。而区域间基础教育资源的不均衡主要体现在小学阶段，这说明协调区域间基础教育资源可以率先从小学着手。

（四）北京、天津服务周边教育的能力不足，河北仍需扩充师资队伍

与区域内其他行业相比，教育仍是京津冀区域的弱势部门。北京、天津虽然具有教育服务的专业化优势，但还不足以向周边地区提供扩散性服务。京津冀各地区都需要增加教育从业人员数量。北京、天津需扩充教育从业人员数量，以发挥地区优势，服务周边；河北需要增加教育从业人员，让教育成为区域内各行业中更加专业的部门。

（五）区域内教育经费分配差距悬殊，调整义务教育阶段的经费差距成为首要任务

京津冀区域各级学校生均预算内教育事业费支出的地区差距悬殊，尽管近年来相关事业经费拨款不断增多，但变化并不大。河北的基础教

育发展仍面临较大困难，其基础教育经费与北京、天津的差距还在不断扩大。从京津冀的整体水平来看，普通小学的教育经费配置差异最大，其次是普通初中，然后依次是普通高中、中等职业教育、普通高等教育。这主要是由我国基础教育“地方负责、分级管理”的体制决定的。同时也表明，要想从整体上缩小区域间教育经费的分配差距，应率先从义务教育着手。

第五节　环京津贫困带的战略地位

由中国社科院、北京市社科院联合发布的2006年《中国区域发展蓝皮书》指出，在首都周边存在大面积的贫困带，这种现象在世界上是极为少见的。这些地区由于历史和政策的原因，长期以来一直作为京津的生态保护屏障，在发展上受到了很大限制；自然条件恶劣，群众素质较低。然而，这些地区紧邻京津，区位特殊，关系到首都的现代化和生态安全全局，具有重要的经济意义和政治意义。

一、“环京津贫困带”对首都具有十分重要的战略意义

（一）“环京津贫困带”关系到首都世界城市的形象

按照国家现代化建设战略目标的总体部署，到2050年左右，北京市要建设成为经济、社会、生态全面协调可持续发展的城市，进入世界城市行列。世界城市是国际城市的高端形态，纽约、伦敦、东京等世界城市的发展实践证明，对世界经济的影响力和控制力不仅在于自身的强大，更在于它们都有一个支撑其发挥控制职能的高度发达的区域。北京建设世界城市，必须以北京为中心，形成一个辐射能力强、开放程度高、具有世界影响力的城市极点。

目前，以京津为中心的城市区域与国外同类地区相比，发展差距悬殊；京津冀区域竞争力落后于珠三角地区和长三角地区，经济发展水平较低，内部差异较大；“发达的中心城市，落后的圈内腹地”的区域格

局，成为其建设世界城市道路上的一道门槛。“环京津贫困带”更是与首都形成巨大的经济落差，造成大量贫困人口涌入首都，形成城市贫困阶层和贫困居住区，对首都安全也有一定影响。世界城市不可能在一片落后的区域内独立存在。

北京是国家的首都，是全国政治中心、文化中心，是世界著名古都和现代国际城市，未来要建成具有高度包容性、多元化的世界文化名城，不断提高国际影响力。“环京津贫困带”的存在不仅没有体现首都的综合辐射和带动能力，而且不利于向世界展示北京更加亮丽的国际形象。

（二）“环京津贫困带”关系到首都的生态环境

“环京津贫困带”是首都的生态屏障和水源涵养地，是国家“退耕还林（草）工程”“京津风沙源治理工程”和“21世纪首都水资源可持续利用工程”重要实施地区。官厅、密云、潘家口、大黑河、桃林口等大型水库及上游地区是首都主要水源地，也是首都防洪、泄洪的主要地区。张家口和承德是风沙侵袭京津的必经之路和沙源地，直接关系到京津的大气环境质量。

目前，“环京津贫困带”存在大面积的河湖干枯断流、水土流失和污染、土地沙化、草场退化和沙尘暴频繁发生的现象，必将进一步影响首都的生态环境。北京多次发生的供水危机和应急调水、官厅水库失去饮用水质功能以及强沙尘暴天气的侵袭，与“环京津贫困带”有直接关系。

（三）“环京津贫困带”为首都发展提供大量的一线劳动者

从流动人口的来源地来看，2010年“六普”数据显示，河北省来京流动人口的比例最大，达22.13%，可以说，来京距离的远近、流出地的人口规模以及剩余劳动力状况是影响北京人口流入量的重要因素，而流动人口迁移的主要原因是务工经商。[1]

因地理优势和首都经济优势的吸引，“环京津贫困带”的大量青壮

---

[1] 尹德挺，闫萍，杜鹃．北京市人口发展的新特点和新挑战［N］．北京日报：理论版，2013-12-09.

年劳动力涌入首都市场，为经济发展补充了一线劳动者。然而，由于河北的城市化水平和非农业人口比重太低，文盲比例高出全国平均水平近两个百分点，这些劳动者的素质普遍偏低，不能满足首都产业结构升级的需要。

（四）“环京津贫困带”关系到京津冀区域经济的协调发展

区域合作发展是党中央、国务院正式做出的一项重大战略部署，是今后我国发展的大格局、大框架，国家正在着手推动京津冀区域的一体化发展。

目前，“环京津贫困带”在交通、农副产品供应、矿产等方面已经与京津连为一体，但在资金、人才、技术、信息、市场等方面发展水平仍然很低，严重制约了区域的一体化发展。只有改变这一地区贫困落后的局面，制定合理、有利的补偿机制，才能进一步推动京津冀区域的一体化发展。

二、将“环京津贫困带”变为首都的“人力资源储备带”十分必要

（一）首都产业结构调整需要周边地区提供大量的一线劳动者

1. 首都的一线劳动力不足

从现实情况看，近年来首都劳动力短缺的形势在加剧。从 2004 年第一季度开始，首都的劳动力就出现了供不应求的局面，到 2007 年第三季度，求人倍率达到了 2.04，意味着每两个岗位只有一个应聘者，全市劳动力市场的总缺口达到 10 万人。[1]

未来，随着首都产业结构的调整，第一、第二产业比重的逐渐下降，第三产业比重的不断扩大、提升，预计到 2020 年，首都总就业岗

---

[1] 黄璐. 加快环京津贫困带劳动力转移的建议［J］. 经济论坛，2009（1）.

位将达到808.3万，第三产业就业岗位将达到617.7万。❶

从需求结构看，最缺少的是一线劳动者，如餐饮、销售、物流等服务行业，对劳动力的职业技能要求不是很高。在北京市本身一线劳动力不足的情况下，必然需要外地劳动者进入这些行业。“环京津贫困带”劳动力经过一定培训，都可以适应这些岗位要求。

2. “环京津贫困带”有充足的剩余劳动力

“环京津贫困带”与富裕农村相比，有充足的剩余劳动力可以转移，能够充分满足首都对一线劳动者的需求。

在全国各个城市大量需求劳动力的同时，较富裕的农村已经没有多少可转移劳动力。中国社科院《2007年人口与劳动绿皮书》指出，全国3/4的农村已无青壮年劳动力可转移。国务院发展研究中心对17个省区，2 749个行政村的调查也显示，74.3%的村庄认为，本村能够外出打工的青年劳动力都已经出去了。❷ 由于当地经济的较快发展吸引了大量剩余劳动力，越是富裕的农村可向外转移的劳动力越少。这种形势显然为“环京津贫困带”的劳动力转移带来了良好的机遇。

由于“环京津贫困带”的大部分地区人均水地面积不足0.5亩，所以剩余劳动力普遍高于全省平均水平。预计到2020年，“环京津贫困带”的剩余劳动力将达到195.7万。如此多的人口若经过培训必能成为有效的人力资源，满足首都对一线劳动者的需求。

（二）首都推进工业化进程需要周边地区提供大量技能型人才

1. 首都需要大量技能型人才

随着工业化进程的不断加速，首都高技能人才供需矛盾突出。其中，技师、高级技师仅占技能劳动者的4%，而企业的需求是14%，相差10个百分点，缺口达14.7万人。

---

❶ 邓行舟，田玲，赵新．京津冀人口发展战略报告［M］．北京：社会科学文献出版社，2007：174－175.

❷ 黄璐．加快环京津贫困带劳动力转移的建议［J］．经济论坛，2009（1）．

此外，高技能人才队伍“老龄化”现象也比较严重，北京地区近一半的高技能人才年龄在45岁以上。[1] 近两年来，首都高级技工或技师的供需比约为1∶7.3。[2] 高技能人才的匮乏已经成为首都人力资源发展的瓶颈，大规模的“技工荒”困扰着人才市场。

2. “环京津贫困带”只有输出劳务才能创造经济收入

“环京津贫困带”需要盘活人才存量，支援毗邻地区的工业化发展。

目前，河北省的环京津地区已经聚集了高新技术产业省级以上园区39个，其中国家级高新区2个，国家级高新技术产业基地15个；此外，还有省级高新技术区域特色产业基地30个。[3] 这些园区和基地利用京津高新技术资源，构筑高新技术成果转化基地、高新技术招商合作平台、中小企业孵化摇篮、高新技术人才创业园区。

“环京津贫困带”虽然紧邻高新产业带，但是不具备发展高新产业的基本条件。广大农民科技文化素质低，从业、创业能力低，仅具有潜在的人力资源优势，唯一的出路就是通过劳务输出来创造经济收入。因此，盘活“环京津贫困带”人才存量，统筹人才资源开发，不断壮大专业技术人才、技能人才等实用人才队伍，势在必行。

（三）首都人口老龄化需要周边地区青壮年流动人口补给

1. 首都已步入人口老龄化时期

按照联合国标准，一个国家65岁及以上人口比重超过7%定义为老龄社会。目前，首都的老龄化水平已达到10.74%，开始进入老龄社会。在人口老龄化时期，首都少儿人口比重和劳动力年龄人口比重持续下降。预计到2050年，少儿人口比重下降到10%左右，劳动力人口不

---

[1] 李群，潘晨光．中国人才发展量化分析与预测［M］//中国人才发展报告．北京：社会科学文献出版社，2004：437～445.

[2] 李麒，高文书．技能型人才供求状况分析［M］//中国人才发展报告．北京：社会科学文献出版社，2008：183.

[3] 河北省将建设环京津高新技术产业带［EB/OL］．http：//www.frrc.com.cn/xinxiye/xinxiye.asp？id ＝2853.

足60%，而老年人口比重将达到30%以上，平均每100个劳动力年龄人口负担的少儿和老年人口约为70人。河北省的人口老龄化进程大体要比北京晚10年，虽然劳动人口也呈减少的趋势，但劳动力资源的绝对量依然很大（见表5－17）。显然，以劳动年龄人口占主导为特征的流动人口将有助于缓解老龄化程度，减缓老龄化的速度。

表5－17　未来北京市、河北省人口年龄结构预测　（%）

年　份	0～14岁人口比重		15～64岁人口比重		65岁及以上人口比重	
	北京市	河北省	北京市	河北省	北京市	河北省
2020	12.51	19.87	70.57	68.00	16.92	12.13
2030	10.26	16.01	65.75	67.54	23.99	16.54
2040	9.09	15.38	63.24	65.34	27.67	19.28
2050	10.09	16.35	57.82	62.70	31.19	20.95

资料来源：邓行舟、田玲等：《京津冀人口发展战略报告》，社会科学文献出版社2007年版，第133～134页。

2.“环京津贫困带”拥有大量青壮年人口

河北省是首都迁移和流动人口的主要来源地。2010年，环京津六市人口约占河北全省人口的53%。人口普查数据显示，环京津六市劳动年龄人口约占75%，高于河北省劳动年龄人口占比；同时，环京津六市16.42%的0～14岁少儿人口在未来十几年也将成长为劳动年龄人口。可见，环京津六市的劳动年龄人口相对具有优势，对于减缓首都人口老龄化进程是有利条件（见表5－18）。尤其是在一些地区没有剩余劳动力可转移而“环京津贫困带”只能通过输出劳动力来改善生活的情况下，更有助于“环京津贫困带”劳动年龄人口流入首都。

表 5－18　2010 年环京津六市人口年龄结构

地　区	人口（万人）	0～14 岁占比（%）	15～64 岁占比（%）	65 岁及以上占比（%）
河北省	7 185.42	16.83	74.93	8.24
环京津六市	3 808.33	16.42	75.00	8.62
承德市	347.32	17.37	74.04	8.59
张家口市	434.55	15.92	73.74	10.34
唐山市	757.73	14.62	76.19	9.19
廊坊市	435.88	15.08	77.17	7.75
保定市	1 119.44	17.11	74.78	8.11
沧州市	713.41	17.92	73.81	8.27

资料来源：河北省统计局网站：《河北省 2010 年第六次全国人口普查主要数据公报》；上述六市统计局网站：《第六次全国人口普查主要数据公报》。

（四）首都职业教育规模萎缩，需要周边地区补充生源

1. 首都职业教育发展遇瓶颈

目前，首都的职业教育很薄弱。随着近年来高等教育入学率不断提高，中等职业教育招生形势严峻。2010 年以来，首都中等职业教育的教学规模不断萎缩，学校数从 145 所减少到 123 所，减少 15.17%；2014 年的在校生数较 2010 年减少 5.23 万人，减少 23.84%；2014 年的招生数较 2010 年减少 2.63 万人，减少 37.10%；2014 年的校均规模较 2010 年减少 154 人，减少 10.18%（见表 5－19）。从现实情况来看，随着城区学龄人口的减少，许多中职学校生源短缺，教育资源出现闲置现象，而北京的产业结构升级却需要中等职业教育。有调查显示，京城用工单位在招聘人员时更注重“实用”，中专及高中文化程度是用人需求的主体，相关的人员需求为 10.6 万人，占总需求的 42.3%。可见，首都的产业结构调整需要中等职业教育提供充足的人力资源。

表 5 – 19　近年来中等职业教育发展规模

年　份	学校数（所）	在校生数（万人）	校均规模（人/校）	招生数（万人）
2010	145	21.94	1513	7.09
2011	137	21.38	1561	7.90
2012	130	23.32	1794	8.33
2013	119	20.86	1753	7.23
2014	123	16.71	1359	4.46

资料来源：北京市教育事业统计资料 2010～2014。

2. “环京津贫困带”需要教育资源作为补偿

“环京津贫困带”有部分未成年人会随父母进城到京津地区上学，这难免会给京津地区的基础教育带来压力。

在教育培训方面，“环京津贫困带”职业技术培训匮乏。即使有关单位组织科技培训、技术示范、技术推广等活动，但由于劳动力素质普遍偏低，他们参加的积极性也不高。如果能改善该地区的基本教育状况，开展基础教育扶贫，增加职业技术培训，那么既可以缓解首都外来人口子女的义务教育问题，也有助于提高“环京津贫困带”劳动人口的基本素质，是一种双赢。

战略篇

★★★★★★★★★★★★★★★

- 构建“高等教育创新驱动模式”“职业教育人力资源生发模式”“基础教育均衡互动模式”
- 打造“京津廊教育发展轴”和大滨海新区高等教育研发带，实现高等教育错位发展。规划网状职业教育发展带，实现职业教育转型发展。突出区域基础教育均衡，实现基础教育互补发展

★★★★★★★★★★★★★★★

第六章 指导方略：京津冀区域教育发展模式构建

模式是一种参照性指导方略，是把某一类问题的解决方法归纳、升华为理论。教育发展模式是指一定时期教育发展战略、机制、原则的特殊类型，包括教育发展的目标、方式、重心、步骤等一系列要素。换句话说，是指在一定地区、一定历史条件下形成的独具特色的教育发展道路，是结合区域人、区域文化、区域资源、区域经济、区域政治等因素而形成的一种区域教育发展的理论和行动。

同一个领域，可以出现多种模式；同一种模式，在不同的领域也可以延伸出多种类型。前文将京津冀区域教育发展概括为三级梯度放射模式，具体到区域各级教育，首先，重点利用高等教育智库的创新能力提升区域整体竞争力，构建“高等教育创新推动模式”；其次，打造职业教育人力资源库，为区域产业发展储备劳动技能型人才，构建“职业教育人力资源生发模式”；最后，以均衡优质的基础教育保证并优化区域人口素质，构建“基础教育均衡互动模式”。

第一节 对京津冀区域教育协作模式的基本判断

京津冀区域教育协作涉及行政边界、城市规划、产业结构、人口发展、资源分布、地理位置等各方面，对社会经济发展有重大而长远的影响。两市一省的协作发展不仅是国家的发展战略问题，更是区域协调发展的重大实践探索。因此，明确京津冀社会经济发展的基本需求和地区教育特点，构建适合京津冀区域教育的协作模式很有必要。

一、区域教育协作模式以社会发展需求和自身特点为依据

（一）区域经济对教育协作模式的需求：优势互补，错位发展

京津冀区域有着不同的经济资源水平、产业层次和结构、重点发展方向和行业。三地正在根据地区不同特点和资源优势实现产业优势互补，以充分利用资源，有效节约成本。这种经济发展趋势，通过智力和人力支持对三地教育互补合作、错位发展提出了需求，需要三地根据各自教育资源的比较竞争力，充分发挥资源优势与特色；在学校办学、学科专业建设、人才培养等方面实现错位发展，避免同质化竞争；推进教育资源有效共享、优势互补、分工协作，促进区域人力资源分流、人口合理分布，使区域教育发展成本大大降低，教育资源整体使用效益大大提高，区域教育竞争力得到充分发挥。

（二）地区政府对教育协作模式的需求：点面合作，寻求共赢

推进区域一体化发展要由政府出面协调，制定合理的政策、制度，鼓励社会力量广泛参与。地区政府合作的出发点是寻求共赢，协作形式由最初的点对点合作发展为面对面合作。京津冀区域教育协作必须以促进区域教育发展水平的整体提高、推进区域经济社会协调发展为宗旨，通过各方平等协商，努力形成与区域经济社会发展相适应的教育发展新格局，以有效解决各地教育的瓶颈问题，优化区域教育结构。京津冀区域教育协作必须通过区域内各地教育行政机构的协调沟通，确定各方共同关注的问题或协作步骤；按照“项目合作—全面协作——体化发展”的目标，以点带面，优先推进共识程度高、条件成熟的合作事务或项目，力争在一定时间内有所突破，不断积聚人们对于区域教育协作必要性和重要性的认识，不断深化各地教育行政部门对区域教育协作规律的认识，不断提升区域教育协作的范围和水平。

（三）区域规划对教育协作模式的需求：循序渐进，依次推进

《京津冀都市圈区域规划》是国家“十一五”规划中一个重要的区

域规划，包括北京、天津两个直辖市和河北省的8个地、市；未来，其影响将逐渐扩大到华北五省市、环渤海乃至东北亚，这种区域发展的推动力是由强到弱、梯次推进的。区域教育受制于区域经济和自身教育基础，并具有反作用。教育的社会影响力和贡献力从“大底面”的基础教育向“小塔尖”的高等教育逐渐加强。因此，从社会效益、攻坚难度和需求紧迫性的角度出发，区域教育应循序渐进，依次开展高等教育协作、职业教育协作和基础教育协作。京津冀区域教育协作必须立足于区域不均衡发展的实际，遵循“整体规划，先易后难，区域联动，整体提高”的发展路径梯次推进，努力使京津冀地区成为全国乃至东北亚特色鲜明、具有竞争力的教育中心；将京津冀区域建成国际优质教育资源汇聚中心、国际教育信息交流研究中心、中国文化传播中心和中国教育资源输出中心，提高和扩大中国文化、中国教育的国际影响力。

（四）区域教育自身对协作模式的需求：特色均衡，资源共享

教育发展受特定条件影响，在发展结构、规模、效益等方面表现出相应的差异。各地教育要根据经济发展、人口聚落形态乃至行政区划的变动进行相应的调整，即根据所处环境谋求具有自身特色的发展。教育发展的方向和最终目标是一致的，即全面提高教育质量，促进区域内教育的均衡与协调发展，为区域经济和社会发展服务。同时，区域教育在区域内是一个系统，必然要发生教育资源的流动，形成一定规模的物质要素和调解体系，成为区域教育发展的必要空间。

二、区域教育协作模式应当为三级梯度放射模式

根据区域发展需求，笔者判定，区域教育在空间组织发展中的协作模式应当为三级梯度放射模式。梯度理论是在国家或大地区的经济开发中，按照各地区经济、技术发展水平，由高到低、依次分期、逐步开发的理论。处在高梯度的地区，经济发展主要是预防经济结构老化。行之有效的办法是不断创新，建立新行业、新企业，创造新产品，保持技术上的领先地位。处在低梯度的地区，经济发展首先应重点关注占有较大

优势的初级产业、劳动密集型产业，尽快接过高梯度地区淘汰或外溢出来的产业，发展地区经济，并尽量争取外援，从最低的发展梯度向上攀登，进入先进行列。梯度一般有三级或多级。根据产业结构和教育发展的层次、类型，本书将梯度分为三级。放射，即当区域教育势能有差距时，教育资源由高势能区域向低势能区域扩散；当区域教育势能相当时，形成对流关系。

（1）“优势互补，错位发展”决定了区域教育协作要采取三级梯度模式。根据区域经济发展需求，教育要适应区域中三类产业发展的需求。在不同地区，产业发展的重点不一样。第三产业发达的地区，更重视创新技术和服务业发展；教育既要发挥智库作用，提供高智能的技术支持，又要发挥人力资源开发作用，提供高素质的服务人员。在以第二产业为主的地区，发展传统产业是重点；教育要提供充足的技能型人才，保障工业运转。以第一产业为主的地区或贫困地区，首先要保障当地劳动力脱盲；其次，再为当地提供知识和技能服务。相应地，教育的层次、类别分为高等教育、职业教育、基础教育；针对各地区的产业优势，重点发展不同层次和类别的教育。比如，高等教育以提供技术、智能支持为主，职业教育以提供劳动技能型人才和服务型人才为主，基础教育以保证和优化人口素质为主。

（2）“点面合作，寻求共赢”决定了区域教育协作要采取梯度放射模式。在协作条件比较成熟的、易于推进的项目上先开展合作，如某学科高等教育产学研合作、某类职业教育实习实训基地的合作等，使处于高位梯度的项目或地域先吸收、消化新技术和新思想，然后再将经验向外围推广。同时，合作优势也造成教育水平的势能差，这必然使高势能区域的优势逐渐放射并影响到低势能区域，促进低势能区域教育的发展，最终实现区域内教育的全面开发与协作，实现区域教育发展与区域社会发展的共赢。

（3）“循序渐进，依次推进”决定了区域教育协作要采取梯度放射模式。区域教育的影响力和协作成熟度由强到弱依次是高等教育、职业教育和基础教育。因此，从教育层次、类型上看，首先在高等教育领域开始合作，然后逐渐发展到职业教育领域，最后开展基础教育领域的协作。从教育扩展的领域来看，协作条件最为成熟的地区是京津冀都市圈；待京津冀都市圈发展成熟，将逐渐放射到华北五省市或环渤海区域，最终将影响扩大到东北亚地区。

(4)“特色均衡，资源共享”决定了区域教育协作要采取放射模式。各地区需要特色发展，只有特色发展才能形成各自的教育优势，才能在长远意义上实现教育均衡；同时，高势能区域的教育资源要尽量向低势能区域放射，逐渐缩小区域间的势能差距。在区域势能相等时，就会形成对流关系，就可以实现平等意义上的资源共享。每个地区的教育都普遍发展，整个区域的教育才能说是真正发展。

具体到区域各级教育，如初步构建京津冀高等教育创新推动模式、区域职业教育人力资源生发模式、基础教育均衡互动模式，将在下文进行分析。

三、基于京津冀区域社会经济发展与教育现状的思考

（一）由国家牵头制定战略是支撑区域教育协作发展的重要制度保障

没有国家的重视和整体战略规划的支持，京津冀区域不可能顺利开展区域教育协作。以欧洲为例，在其一体化进程中，20 世纪 70 年代欧洲理事会发表《欧洲理事会决议》，强调欧共体的教育政策——加强各成员国间的大学合作、促进各成员国间相互承认学历文凭和修业年限、允许人才自由流动等。1999 年，29 个欧洲国家宣布，建立“欧洲高等教育区”即“博洛尼亚进程”，以整合整个欧盟的高等教育资源，打通教育体制。如今，博洛尼亚进程取得了较好的发展，合作范围逐渐扩大。经验显示，在各地区没有积极协作意向、行政规划意识依然很强的情况下，由中央制定协作性条约或法规是十分必要的，是推进区域教育协作发展的重要保障。

（二）以北京为龙头、倡导区域教育协作是现实赋予的责任

北京是区域中社会经济最发达的地区和国民经济增长的重心，经济发展速度快、总量大、基础雄厚，地区人口素质高、就业形势好、居民生活水平高。北京的教育在区域发展中占十分重要的地位：（1）为经济增长培养技术人才、创新科学技术；（2）推动国民教育和科学技术追赶发达国家先进水平；（3）提供更多机会、更高质量的教育，支援其他地区的教育发展。

作为全国的教育中心和京津冀地区的教育发达地区，北京应在促进京津冀区域教育协作中发挥积极的主导作用，扮演好三个角色，即积极的倡导者、真诚的协作者和务实的行动者。所谓“积极的倡导者”，就是北京必须跳出行政隶属和地区利益的狭隘视野，全面深刻地认识到缩小区域教育差距对国家教育现代化、对区域协调发展的全局性、长远性影响以及自身在此进程中承担的重要责任。所谓“真诚的协作者”，即必须把京津冀区域教育协作建立在平等互惠的基础上，一方面坚持各地区不论发展水平高低、一律平等的原则；另一方面，要有主动服务意识，主动做好优质教育资源对其他地区的辐射工作。所谓“务实的行动者”，即按照实事求是、力求实效的原则，做好区域整体规划和政策配套工作，注重长效机制建设，稳步推进区域教育协作。

（三）各地区要积极推进改革以扫平教育协作发展障碍

北京、天津虽然实力雄厚，但其教育与社会经济发展仍存在供需矛盾：（1）对大量高层次技术开发人才和管理人才的迫切需要与高等教育现有规模、结构和质量的矛盾；（2）对大量较高素质技术工人的迫切需要与社会教育观念和现有教育结构、质量的矛盾；（3）居民对教育消费的较高需求与现有教育供给水平的矛盾。河北的综合实力虽不及京津，但具有得天独厚的地理位置。其经济发展速度虽较慢、水平低，但经济基础较好；虽然就业相对困难、居民收入水平不高，但有充足的人力资源。其教育面临的主要问题是投入不足，教育需求规模大、层次高，教育模式传统、办学方向单一等。在这种背景下，三地教育形成很好的互

补性，极有利于推进地区教育改革与协作（见表6－1）。

表6－1　教育优势的区域分布

优势因素	北京市	天津市	河北省
专业教育的要素优势	强	较强	弱
教育机会和产品的需求优势	强	强	弱
地理位置优势	强	强	强
交通和公共设施优势	强	强	较强
各级各类教育的组合优势	强	较强	弱
各种教育资源的聚集优势	强	较强	弱
教育建设材料、设备的供应优势	强	较强	弱
建设用地优势	弱	一般	强
社会对教育公平需求的优势	强	较强	弱
社会对教育效率要求的优势	强	较强	弱

资料来源：彭世华：《发展区域教育学》，教育科学出版社2003年版，第252页。

（四）建立长效权威的京津冀区域教育协作领导协调委员会十分必要

目前，长三角的一体化机制主要有“长江三角洲中心城市经济协调会”、两省一市常务副省（市）长“沪苏浙经济合作与发展（高层）座谈会”和“15＋1”城市“市长论坛”。但都偏重于经济方面，与教育相关的方案尚未启动。

京津冀区域的教育协作有两个最为重要的问题，一是发展理念、发展思路；二是制度层面的制约。解决的关键是体制机制创新。建议在适当时机，成立长效权威的“京津冀区域教育协作领导协调委员会”，承担协调、规划、管理等职能；委员会下设协调管理专门工作委员会和专家咨询专门工作委员会，就协作的相关问题开展工作。

第二节　以竞争引领的视角构建京津冀高等教育创新推动模式

在科学技术迅猛发展的今天，创新越来越成为社会发展的内在动力，是一个国家或地区保持竞争优势的核心。高等教育是推进科技进步、培养高端人才的“母机”，在创新活动中扮演重要的角色。

一、构建京津冀高等教育创新推动模式的理论基础

（一）竞争优势理论框架下对高等教育推动区域发展的再思考

竞争优势理论属于国际贸易理论之一，其试图解释一个国家的企业如何才能造就并保持可持续的相对优势，着重讨论特定国家的企业在国际竞争中赢得优势地位的各种条件。它把影响竞争力的因素概括为4种，即“生产要素”“需求因素”“相关和支持产业因素”以及“企业组织、战略和竞争对手因素”。竞争优势理论带来的启示是，一个国家或地区要取得竞争优势，高级要素（社会和个人通过投资和发展而创造的因素）远比初级要素（一个国家先天拥有的自然资源和地理位置等）重要，同时，政府可以通过政策调节创造竞争优势。

从区域的需求因素来看，鉴于京津冀的生态环境和产业结构现状，其对高新智能技术的需求远大于其他区域，这就需要发挥高等教育的服务功能。京津冀区域内高校云集，对取得竞争优势有利，因为高校之间的协作和竞争带来的压力有利于促进高等教育提升教育和社会服务质量。如果区域高等教育的服务具有超前性，能够有效刺激区域企业的开发需求，那么京津冀区域的发展水平也就相应地走在了前面。

从区域的相关和支持因素来看，京津冀地区作为我国第三个经济增长极，区位优势明显，科学技术优势显著，工业基础雄厚，但区域协作能力差。一个区域要想获得持久的竞争优势，必须在区域内获得有竞争力的相关支持。高等教育能够为区域发展提供优质的人力资源和强有力

的科技支撑，能够推进区域高等教育的协作，能够科学地引导区域内产业的协作与分工，能够为区域产业协调发展提供强有力的支持。

从区域企业的组织、战略和竞争对手因素来看，区域内的竞争环境造就了企业在区域外的竞争能力。区域内市场的竞争，对区域整体取得竞争优势有重大影响。区域内市场的高度竞争会迫使企业改进技术，进行创新；企业迫切需要高水平的技术指导，高等教育就可以发挥其服务功能，这有利于区域竞争优势地位的确立。如果一个区域鼓励创新，有政策和规则刺激企业加强技术研发、提升能力、增加固定资产投资，同时，高等教育作为智库能够在一定程度上影响企业的组织形式、竞争目标和管理模式，企业自然有竞争力。这只需政府在一定程度上给予政策引导，促进地区间高等教育协作，弥补劣势区域智库的不足，即可大范围提升区域内各类企业的发展水平。

（二）创新理论框架下对高等教育促进区域创新发展的再思考

创新理论认为，创新是现代经济增长的核心，是企业对生产要素的新的组合。技术创新的迅猛发展表现出越来越强的知识依赖性。创新由易变难，逐渐成为高知识积累群体才能完成的工作，这也无形中造成创新与应用间壁垒的形成。技术创新需要以知识为中心的创新载体，创造性需要高水平的技术和教育、多种学科、开放的交流平台和已有的手段以及社会经济资源。知识中心是科学和技术教育、交流和创造的空间聚集地，由大学和研究机构组成。

高校科技园区是高校科研成果与市场需求的交汇点，是高等教育与企业文化碰撞的过渡平台，是参与自主创新并向区域经济发展辐射的一个非常重要的功能区，还是市场需求向高校进行辐射的一个接收区。企业和市场的需求对高等教育改革、人才培养模式形成需求刺激，高等教育协作能够提高科技园区企业的技术创新能力，成为推进区域发展的不竭动力。

高等教育是创新技术的源泉，是市场技术需求的依托；企业是创新技术的应用主体，是区域经济发展的依托。京津冀区域既拥有众多高校，又拥有高新企业，只有两者联动协作才能成为推动区域向高水平发展的重要力量。区域内高校围绕提升大学创新能力、转化科技成果、推动企业创新发展这三个主题，从源头上实现技术创新，让科研成果从实验室走向生产线，促进产业集聚，推动整个京津冀地区实现创新发展。

二、构建京津冀高等教育创新推动模式的现实基础

（一）京津冀区域在我国创新体系建设和发展中具有重要地位

京津冀是我国高等教育和科技资源较为集中的地区，在我国创新体系的建设和发展中具有重要地位和作用，国家“十一五”规划将其列入重点发展区域。随着区域经济社会的不断发展，建立与经济社会发展相适应的、较为完善的区域创新体系，为提高区域科技创新能力，实现经济社会的可持续发展提供科技支撑，是区域发展的迫切需要。为了充分发挥区域创新资源的作用，促进区域创新能力的持续提升，必须围绕国家创新体系建设的总体部署，结合区域特点，对区域创新体系和能力建设进行系统研究和科学布局，促进区域创新资源的高效配置，提高科技支撑和保障能力，满足经济社会发展的要求。

（二）高等教育在区域创新体系建设和发展中作用重大

知识经济时代，高等教育的研究与发展职能不断被放大、创新，服务社会成为其必然职能。作为知识生产中心，一些国家的高校已经成为基础创新活动的动力源。例如，被称为“美国高新技术摇篮”的斯坦福大学与社会、企业结合，创造了“硅谷”神话；英国的剑桥大学催生了以研发为主的高技术产业集群等。与此同时，高等教育的发展规律表明，大学只有及时调整自身发展战略，适应不同历史阶段、不同社会发展的需求，才能在贡献社会、促进社会经济发展的同时实现自身发展。

（三）区域高等教育的比较优势强化了其在区域发展中的高端引领地位

京津冀是我国科研实力最为雄厚的区域之一，其基础研究投入占全

国的一半左右。京津冀区域科技成果丰硕，每万人在校大学生数远高于长三角和珠三角地区，加之区域内高校课题经费充足，有更好的条件提供知识创新服务。高等教育的优势学科能很好地契合区域重点产业，如电子信息、生物技术和现代医药、新材料、装备制造业、现代冶金、城市群发展与交通等领域。同时，区域内一些成功案例也为高等教育的创新引领提供了经验。如清华大学科技园的发展就得益于清华大学的科技创新驱动——清华大学在科技园区建设所需的资金、土地和人才等方面鼎力相助，允许入驻清华科技园的企业共享清华大学的优势资源。在北京，这类科技园区已经成为中关村科技园区及首都区域创新体系建设的重要组成部分。

三、构建高等教育创新推动模式的重点环节

（一）与区域高水平建设相融合，明确高等教育在区域发展中的战略责任

大学与区域发展共生是一个复杂的有机系统。因此，亟须把高等教育、政府和区域经济社会其他主体的诉求、目标、资源整合起来，完善适应高等教育与区域发展高效共生的制度环境，建构我国大学与区域发展的高效共生系统。在今后的中长期发展中，京津冀区域应在人力资本培养与区域就业、区域“产学研”、大学高新科技产业园、合作办学等领域充分发展更具效率的均衡互惠共生模式，使其成为京津冀区域高等教育合作发展的战略重点和改革措施之一。

（二）与重点开发区相呼应，着力提升一批大学的创新服务能力

目前，京津冀重大创新基地主要有中关村科技园区、滨海新区研发基地、曹妃甸能源技术开发与应用基地。区域高等教育要站在增强区域整体竞争力的高度，放大京津重点高校的研发溢出效应，营造转化与承接的良好环境，重点依托创新区域发挥北京高等教育和高端创新成果对区域乃至全国的服务作用。中央政府要从战略高度和引领国家创新发展的大视野出发，大力促进研究型大学的发展，引导并支持创新区域相关

大学的部分学科；通过合作提高科研与师资的利用率，通过大学的相互交流创新观念和研发科技成果，构筑科研与产业园区的创新高地。

（三）与新兴产业发展相配合，加强高校对高新产业的支撑力度

配合京津塘高新技术产业带、沿海重化工产业技术示范带、环京津创业带的建设，放大区域高等教育的优势互补效应，形成有利于加速自主创新成果的高新技术成果产业链。发挥国家级规划的指导和协调作用，赋予高等教育在促进区域高新技术产业化、自主创新中的重大使命。吸引区域高等教育资源，以整合、提高和发展高新技术产业为切入点，通过重点建设孵化器，加强信息化、网络化等基础设施，在京津地区形成一批特色鲜明、具有国际竞争力的新兴产业群和有影响力的高新技术企业，培养一批高层次的创新型人才，推进河北地区实现经济的跨越式发展。

（四）推进大学制度创新，扩大京津冀区域高等教育协作领域并注重实效

注重京津冀区域高等教育协作在建立高等教育主管部门协调工作机制、定期组织高等教育合作发展论坛、人才交流服务、人才培养合作、高校干部交流挂职制度、高校研究生访学制度、举办分校或独立学院、联合申报科研项目、科研成果合作推广、联合申报国家重点实验室、推进“京津冀高等教育综合改革试验区”建设、资源数据网上共享、开展产学研合作与对外交流等方面的协作实效；不断拓展新的协作领域，推进优质资源共建共享，合作共赢。盘活廊坊大学城，根据京津冀三地学科和产业优势，积极开设多学科和跨学科课程。探索建立真正实现国家统筹规划、宏观调控管理与学校面向社会、依法自主办学相协调的高等教育管理体制。深化办学体制和模式改革，形成区域内公办学校和民办学校的优势互补、公平竞争、多种所有制形式共同发展的办学体制新格局。深化学校内部管理体制改革，完善教师交流机制，促进教师资源的合理配置。

以学科群建设项目为平台，有效提高高校学科建设水平，同时，带

动京津冀区域内市属高校学科建设，在学科群建设过程中探索有效的协作机制，实现京津冀高等教育优势互补、共同发展。结合京津冀都市圈发展规划的合理布局，围绕区域经济、循环经济、新能源、资源环境、文化创意产业等领域整合学科教学与科研资源，积极寻求并建立长期协作交流机制，促进高校为京津冀区域经济建设和社会发展服务能力的提高。

第三节　以经济联动发展的视角构建职业教育人力资源生发模式

一、构建京津冀职业教育人力资源生发模式的理论基础

（一）新制度经济学理论框架下对职业教育支持区域发展的再思考

新制度经济学是用主流经济学的方法分析制度的经济学，包括4条基本理论：交易费用理论、产权理论、企业理论和制度变迁理论。

交易费用理论表明，交易活动是稀缺的，市场的不确定性导致交易有风险。因而，交易有代价，就产生如何配置资源的问题。资源配置问题就是经济效率问题。所以，区域内职业教育协作并与区域产业发展对接大大提高了资源利用率，是一种创新的制度；各主体之间的合作与不合作相比所节约的交易成本，构成合作的规模效应。

产权理论认为，产权实质上是一套激励与约束机制，产权安排直接影响资源配置效率；一个社会的经济绩效如何，最终取决于产权安排对个人行为所提供的激励。区域职业教育与区域经济的联动发展有其动力源，学校与企业之间的合作都是为了尽少承担合作风险，尽多获得收益。对于职业教育而言，得到深化理论、参与教育实践的机会；对于企业而言，在获得潜在劳动力资源的同时，也通过产学研合作获得一定的知识。

企业理论认为，企业也是一种配置资源的手段；由于企业管理也是

有费用的，所以其规模不可能无限扩大，限度在于，利用企业方式组织交易的成本等于通过市场交易的成本。因此，在合作中，企业是技术使用和产品生产的主体，学校是提供技术服务的主体，从需求出发发挥各自的功能才能保证各方的规模适度、共同获利。

制度变迁理论强调，在决定一个国家的经济增长和社会发展方面，制度的革新具有决定性作用。根据这一理论，制度创新和有效的制度安排是区域内职业学校与企业等机构形成内生合作动力的根本，能够指导学校与企业等机构内部管理制度创新，建立有效的激励机制和评价制度；同时，增强学校师生内生的从业需求和动力。

（二）人力资本理论框架下对职业教育支持区域发展的再思考

人力资本理论认为，在经济生产过程中，人力资本对经济发展起着至关重要的作用。教育和训练是人力资本投资中最核心的部分，人力资本存量是以一个社会的人口质量及文化知识水平为标志的。人力资本投资，尤其是教育投资，会比物质资本投资产生更大的利益。然而，并不是更好的教育就意味着更好的生产率并因此能获得好工作。就京津冀区域的实际情况而言，其高学历人才的“生产”增加了更多的“知识失业”现象。因此，要从区域整体角度考虑教育结构是否与经济产业结构相适应。京津冀区域职业技能型人才仍存在缺口，职业教育需要依据区域产业结构发挥其作用，培养适需人才。只有教育结构与经济结构相适应，教育发展才能支持经济发展，高速发展的教育才能带来高速的经济增长。

（三）内源发展理论框架下对职业教育支持区域发展的再思考

内源发展理论强调，一个国家或地区必须依靠“土生土长”的能力去解决自己的问题。首先，它体现出强烈的“以我为主”的自主发展特征。在此情形下，发展模式不再是简单的移植、借鉴。其次，它是以人为中心的。最后，内源性理论十分重视文化问题。内源性法则强调，发展必须是内生性的，强调从区域的实际情况出发。因此，根据区域产业结构开发职业教育的区域化教材和校本教材是实施教育内源发展战略的重要一环。区域性知识如适应产业发展的重点专业和各种职业技能受到关注，会使职业教育培养的人才与本土实际需求贴合。因此，在内源发展理论的支持下，职业教育的发展与改革必须立足于本地实际情况，着力培养留得住、用得着的人才。

二、构建京津冀职业教育人力资源生发模式的现实基础

（一）京津冀区域发展对职业教育人才的需求旺盛

在制造业发达的京津冀地区，技术工人尤其是高技能人才的短缺状况严重。《北京市“十二五”时期人才发展规划》首次发布17个重点领域、280多个紧缺专门人才开发目录，规划了高技能人才培养带动工程：

> 到2015年，实现年培养8万名高级工及以上高技能人才的目标，高技能人才占技能人才的比例达27%。[1]

北京市高技能人才的匮乏已经成为人力资源发展的瓶颈，大规模的“技工荒”和高技能人才队伍的“老龄化”困扰着人才市场。预计到2020年，北京市技能人才总需求量将达到400万人以上，其中高技能人才的需求量为120万人左右。北京现有的技能人才中，近40万人为高级工，大部分是初级工和中级工；技师和高级技师总量为9.9万人，不到技能人才总数的5%。从目前的情况来看，现代制造业、现代服务业等多个行业仍存在很大缺口。[2]

随着经济发展及大项目、好项目的数量增加，天津对高技能人才的

---

❶ 袁京．北京市公布280余个紧缺人才目录［N/OL］．北京日报，2011－12－29. http：//cpc. people. com. cn/GB/64093/64387/16746984. html.

❷ 北京：2020年技能人才需求将突破400万［J］．出国与就业：就业版，2010（1）．

需求也越来越迫切。天津市现有的技术工人只占全部工人的1/3左右，而且多数是初级工，技师和高级技师仅占4%；有40%以上的技师、高级技师年龄超过46岁，人才断档问题比较突出，年轻高技能人才严重短缺。❶针对这一现状，天津市政府出台一系列政策，鼓励学校、企业以及社会培训机构加速培养高技能人才；引导社会培训机构根据市场需求开展职业培训，出台相关办法对职业培训进行补贴；公布《2010年度职业培训成本及市场需求程度目录》，实施“政府购买培训成果”机制。❷

（二）区域职业教育发展滞后的状态需要改变

京津冀区域中等职业教育发展比较滞后，以普通中等专业学校为例，其在校生人数占全国比例呈下降趋势，而长三角和珠三角地区占全国比例一直呈增长态势。在生源方面，北京的中等职业教育招生形势严峻，高等职业教育投入不足，供给能力有待提高。同时，在区域职业教育协作方面，京津冀区域也处于落后状态。相比之下，早在2004年长三角区域就相互开放了职业资格和就业准入市场，规定苏浙沪两省一市颁发的中职以上相关证书都能在长三角地区得到认可，进一步打破了三地职业资格准入壁垒；同时规定，苏浙沪相互引进对方已有的职业资格标准和证书，探索逐步统一职业资格标准新方式。京津冀区域职业教育在合作方面的探索至今尚未启动。

（三）区域内各地职业教育的互补优势为协作奠定基础

从人口的受教育程度来看，以大专及以上文化程度占人口的比例为例，北京市的该指标近年来在30%以上，天津市在20%以上，而河北省则不足10%。河北省的人才总量不足和结构不合理一直是制约其经济

---

❶ 吴松涛．天津经济社会发展与高技能人才需求［J］．中国经贸导刊，2012（11）．

❷ 张鸣岐．政府购买职业培训成果 天津下“猛药”改善职业技能人才紧缺局面［EB/OL］．http：//www.022net.com/2010/11－12/436122223221744.html.

发展的瓶颈之一。而据相关研究，京津尽管拥有明显的人才优势，却在“消耗人才资源能值”“消耗专业技术人才能值”两个指数上明显偏高。这表明，京津地区明显存在人才资源浪费现象，为河北进一步利用其人才资源提供了较大空间。在区域内，北京的职业教育面临生源危机；天津的中职学校在减少，高职学校规模有所扩充；河北的中专在校生人数一直有所增长，中职教育发展名列全国前位。总的来说，河北的中等职业教育较为发达，具有丰富的实训基地，其成人职业培训尤其是农村富余劳动力培训具有广阔的市场；天津的高职学校数量略胜北京一筹，但后者的实训基地强于前者。

三、构建职业教育人力资源生发模式的重点环节

（一）与区域整体规划相呼应，明确职业教育在区域发展中的人才储备责任

区域的良性发展，需要有广阔的公共发展平台、良好的服务以及和谐的环境；如此，区域内的各类要素才能不断发挥作用并形成集群效应。配合区域的良性发展，作为其中一个要素的职业教育需要发挥其良好的服务功能。以北京市为例，其产业结构的调整升级便离不开职业教育，如亦庄经济开发区中中等人才占到75%，金融街中中等人才占到50%。[1] 因此，配合地区发展所需，从招生、继续教育培训、剩余劳动力开发等多方面考虑，京津地区要将职业教育开发重点转向河北。这样，可以充分利用优质教育资源，提高教育系统的质量和效益，既满足京津冀产业结构的需要，也有利于大幅度提高区域内的人口素质，满足社会教育需求。

区域内职业教育要形成培训产业来储备人才。一方面，通过继续教育提高企业员工素质；另一方面，调整中等职业学校生源结构，积极面

---

[1] 郁骁．本市将投资20亿帮扶中职教育［N/OL］．北京青年报，2008-11-24. http：//bjyouth. ynet. com/3. 1/0811/24/3162159. html.

向河北省企业在职人员、农村劳动者招生，发展成人中等职业教育和职业培训。合作建立一些专门技术人才培训基地，直接且灵活地为经济服务，弥补高等院校在这方面的不足。

配合区域发展，逐渐将“环京津贫困带”的剩余劳动力转为人口红利。预计到2020年，“环京津贫困带”的剩余劳动力将达到195.7万。如此多的人口若经过培训，必能成为有效的人力资源，满足区域对一线劳动者的需求。针对环京津贫困带采取特殊的人力资源开发、教育政策，如实行特殊的三年职业教育费用减免、贫困带高中毕业生进入京津高职学校定向培养、京津冀专设特殊示范区劳务市场和定期定量安排使用特殊示范区劳动力、特殊示范区专设生态建设和管护职业学校、特殊的人才使用和流动等政策。

（二）与区域产业带布局相融合，科学规划职业教育实习实训基地网络建设

职业教育能否为区域经济服务，取决于职业教育链与区域经济产业链的“对接”程度、职业技术人才与区域经济的良性“互动”效应。随着区域产业布局的调整，在特定区域使职业教育与行业、企业建立起合作联动关系，培养区域对口人才；重点是通过校企合作、产学研合作形成一批供师生实习、实践、实训和进行创新活动的稳定基地，以支持职业院校师生的技术操作能力、业务实践能力。院校和企业要紧紧围绕学生和企业员工教学或培训的各个环节，以各自承担的责任为基础，建立起内涵明确、关系清晰、分工协作的结构性伙伴关系，共同实施以“订单教育”为主体的单一层次或多层次的人才培养方案，构建以“工学交替”“半工半读”“工学结合”为特征的人才培养模式，“教、学、做合一”“员工、学生身份合一”“岗位、课堂合一”“师傅、教师合一”的教学模式。职业教育为行业企业提供兼职、挂职以及多种形式的技能服务，同时，企业为学生开辟服务社会、了解社会、增长才干的实践空间和场所。

（三）与支柱产业发展相配合，实现职业教育集团资源与其联动发展

京津冀区域除了以滨海发展带的新兴产业为引领产业外，还有以山前城镇密集地区为传统发展带的支柱产业。这些支柱产业以纺织、医药、建材、机械等为主体，与新兴产业有着明显的互补性。积极推进职业教育集团化办学，服务区域经济建设，培养大批符合经济发展需要的应用性人才，是区域职业教育走出困境的有效途径。地区政府应确立职业教育主动适应社会发展和经济增长方式转变的发展观，把职业教育集团化办学放在更加突出、更加重要的位置。统筹规划职业教育集团化办学，各级政府要将职业教育集团化办学纳入教育事业发展规划，制定鼓励企业参与发展职业教育的政策。集团牵头院校要不断加强自身的内涵建设，增强可持续发展后劲，提升职业教育集团化办学的服务能力。

构建与区域经济、产业相适应的服务型集团化办学体系，将沉重的人口负担变成丰富的人力资源，培养具有较高素质的劳动者，满足区域经济建设对职业人才数量的要求。职业教育链深度融合产业链，专业设置对接产业发展、课堂教学对接岗位工作、校园文化对接企业文化，积极探索提升集团资源效益的途径，满足区域经济建设对职业技能人才的要求。构建普通教育与职业教育互通、中高职与培训等其他职业教育相融合、相协调的集团化教育体系，满足区域经济建设对职业人才质量的要求。优化资源配置，合理分布，推进集团资源共建共享和有效利用，使资源配置与区域经济地域结构相协调，与“一地区一专业”相呼应，满足区域经济建设对职业人才的地域要求。

（四）与教育发展实力相协调，调整各地职业教育发展重点与分工

根据各地职业教育发展水平与财政支持能力，区域内职业教育分工应各有侧重。京津以发展高端职业教育为主，河北继续发挥中等职业教育优势。首先，京津地区的经济社会发展对职业人才的需求日趋旺盛，尤其是中高端技能型、服务性人才十分紧缺，这对加快改革和发展高端职业教育提出迫切要求。京津地区必须努力加快区域高端技能型人才培

养，成为区域高端职业人才供给的主渠道。其次，河北依据本省及区域经济社会发展对中端技能型人才的需要，调整专业结构，侧重中等职业教育人才培养模式改革创新，在生产、服务、技术和管理上培养一线高素质劳动者和中初级专门人才。

第四节　以缩小差距的视角构建基础教育均衡互动模式

一、构建京津冀基础教育均衡互动模式的理论基础

（一）区域均衡发展理论框架下对基础教育区域发展的再思考

区域均衡发展理论强调部门或产业间的平衡发展、同步发展，强调区域间或区域内部的平衡（同步）发展，即空间的均衡化；认为随着生产要素的区际流动，各区域的经济发展水平将趋于收敛（平衡）。因此，该理论主张在区域内均衡布局生产力，空间上均衡投资，各产业均衡发展，齐头并进，最终实现区域经济的均衡发展。

区域教育的均衡发展，指各级各类教育在各区域间实行同步或均衡发展，即教育发展的层次、规模和效益相同。区域教育均衡发展更多的是强调教育发展在区域内的公平、各地区的平等发展以及调整不均衡的旧格局，强调在各地区合理配置教育资源，强调政府调控的必然性和重要性。区域教育均衡发展理论认为，市场调节机制具有局限性。该理论在承认教育发展存在区位差异的同时，认为这种存在是不合理的。

均衡发展理论也存在缺陷，即受到资源不足的限制以及过分依赖政府干预。因此，要实现区域教育均衡发展，应采取非均衡发展策略，在教育生产力布局的决策上让教育条件较好的地区重点发展、优先发展，逐步实现区域教育由不均衡到均衡的相对转变。

（二）社会互动理论框架下对基础教育区域发展的再思考

社会互动是指在一定的社会关系背景下，人与人、人与群体、群体

与群体等在心理上、行为上相互影响、相互作用的动态过程。社会互动理论着眼于学习的社会环境，把教师和学生的活动关系看作教学的灵魂，强调教师、学生以及学习任务和学习活动之间的相互作用及其动态性。社会互动的主要形式有交换、合作、冲突、竞争和强制。

在区域教育合作中，基础教育可以通过互惠原则进行个体或群体的教育交往或交换，获得教育质量提升的回报；可以为了共同的利益目标进行团体联合或合作，可以依据自身情况参照某个学校或班级的优秀教学和管理模式尽可能提高自身水平，还可以通过政府的政策意志强制区域基础教育进行互惠合作。

二、构建京津冀基础教育均衡互动模式的现实基础

（一）区域流动人口在一定程度上推动基础教育协作发展

外来务工人员集中在人口密集的大城市。在京津地区，有大量的暂住人口和流动人口。以北京市为例，2011 年，有基础教育非户籍学生 38 万余人，约占全市基础教育在校生的 32%。由于京津地区经济和社会发展水平明显优于周边地区，就业机会多，收入水平高，公共服务好，对其他省市人口形成明显吸引力，而且这种状况在今后一段时间内不会明显改变。由此，非户籍人口总量及其所占比重在京津地区迅速增长的势头在今后若干年可能仍将维持。外来务工人员随迁子女的增多，使得人们对各级各类教育的需求不断增加。如果没有强有力的人事、经费、物质、技术等手段的支持，教育质量将难以保障，同时，也会对政府维护户籍与非户籍人口利益的平衡带来巨大挑战。与京津相比，河北的外来务工人员随迁子女的教育压力就小很多。

区域基础教育的均衡、协作发展，可以整合更多资源、获得更多支持以解决外来务工人员随迁子女的教育问题；可以使公共教育服务体系更为全面、包容，在区域内更易实现国民教育体系和终身教育体系建设，适应人口增加及其结构变化的趋势。

（二）其他区域的基础教育协作发展为京津冀区域提供了经验

从国内形势来看，出于金融危机后全新的宏观考虑，我国区域振兴规划频繁出台；未来，还将出台一系列区域发展规划和政策性文件，包括长江三角洲区域发展规划、京津冀都市圈发展规划和成渝经济区发展规划等。与此同时，长三角早已在基础教育领域达成共识，区域教育协作开始向纵深发展。

长三角基础教育协作的主要内容有：推进上海、江苏、浙江三地优质教育资源共享，扩大优质教育资源的辐射力；共同探索中小学课程教材改革和中高考制度改革，共同开展教师培训；共同使用青少年素质教育基地，三方将全力做好组织和接待工作等。2009 年，江浙沪三地教育行政部门负责人在南京签订《关于建立长三角教育联动发展会商机制协议书》，这是我国教育改革冲破体制障碍的一次尝试，旨在使长江三角洲地区最优秀的教育资源一体化。未来，长三角地区中高考有望统一命题，计划率先放开高中阶段教育的招生限制。长三角将推进基础教育课程体系、教学内容、评价体系一体化。上海、江苏、浙江三地的校长、教师还将建立基础教育阶段校长交流挂职、教师交换任教制度，实现优秀教师校际互聘；同时，通过各校间优势学科的取长补短，促进整体水平的提高。

（三）京津冀区域便捷的沟通网络为基础教育互动创造了条件

2015 年，国家发改委联合交通运输部发布《京津冀协同发展交通一体化规划》，对未来京津冀交通进行了总体布局，明确了交通一体化的主要任务。京津冀区域将着力打造“轨道上的京津冀”，建设高效、密集的轨道交通网；城际铁路将连接所有地级及以上城市，加快推进首都地区环线等区域内国家高速公路建设；打通国家高速公路“断头路”，优先发展城市公共交通，提高线网密度、站点覆盖率。[1] 这些交通大动

[1] 官方布局京津冀交通一体化　民众出行将现八大变化［EB/OL］. 中国新闻网，http：//www. chinanews. com/cj/2015 －12 －08/7661256. shtml.

脉将把京津冀的城市距离拉近、时空距离缩短。京津冀加快往来，实现旅游业对接、融合，共建“京津冀大旅游区”，这也从一个侧面直观地反映出京津冀经济一体化进程的加速。随着京津冀高速铁路、公路等基础设施建设的不断扩大、区域分工协作日益频繁、人口交流互动逐渐增多，北京人到河北省置房、天津人到河北香河买家具、河北人到京津购物，已经成为百姓日常生活的一部分。

几年前，出现了北京的中学生“移民”河北热。2005 年，有报道称，河北省的 20 所重点中学联手进京招生，打出“河北教育服务北京”的口号，促使跨省份的“集团式”抢夺生源“大战”进一步升温。据不完全统计，北京市每年到河北省重点中学就读的学生至少在 1 000 人以上。河北的重点中学之所以敢于到教育资源最为丰富的北京争抢生源，一方面是因为其具有较高的本校学生保送或者考取北大、清华等全国重点大学的比例和数量；另一方面则因为相当一部分北京学生无法通过竞争进入本地重点中学就读。可见，开展区域基础教育一体化协作、共同扩展优质教育资源十分必要。

三、构建基础教育均衡互动模式的重点环节

（一）区域基础教育的均衡发展需要非均衡发展的策略

（1）优先与具有一定地缘优势的地区共享资源。区域基础教育协作应首先从环京津地区入手，推动区域内教育资源合理流动。倡导建立姊妹学校、友好学校，发挥资源优势，开展高端互访，开展区域间跨学校的学生交流互动，像图书、仪器、体育场所等优先向周边地区学校开放。探索高校跨区域支持基础教育的新模式。例如，通过高校毕业生实习解决京津周边地区中小学教师师资短缺问题；发挥高校学生和社团组织的优势，开展区域中小学课外活动；鼓励大学生志愿者到环京津地区支教 3 ~ 5 年。

（2）分步实施援助、共建，促进优质教育均衡普及。从城市间的学校合作开始，逐步深入到城乡学校合作。在城市间探索“名校 + 新校”

“名校＋弱校”的办学模式，待经验成熟后，进一步拓宽资源集聚形式；在城乡间探索“名校＋农校”的办学模式，开展“高校＋新校”“教科研单位＋新校”“名园＋街园”和“教育联盟”“名校托管”以及名校资源再生发展机制的探索。通过名校输出品牌、办学理念、管理方式、干部和优秀教师、现代教育信息技术等方式，带动区域内新办学校、相对薄弱学校、农村学校共同发展。

（二）完善区域教育信息化建设是弥补三地教育差距的主要手段

《“十一五”时期京津冀地区一体化发展研究》指出，要坚持共同发展，建设共用共享的基础设施。其中之一，是消除城市与农村之间的信息鸿沟，建立京津冀地区发达的信息网络支持体系。

在京津冀教育水平差距过大的情况下，建立公共网络和学习资源平台是弥补差距的主要手段。北京、天津应重点落实信息资源的合作开发与共享，运用网络技术建立教育资料库；河北应尽快完善省、市、县三级教育网络体系，促进区域内信息交流和共享。

北京市政府要运用政策的杠杆作用，扶持面向京津地区的教育应用系统和数据库开发，鼓励网络运营商参与京津冀教育资源的传播，努力推动教育资源的联合建设、集约共享，推进教育信息化、网络化步伐；确立教育信息资源共建共享的原则、组织形式、运作机制和评估机构，确定教育信息资源共建共享的范围和层级，逐级共建共享；鼓励体制创新，在建设资金和数字资源知识产权方面出台相应的配套政策。

（三）开展区域中小学教师多元培训是弥补三地教育差距的重点内容

加强教师队伍建设是提升区域基础教育质量的关键性人力保障。实施人才强教战略，要把提升人才资源质量作为促进科学发展的战略选择。推进区域基础教育均衡发展必须坚持把教师作为最为宝贵、最可持续和最具发展力的优势战略资源，实现从依靠办学条件改善的物质资本增加向依靠教师人力资源资本累积增加的战略转变。

区域内可开展中小学教师的多元培训。例如，建立每年一次的京津冀三地中小学教师、干部合作培训研讨会，建立三地教师、干部培训实习基地，建立三地联合培养中小学骨干教师、骨干校长的合作机制，制定教师、干部定期交流制度。选拔一批知名中小学校接受薄弱学校教师、校长开展短期考察、辅助教学。积极搭建教师专业发展平台，拓宽教师视野，提升教师专业素养，构建名师与名师之间、名师与普通教师之间相互交流的渠道和平台。

（四）开展区域“可持续发展教育”，打造和谐发展的首善之区

京津冀都市圈的总体生态条件较差。改善生态环境一方面要靠治理，另一方面要从意识上抓起，实现“看得见的手”和“看不见的手”高度结合。随着环境污染越来越严重，我国正大力倡导绿色能源的使用，可持续发展成为社会和个人全面发展的重要思想基础。因此，将可持续发展整合于教育系统的各个层面，有利于构建一个更加和谐的区域体系。

京津冀各地区要传播可持续发展理念，深入挖掘自身优势，立足京津冀区域生态环境，推广可持续发展教育，使之成为区域基础教育协作的亮点。以北京为可持续发展教育基地，开展中小学可持续发展教育项目，构建可持续发展教育特色学校课程体系，推动广大师生逐渐养成可持续价值观念、行为习惯和生活方式，为整个区域的人口素质提高奠定基础。

总的来说，每个区域教育发展的目标和策略是不完全一致的；要推动教育在区域内科学发展，就要正确认识区域教育的阶段性发展模式，制定并执行区域教育发展目标；采取科学的发展策略和调控手段，引导区域教育从实际情况出发并服务区域社会发展。具体到京津冀区域，京津地区由于教育资源充裕、教育需求旺盛、教育的创新能力强且处于教育发展的高梯度地区，所以适宜发展高层次教育和新兴专业教育；河北则相反，适宜布局中低层次和传统专业教育。根据京津冀区域经济和教育发展情况，首先推进的是高层次的、新型的教育协作，这是区域快速发展的重中之重；其次是中低端的、传统的教育协作，这是推动区域教

育协调发展的必然选择。随着经济和教育的发展，教育的层次和专业结构将逐步、有次序地由高梯度区域向低梯度区域多层次转移。教育的梯度推进过程是放射效应的结果，即高层次的、新型的教育向高梯度区域集中，对周围区域起支配和吸引作用，带动周边区域发展；周边区域得到发展后，差距逐渐与高梯度区域缩小，可利用自身中低层次的、传统的教育与区域内各地区实现良性互动。

第七章　发展战略：京津冀区域教育空间布局构想

推进京津冀区域教育协作、促进区域和谐发展的主要目的有二：提高教育资源的利用率，缩小区域内教育差距；缓解区域内出现的经济、人口等社会问题，提升区域竞争力。区域内各级各类教育面临的基本问题有三：高等教育专业重复设置严重，不利于地区间分工协作；职业教育在区域内的发展定位不合理，不能较好地满足区域的发展需求；基础教育地域差距大，不能充分满足本地区教育需求。解决好上述问题，需要对区域教育的布局现状和外部条件有充分了解，并在此基础上形成新的战略布局构架。这样，才能使区域教育协作落到实处，真正迈出有实质性意义的一步。这里所说的空间布局，有的是显性分布，即实现某类学校的搬迁和转移，但更多的是隐性分布，主要指学校有针对性地参与某一地区或行业的发展。

第一节　京津冀区域高等教育布局现状

一、京津冀高等教育空间布局与区域发展的关系

教育资源是一个地区综合实力的重要组成部分，高等教育提供的智力支持是区域崛起的动力，在一定程度上影响着区域发展的速度和模式。

（一）高等教育是传承文化的动力和源泉，为区域发展构建相互认同的人文环境

京津冀三地毗邻，却有着三种不同的地域文化——北京是皇城文

化、天津是漕运文化、河北是燕赵文化——因此，很难进行全方位的协作。文化是区域协调发展的支撑和指导力量。为了实现区域协调发展，必须在原有文化的基础上构建一个相互认同、相互包容的文化体系。传承文化是高等教育的基本功能之一，合理的教育空间布局是推动区域文化乃至区域一体化发展的强劲动力。

（二）高等教育是培养人才的基地和摇篮，为区域发展培养对应产业结构的人力资源

京津冀要实现区域一体化，就要培养出与区域产业结构相适应的各种层次、类型的人才。北京的第三产业持续高速发展，天津的第二、第三产业发展较为均衡，河北的工业基础雄厚，第三产业发展不足。区域产业结构的升级将影响京津冀的人力资本需求。

当前，京津冀区域缺乏高层次人才和高素质的一线劳动者，人力资源地域分布不均衡；作为人才培养主体之一的高等教育与区域结构升级还未能同步，制约了区域人口的合理流动。只有科学地布局高等教育，才能促进区域人力资源灵活流动，适应区域产业结构调整升级的需要。

（三）高等教育是科技创新能力的重要载体，是区域核心竞争力提升的主体力量

要防止经济波动带来的不良影响，就要走高精尖发展的道路。京津冀区域蕴含着一条极有潜质的高新技术产业带。这里集聚了八大产业区，初步形成六大支柱产业。要打造联系紧密并具有国际竞争力的高新技术产业带，需整合区域资源，走科技含量高、经济效益好、资源消耗低、环境污染少的新型工业化道路。要实现这一切，就要靠科技与创新。

高校是科学研究和知识生产的重要载体，承担前沿和尖端课题，能够带动区域的科技创新发展。京津冀地区高校云集，区域经济发展迫切需要高等学校的积极参与。高校的空间布局只有适应区域经济发展的格局，才能为区域经济一体化做出贡献。

（四）高等教育能够带动一系列产业的发展，是实现区域资源补偿的途径之一

高等教育是智力引擎，是无形财产，能够创造无限财富。首先，高校消费群体巨大，能够带动周边商业的发展，同时，创造大量从业机会。其次，高校具有丰富的教育培训资源，能够提高劳动者的专业素质。最后，高校的入驻会带动周边交通、生活服务、通信设施的优化和完善，提高当地经济文化生活水平。因此，高校入驻发展薄弱的区域，将带来有益的影响。

当前，京津冀还有大片发展薄弱的区域。这类地区高等教育的合理分布可以在一定程度上改善其处境不利群体的社会地位，带动教育相关产业的发展，是一种缩小区域差距、实现区域资源补偿的途径。

二、京津冀高等教育空间布局特点

（一）高校在空间上呈“X”形分布，重点学科集中于高校聚集区

根据2009年的统计，京津冀下辖市（区、县）45个，共有高校252所——北京86所，天津55所，河北110所——平均每个市（区、县）拥有高校近6所。但现实是高校扎堆分布，高等教育资源呈“X”形分布，即以京津为一线，以唐山、廊坊、保定、石家庄为一线，交叉分布（见图7－1）。

北京的高校主要集中于海淀、朝阳等城市功能拓展区，天津的高校主要集中于市内六区，河北的高校集中于石家庄、保定等社会经济发展水平较高的一线区域。以上区域拥有的高校数量为161所，占京津冀地区高校总数的63%。其中，高校最为集中的是河北的石家庄和北京的海淀区，共拥有70所高校，数量位居区域前两位，占京津冀地区高校总数的28%（见表7－1）。在一些位置偏远或落后地区形成高等教育的“稀薄区”，而北京的门头沟、平谷、密云、延庆，天津的汉沽、宁河等地，更是高等教育的“空白区”。

相应地，优势学科和重点学科主要集中在高校扎堆的地区。例如，

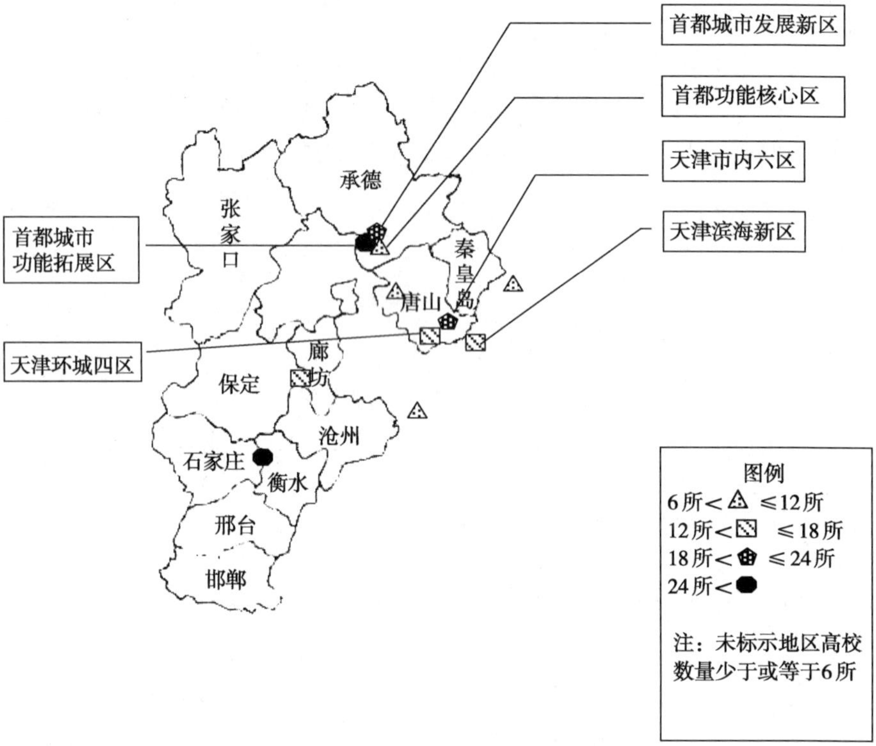

图7－1　京津冀高校数量分布

首都城市功能拓展区、天津市内六区和河北的石家庄高校云集，优势学科门类和重点科研领域大都汇集于此（见表7－2）。京津冀高等教育资源分布不均衡，首先表现为省、市（直辖市）间的分布不均衡——京津地区高校密集，京津冀北部和南部的边缘地带高校匮乏；其次表现为省、市内的分布不均衡——高校主要集中于省会城市、中心城区。高校发展受地域限制，不利于区域一体化发展。

表 7－1　2009 年京津冀区域高校数量分布一览表

<table>
<tr><td rowspan="19">各地区拥有高校数量（所）</td><td colspan="3">北京市</td><td colspan="3">天津市</td><td colspan="3">河北省</td></tr>
<tr><td rowspan="2">首都功能核心区（7）</td><td>东城区</td><td>3</td><td rowspan="6">市内六区（24）</td><td>和平区</td><td>1</td><td rowspan="8">一线（81）</td><td rowspan="2">石家庄</td><td rowspan="2">40</td></tr>
<tr><td>西城区</td><td>4</td><td>南开区</td><td>6</td></tr>
<tr><td rowspan="5">城市功能拓展区(57)</td><td>朝阳区</td><td>19</td><td>河西区</td><td>6</td><td>保　定</td><td>14</td></tr>
<tr><td>丰台区</td><td>5</td><td>河东区</td><td>3</td><td>唐　山</td><td>9</td></tr>
<tr><td rowspan="2">石景山区</td><td rowspan="2">3</td><td>河北区</td><td>4</td><td>廊　坊</td><td>12</td></tr>
<tr><td>红桥区</td><td>4</td><td rowspan="3">秦皇岛</td><td rowspan="3">6</td></tr>
<tr><td>海淀区</td><td>30</td><td rowspan="4">环城四区（17）</td><td>东丽区</td><td>2</td></tr>
<tr><td rowspan="5">城市发展新区（21）</td><td>房山区</td><td>1</td><td>西青区</td><td>8</td></tr>
<tr><td>通州区</td><td>3</td><td>津南区</td><td>2</td><td rowspan="6">南厢（19）</td><td>沧　州</td><td>7</td></tr>
<tr><td>顺义区</td><td>2</td><td>北辰区</td><td>5</td><td>邢　台</td><td>4</td></tr>
<tr><td>昌平区</td><td>10</td><td rowspan="2">远郊（3）</td><td>武清区</td><td>1</td><td rowspan="2">邯　郸</td><td rowspan="2">6</td></tr>
<tr><td>大兴区</td><td>5</td><td>宝坻区</td><td>2</td></tr>
<tr><td rowspan="6">生态涵养发展区（1）</td><td rowspan="2">门头沟区</td><td rowspan="2">0</td><td rowspan="6">滨海新区（13）</td><td>塘沽区</td><td>4</td><td rowspan="2">衡　水</td><td rowspan="2">2</td></tr>
<tr><td>汉沽区</td><td>0</td></tr>
<tr><td>怀柔区</td><td>1</td><td>大港区</td><td>6</td><td rowspan="4">北厢（9）</td><td rowspan="2">承　德</td><td rowspan="2">5</td></tr>
<tr><td>平谷区</td><td>0</td><td>静海县</td><td>2</td></tr>
<tr><td>密云县</td><td>0</td><td>宁河县</td><td>0</td><td rowspan="2">张家口</td><td rowspan="2">4</td></tr>
<tr><td>延庆县</td><td>0</td><td>蓟　县</td><td>1</td></tr>
<tr><td>合　计</td><td colspan="3">86</td><td colspan="3">57</td><td colspan="3">109</td></tr>
</table>

表 7－2　京津冀区域高校重点学科领域与布局

重点学科领域	首都城市功能拓展区	天津市内六区	河北省石家庄市
基础研究与社会科学	哲学、数理化、法学、教育学、文学、历史学、经济学等	经济学等	经济学、教育学、文学、哲学
农　业	动植物遗传育种、植物与土壤研究、农业昆虫与害虫防治、森林培育、园林植物与观赏园艺等	农药学	农业经济与管理、农业机械化工程、动物营养与饲料科学、农产品加工与贮藏工程、动物遗传育种与繁殖

续表

重点学科领域	首都城市功能拓展区	天津市内六区	河北省石家庄市
现代制造业	供热、燃气、通风及空调工程、水木结构工程、动力机械及工程、工业催化、检测技术与自动化装置、建筑设计及其理论、材料加工工程、测试计量技术及仪器、安全技术及工程、纺织工程、材料物理与化学	动力机械及工程、工业催化、检测技术与自动化装置、建筑设计及其理论、材料加工工程、测试计量技术及仪器	电机与电器、材料物理与化学、钢铁冶金、材料加工工程、化工、热能、电子、动力机械及工程、道路与桥梁工程、载运工具运用工程等
生物医药	生物化学与分子生物学、中医、针灸推拿学、中西医结合、药物化学、生药学、微生物与生化药学	生物化工、针灸推拿、中西医结合临床	中西医结合基础、解剖学、病理学等
高技术开发	电磁场与微波技术、通信与信息系统、信号与信息处理、控制理论与控制工程、模式识别与智能系统、导航、制导与控制、计算机应用技术、飞行器设计、航空宇航推进理论与工程、人机与环境工程、武器系统与运用工程、火炮、自动武器与弹药工程	/	/
海洋产业	/	港口、海岸及近海工程	/
新能源与环境	核能科学与工程、核燃料循环与材料、核技术及应用、环境科学、环境工程、水土保持与荒漠化防治	/	防灾减灾工程及防护工程、环境工程、水文学及水资源
管理与城市规划	管理科学与工程等、城市规划与设计、交通信息工程及控制、交通运输规划与管理	企业管理	企业管理等

注：京津地区为国家级重点学科专业，河北均为省级重点学科专业。

（二）高校所属层级在空间上分成两极，北上为海淀南下为石家庄

1. 从高校所属级别来看，中央高校和地方高校各自集中，形成双雄并立格局

北京是中央高校的聚集地，河北是地方高校的聚集地。京津冀区域高等教育的整体实力主要还是依靠在京的中央部属院校的力量，地方院

校的整体学科实力不足。京津冀地区共有中央高校43所，地方高校209所，分别集中于两个区域。中央高校主要集中于北京的海淀区，有19所，占中央高校总数的44%；地方高校主要集中于河北的石家庄，有40所，占地方高校总数的19%，均较其他地区有显著差异（见表7－3）。从省、市（直辖市）间的分布来看，北京地区占绝对优势，中央高校集聚度高，天津、河北中央高校匮乏，河北的高等教育发展以地方高校为主。从省、市内部的分布来看，北京的地方高校明显地集中于朝阳区，河北的地方高校明显地集中于石家庄，而天津的地方高校在其各区县的分布上没有特别明显的差距。中央高校与地方高校在空间上的分布差异依然显著，不利于二者的合作与互动发展。

表7－3　2009年京津冀中央高校和地方高校分布一览表

中央高校（所）		地方高校（所）	
海淀区	19	石家庄市	40
朝阳区	6	朝阳区	13
东城区	3	保定市	12
西城区	3	海淀区	11
昌平区	3	唐山市、廊坊市	9、9
廊坊市	3	西青区	8
南开区	2	昌平区、沧州市	7、7
丰台区	1	河西区、大港区、秦皇岛市、邯郸市	各6
保定市	2	大兴区、北辰区、承德市	5、5、5
东丽区	1	丰台区、南开区、河北区、红桥区、塘沽区、邢台市、张家口市	各4
其他地区	0	石景山区、通州区、河东区	3、3、3
		顺义区、津南区、宝坻区、静海县、衡水市	各2
		西城区、房山区、怀柔区、和平区、东丽区、武清区、蓟县	各1
合　计	43	合　计	209

2. 从高校发展层次来看，核心地区层次高、周围地区层次低，区域间落差大

京津地区主要是本科高校的聚集地，河北主要是专科高校的聚集地。京津冀地区有本科高校143所，专科高校109所。本科高校主要集中于京津冀的核心地带即京津地区，有93所，占其本科高校总数的65%；专科高校主要集中于河北地区，有58所，占其专科高校总数的59%。从空间分布看，京津冀核心地区的本科层次高校居多，周围地区专科层次高校居多。其中，北京市海淀区是京津冀地区本科高校最集中的区域，有25所；河北省石家庄市是京津冀区域专科高校最集中的区域，有25所。可见，区域间各种层次的高校空间分布不合理，各区域高校层次发展单一，形成区域性割裂式发展。而事实上，京津冀区域一体化发展需要培养与区域产业结构相适应的各种层次类型的人才。这种现状容易造成人才资源地域分布不均衡，流动不灵活。

（三）高校数量与人口规模不协调，与经济发展水平不匹配

1. 从高校与人口规模的协调性来看，河北的高等教育还不能充分满足其人口发展的需要

高等教育的责任是满足人民群众的教育需求、培养人才，其发展与区域人口的发展密切相关。2009年，京津冀区域内人口数量排名前三的是河北省保定市、石家庄市和邯郸市，分别为1 102万人、988万人和888万人；而从每百万人拥有的高校数来看，排名前三的是天津的西青区、北京的昌平区和天津的大港区，分别为22所、19所和15所。从各省、市（直辖市）内部来看，北京市人口数量最多的是海淀区，有216万人，而每百万人拥有的高校数最多的是昌平区，有19所；天津市人口数量最多的是武清区，有84.4万人，而每百万人拥有的高校数最多的是西青区，有22所；河北省人口数量最多的是保定市，有1 102万人，而每百万人拥有的高校数最多的是石家庄市，有4所。

高等教育一方面可以促进人口流动，另一方面也是区域人才培养的主体。一个地区的人口素质和人力资源开发水平，很大程度上取决于该

地区高等教育的规模和水平。以京津冀区域人口排名和每百万人拥有的高校数排名为依据，可以发现，人口规模与高校数量分布较协调的区域有15个，即人口多的区域学校数也多，人口少的区域学校数就少，而分布不协调的则有30个，占2/3（见表7－4）。如果高校的存在可以吸引人口流入该区域的话，在这些不协调的区域中，人口规模档次低于高校数量档次就具有一定的合理性，有利于推动人口的均衡分布。而最需要关注的是人口规模档次高于高校数量档次的区域——这样的区域有15个，占不协调区域总数的1/2，且基本都在河北省——因为这表明，此类区域中高校数量太少，不能满足区域人口的需求，不利于区域人口素质的整体提升。

表7－4　2009年京津冀人口规模与高校数量的协调发展状况

	地区数（个）	人口规模	每百万人拥有的高校数	地　区
协调发展区域（15个）	2	高	高	海淀（12/4）、朝阳（13/6）
	7	中	中	东城（16/23）、房山（21/30）、河东（22/18）、宝坻（23/25）、通州（24/17）、顺义（27/22）、静海（28/20）
	6	低	低	密云（32/45）、平谷（34/45）、宁河（37/45）、延庆（42/45）、门头沟（44/45）、汉沽（45/45）
不协调发展区域（30个）	7	高	低	保定（1/31）、邯郸（3/37）、唐山（4/32）、沧州（5/35）、邢台（6/38）、衡水（7/39）、张家口（8/36）
	6	高	中	石家庄（2/19）、廊坊（9/26）、承德（10/29）、秦皇岛（11/28）、西城（14/24）、丰台（15/16）
	5	中	高	南开（18/12）、河北区（25/13）、大兴（26/7）、红桥（29/11）、塘沽（30/10）
	2	中	低	武清（17/34）、蓟县（19/33）
	8	低	高	河西（20/9）、昌平（31/2）、津南（33/15）、大港（36/3）、北辰（38/5）、石景山（39/8）、西青（40/1）、东丽（41/14）
	2	低	中	和平（35/27）、怀柔（43/21）

注：“地区”一栏括号中的数字分别是“人口规模”和“每百万人拥有的高校数”在京津冀地区的排名。排名1～15为高档，16～30为中档，31～45为低档。

2. 从高校与经济发展的协调性来看，高校数量的差距大于区域 GDP 的差距

区域经济的发展水平决定了高等教育的发展层次和质量，而高等教育又有助于推动区域经济发展。2009 年，京津冀区域 GDP 排名前三位的是河北的唐山、石家庄和北京的海淀区，分别为 3 812 亿元、3 001 亿元和 2 446 亿元；从每百亿元负担的高校数来看，排名前三位的是天津的西青区、红桥区和大港区，分别为 10 所、4 所和 3 所。从各省市（直辖市）内部来看，北京市 GDP 最高的是海淀区，为 2 446 亿元；每百亿元负担的高校数最多的是大兴区，为 1 所。天津市 GDP 最高的是东丽区，为 842 亿元；每百亿元负担的高校数最多的是西青区，为 10 所。河北省 GDP 最高的是唐山市，为 3 812 亿元；每百亿元负担的高校数最多的是石家庄，为 1 所。

从上述排名可以发现，区域经济发展水平与高校数量分布较协调的区域有 16 个，即经济发展水平高的地区高校也多，经济发展水平低的地区学校就少，但是有 29 个区域经济发展水平与高校数量分布不协调，占 64%。在这些不协调的区域中，每百亿元 GDP 负担的学校数的差异系数是 148%，区域 GDP 的差异系数为 102%，说明学校数量的差距比经济上的差距更大。如果高校可以通过转化科研成果或培养人才等手段促进区域经济发展，那么在这些不协调的区域中，经济发展水平档次低于高校数量档次的区域的存在就具有一定的合理性。只有充分挖掘这些学校的潜力，才有利于缩小区域间经济发展的差距。最需要关注的是经济发展水平档次高于高校数量档次的区域——有 15 个，占不协调区域总数的 52%——这类区域负担的高校数量太少，而高等教育发展滞后，不利于区域经济的可持续发展（见表 7－5）。

表 7－5　2009 年京津冀经济发展水平与高校数量的协调发展状况

	差异系数（%）		地区数（个）	区域 GDP	每百亿元 GDP 负担的高校数	地　区
	经济	学校				
协调发展区域（16 个）	135	89	3	高	高	石家庄（2/11）、海淀区（3/4）、朝阳区（4/6）
			6	中	中	丰台区（18/21）、北辰区（20/14）、津南区（23/28）、通州区（27/16）、静海县（29/25）、顺义区（30/24）
			7	低	低	汉沽区（31/40）、门头沟区（32/41）、蓟县（37/33）、宁河县（38/42）、密云县（40/43）、平谷区（41/44）、延庆县（45/45）
不协调发展区域（29 个）	102	148	6	高	低	唐山（1/36）、邯郸（5/33）、西城区（6/38）、东城区（10/34）、邢台（11/31）、东丽区（12/35）
			6	高	中	沧州（7/30）、保定（8/19）、廊坊（9/17）、秦皇岛（13/23）、张家口（14/29）、承德（15/26）
			6	中	高	昌平区（16/6）、河西区（21/9）、塘沽区（24/15）、大兴区（25/5）、南开区（26/4）、河北区（28/7）
			3	中	低	衡水（17/32）、武清区（19/34）、和平区（22/37）
			6	低	高	石景山区（33/13）、河东区（35/8）、大港区（36/3）、红桥区（42/2）、西青区（43/1）、房山区（44/10）
			2	低	中	宝坻区（34/18）、怀柔区（39/22）

注：地区一栏括号中的数字分别是“区域 GDP”和“每百亿元 GDP 负担的高校数”在京津冀地区的排名。排名 1～15 为高档，16～30 为中档，31～45 为低档。

（四）北京高校办学空间狭小，河北高校地广人稀

京津地区拥有的土地面积为 28 383 平方公里，占京津冀的 13%，却拥有京津冀区域 56% 的高校，即 142 所，平均每百平方公里负担的高校数是 0.59 个。相比之下，河北省拥有 188 760 平方公里土地，每百平方公里负担的学校数仅为 0.058 个，几乎是京津地区的 1/10。从各省、市（直辖市）内部来看，天津市内六区高校密度最大，平均每百平方公里负担的高校数是 13 个；河北省北厢即张家口、承德的高校密度最小，平均每百平方公里负担的高校数为 0.01 个（见表 7－6）。高校

密度高的地区由于受地域限制，教育用地紧张，不利于学校发展和学生身心健康，且过多学校集中在一起更容易导致生态资源紧张。

表7-6　京津冀土地面积与高校数量分布情况

地　区	校总数（所）	面积（百平方公里）	每百平方公里负担高校数（所）
首都功能核心区	7	0.93	7.53
城市功能拓展区	57	12.88	4.43
城市发展新区	21	63.19	0.33
生态涵养发展区	1	88.78	0.01
天津市内六区	24	1.771	13.55
天津环城四区	17	19.057	0.89
天津远郊	3	30.836	0.10
滨海新区	13	65.94	0.20
河北一线	80	656.614	0.12
河北南厢	19	467.2	0.04
河北北厢	9	763.79	0.01

北京、天津、河北的高校生均占地面积分别为49.95平方米、78.50平方米、86.00平方米，河北的生均占地面积几乎是北京的2倍（见图7-2）。北京80%以上的高校集中在人口密集的中心城区，远郊区县高校资源缺少，致使大部分学校用地不达标。按照高等教育事业发展规模的要求，只有异地新建校区才能解决这一问题。

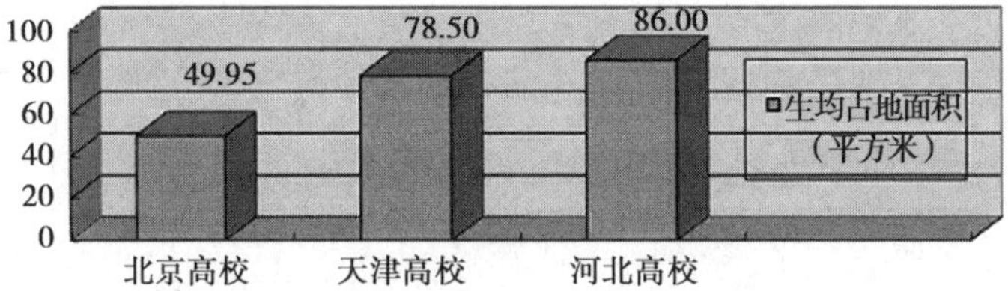

图7-2　京津冀高校生均占地面积比较

三、京津冀高等教育空间合理布局的现实依据

（一）现有政策要求高等教育打破地域限制，实施开放性布局

《国家中长期教育改革和发展规划纲要（2010—2020年）》明确指

出，高等教育改革、发展的基本思路是提高质量、扩大开放，走内涵发展的道路，为国家、区域和地方经济社会发展服务。因此，京津冀高等教育发展的前提就是在现有的高校中进行合理的空间布局调整，而非扩大学校的数量和规模。只有这样，才能更好地为区域发展服务。

2010 年 6 月，京、津、冀、晋、蒙签署《华北五省市区教育区域合作发展框架协议》，明确华北五地将实现教育资源共享，力争到 2020 年开创以“区域创新”为标志的全新局面，为国家教育改革和发展提供区域性成功经验。这要求地方政府突破区域高校之间的樊篱，寻求广泛协作。

（二）区域人口的现实问题要求高等教育在布局上充分考虑河北地区

京津冀区域面临人口老龄化和人口素质差异大的问题。据京津冀区域内部比较，京津两大城市将是我国人口老龄化开始时间最早、老龄化程度最高的地区，河北的人口老龄化进程大体要比京津晚 10 年。[1]

同时，京津冀的人才结构不合理。相关研究表明，京津存在明显的高学历人才资源浪费现象，高技能人才供需矛盾突出，而河北的人才资源总量不足。因此，高等教育布局要依据这一人口分布特点，有效引导和培训河北的大量剩余劳动力，缓解京津冀区域人口发展面临的问题。

（三）区域产业结构发展现实要求高等教育形成特色发展带

在产业结构上，北京的第三产业持续高速发展，已经成为推动地区经济增长的主要力量；天津的第二、第三产业发展较为均衡，钢铁、化工、现代制造业等重化工业蓬勃发展，未来交通运输仓储以及邮电通信业仍有很大的发展空间；河北虽然是农业大省，第一产业从业人员较多，但工业基础雄厚，钢材、金属冶炼及延压加工业具有一定发展潜力。

---

[1] 樊杰．京津冀都市圈区域综合规划研究［M］．北京：科学出版社，2008：140.

产业结构升级需要相应的科技支持。当前，北京的技术创新环境较佳，天津滨海新区的建设以及外资注入将会推动创新能力提升，而河北则需要充分利用京津的强大科技资源。因此，区域高等教育布局要据此进行相应调整。

（四）区位条件催化京津高等教育向周边扩展

在地理位置上，京津冀北部山区的生态环境不是高等教育发展的选择。与河北省相比，京津地区办学的土地成本高、社会负担重，这必然促使高等教育向周边扩散。廊坊位于京津地区的交叉点，位置绝佳。

在交通方面，京津冀基本形成3小时都市交通圈。再结合现代通信技术，区域内的距离感逐渐缩小。这些，能够催化新校区在边缘地区的发展。

第二节　京津冀职业教育和基础教育空间布局特点

一、京津冀职业教育空间布局特点

（一）职业学校空间分布主要集中在河北，中职教育是河北的发展重点

从全国范围来看，河北的中等职业教育规模较大。2013年，河北省中等职业学校的毕业生数为33.7万，在全国排名第三，仅次于河南和广东。河北在装备制造、医药化工、现代农业、汽车运用与维修、数控技术应用、电子信息、建材建筑、物流、计算机应用技术、钢铁冶金等领域加强实训基地项目建设，每个项目的省支持资金在100万元以上。目前，已组建河北省钢铁冶金职教集团、河北省化工医药职教集团、河北省信息技术职教集团、河北省轨道运输职教集团、河北省汽车职教集团、河北省电子信息职教集团、河北省旅游职教集团、河北省土木建筑职教集团、河北省纺织服装职教集团、河北省现代农业职教集团、河北

省建材职教集团、河北省煤炭职教集团、河北省交通职业教育集团、河北省装备制造职业教育集团、曹妃甸工业职业教育集团、河北省建筑技术职业教育集团16个职业教育集团。职教集团的专业设置基本涵盖本省主导产业和重点行业，能够基本满足重大经济项目对初中级技术人才的需求。

（二）京津地区逐渐控制和缩减职业教育规模，寻求职业教育发展突破口

鉴于职业教育传统生源逐年减少，京津地区开始寻求突破对策。北京市制定了《北京市职业教育改革创新行动计划（2011—2015年）》，在10所高等职业院校和8所中等职业学校开展职业教育分级制试点，为打通职业教育人才成长渠道进行改革试验。首先，在继续加强中等职业教育和高等专科层次职业教育的基础上，适时设立本科层次的高等职业教育，各层次职业教育在招生、专业设置、课程和教学安排等环节上力求一体化。其次，打破中职、高职学历概念，选取能够进行深度校企合作的18个专业进行教育分级试点——共6个级别，其中1～2级相当于中等职业教育，3～4级相当于高等职业教育或大学专科教育，5级相当于大学本科教育，主要培养高级技能型人才，5+级相当于研究生教育，培养具有高级实践技能和一定理论创新素养的应用型人才或管理人才。这一改革试点让职业教育更具吸引力，对提高办学质量、提升服务产业发展都有很好的保障作用。

天津市推进职业教育改革创新，进一步调整职业院校布局结构。全市高等职业院校控制在30所以内，中职学校控制在50所以内。天津市将高水平建设天津职业技术师范大学等18所高等职业教育示范院校、25所中等职业教育改革发展示范校和15所优质特色学校，重点建设80个实训基地、200个校企合作的校外实训基地。此外，天津市将依据天津市八大支柱产业的发展需求，实行高技能人才“订单式培养”，引进一批国际公认的职业资格认证机构，采用国外先进的职业教育培训课程和教材，实施国内外资格证书“双认证”培训，进一步提高天津市技能

型紧缺人才培养基地的建设水平。

二、京津冀基础教育空间布局特点

（一）优质学校主要分布在经济发展水平高的地区

河北的基础教育在硬件和软件方面与京津有差距。据抽样统计，北京市、天津市、河北省的人口中，大专及以上文化水平人口所占比重分别为41.21%、23.05%、7.73%，6岁及以上未上学人口的比例分别为1.67%、2.52%和3.91%，人口的受教育水平差距较大。

在生均教育经费支出方面，2012年，河北省小学和初中分别是4 785.98元和7 252.09元，没有达到全国的平均水平，也不及北京的1/4和天津的1/3。河北省对基础教育的投入依然不足，导致人才“吸空”现象的出现，优秀教师资源流向京津。

在教师学历方面，河北省小学专任教师中本科及以上学历者所占比例为31.96%，北京市则达到83.24%；河北省普通初中专任教师中本科及以上学历者所占比例为73.28%，北京市则达到97.06%，差距明显。

在河北省内部也是如此。经济发展水平较高的省会城市和沿海城市，基础教育水平较其他城市高，而贫困地区的教育水平不及河北省平均水平。

（二）环京津贫困带教育事业发展尤为落后

“环京津贫困带”教育事业发展落后，不仅影响贫困群众公平接受基本公共教育服务，而且影响社会和谐。根据2001年中国农村贫困监测数据，在教育方面，国家扶贫重点县劳动力文盲比例比全国高5.8个百分点，儿童入学率比全国低4.6个百分点。对河北省贫困县九年义务教育的调查统计显示，初中阶段的学生辍学、流失现象严重，大量未成年人流入社会，成为社会的负担；中小学师资力量薄弱，整体素质不高，办学条件差；拖欠教师工资现象严重，贫困地区教师不断流失。❶

❶ 南月省．河北省贫困地区基础教育现状及发展对策［J］．河北师范大学学报：教育科学版，2002（4）．

第三节　京津冀区域教育布局的影响因素

区域教育布局要实现效率兼顾公平，实现教育投入的低成本和高收益，是受多种因素制约的。（1）政治因素，包括教育布局的政治原则、上级要求和具体规划等；（2）经济社会发展环境，主要是产业分布情况和区域空间发展布局；（3）教育发展定位，包括政策环境、师资水平、建设用地、学术环境、运输条件、教育产品的市场等；（4）学校自身条件，包括学校或学科的发展规模、结构、生源情况等。此外，还要考虑公平因素，包括就近入学、学校在区域间的均衡布局等，如图 7－3 所示。图中 P 代表学校打算选择的地址，它受制于若干因素。如果这些因素在空间上距离较近，学校选址的最佳区位就是这些因素构成的引力的合力方向。由此，可以节约办学成本。实际上，区域教育布局要同时满足上述条件几乎不可能，只能采取折中的办法，即突出其中的一个或几个因素，使学校布局选址与某种因素最靠近。根据区域实际情况，京津冀高等教育布局应靠近区域规划、产业分布和教育发展定位指向，职业教育布局应靠近教育发展定位和学生生源指向等，基础教育布局应靠近政治因素和公平因素指向。

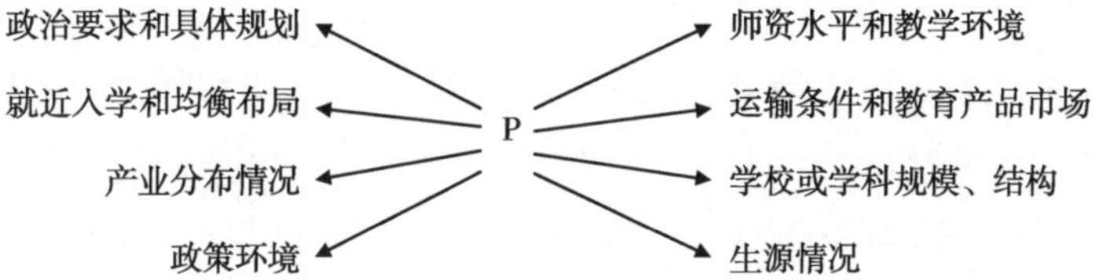

图 7－3　京津冀区域教育布局影响因素引力场

一、区域空间布局规划

（一）北京——“两轴两带多中心”

北京市城市总体规划提出“两轴两带多中心”布局。“两轴”是指结合北京城市轴线的布局特点和自然地理特征，在传统中轴线和长安街沿线十字轴的基础上，强化政治、文化和经济发展的职能，构筑起北京传统文化和现代文化两条轴线。

“两带”包括京城东部的“新城发展带”和西部的“绿色生态带”。“新城发展带”北起怀柔、密云中部，串联顺义、通州、亦庄新城；东南指向廊坊、天津，与北京的区域发展方向相一致。按照规划，这条发展带将承接起新时期的人口产业需求，全面实现新北京发展构想。而“绿色生态带”则与北京的西部山区相关联，既构成北京的生态屏障，又连接起延庆、昌平、沙河、门城、良乡、黄村等新城。所谓“生态带”，是指该地区将以生态保护为前提，进行调整改造，为北京建成最适宜居住的城市奠定基础。

“多中心”，是指在市区范围内建设不同的功能区，分别承担不同的城市功能，以提高城市的服务效率、分散交通压力，如中央商务区（CBD）、奥运公园、中关村等多个综合服务区。此外，在市域范围内的“两带”上建设若干新城，以吸纳城市中新的产业和人口，分流中心区的部分功能。

（二）天津——“一轴两带三区”

天津市城市总体规划提出“一轴两带三区”布局。“一轴”指城市发展主轴：武清新城—中心城区—滨海新区核心区。“两带”指东部滨海发展带（宁河—汉沽新城—滨海新区核心区—大港新城）和西部城镇发展带（蓟县新城—宝坻新城—中心城区—静海新城）。“三区”指北部蓟县山地生态环境建设保护区、中部七里海—大黄堡洼湿地生态环境建设保护区、南部团泊洼水库—北大港水库湿地生态环境建设保护区。

（三）河北——“一线两厢”

河北省提出“一线两厢”的重大发展战略。其核心是依据各地地理位置、资源禀赋和经济基础的实际情况，以石家庄、保定、廊坊、唐山、秦皇岛五市为中间一线，全面提升整体经济规模、素质和水平，建设全省经济发展的隆起带；以邯郸、邢台、衡水、沧州四市为“南厢”，进一步提高发展速度和水平，打造新的经济增长极；以张家口、承德二市为“北厢”，大力改善基础设施建设，努力实现新跨越。

（四）京津冀——“一轴三带”

吴良镛等提出“着眼首都地区，共建世界城市”，强调用“一轴三带”带动京津冀的协调发展。“一轴三带”具体为：以京津两大城市为核心的京津走廊——枢轴，以环渤海湾的“大滨海地区”为新兴发展带，以山前城镇密集地区为传统发展带，以环京津燕山和太行山区为生态文化发展带，共同构筑京津冀地区“一轴三带”的空间发展格局。另外，以中小城市为核心，推动县域经济发展，扶持中小企业，形成“若干产业集群”。京津冀区域教育发展将以此布局为依据。

二、区域产业分布情况

（一）高新技术产业带——“京—廊—津—海”走廊

京津冀高新技术产业带是以沿京津塘高速公路的城市群为依托、以沿线各类开发区为主所组成的带状高新技术产业密集区，主要包括中关村科技园区、天津新技术产业园区、北京经济技术开发区、廊坊经济技术开发区、天津经济技术开发区（见图 7－4）。这一产业带以电子信息、生物与新医药、光机电一体化产业为主，未来将继续向新材料、航空航天等高新技术产业倾斜。北京在电子信息、生物医药、光机电一体化等方面的高科技产业有较强实力。天津以海洋高科技、现代环保技术、电子通讯、生物技术及机械装备制造等为优势产业，滨海新区具备较强的自主创新能力。廊坊经济技术开发区以高科技、外向型为特色，以第二产业为主，第一、第三产业配套发展；第二产业以机械电子、轻化工、纺织、建材、食品加工为主导行业。

（二）重化工产业带——沿海地区

天津的传统优势产业是冶金工业，同时，依托自身特点，加强了海洋化工与石油化工的结合；此外，石油天然气开采业和石油化工业成为

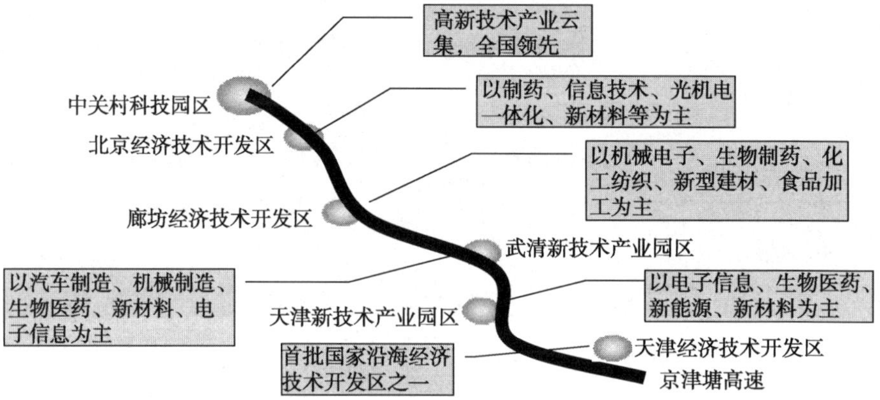

图 7－4　京津冀高新技术产业带主要开发区

龙头产业。河北的秦皇岛、曹妃甸和沧州沿海地区已形成钢铁、造船和化工等重化工业产业优势，可以与天津一起构成具有国际竞争力的渤海湾沿海重化工产业带。随着首钢的搬迁，曹妃甸成为区域合作的焦点，成为我国北方重要的钢铁、化工、能源产业和物流基地。河北在以石油化工、海洋化工、煤化工、精细化工、钢铁及深加工等为代表的重化工业领域有着迫切的科技需求和较强的承接、转化能力。

（三）新型服务领域——分散拓展于城镇密集地区

由于房地产、连锁超市、餐饮酒店、保健美容、家居家装以及其他各种新型服务领域偏重于服务，难以形成连贯的产业链，因此分散于城镇密集地区。目前，京津冀地区多元的物流主体格局基本形成，多种经济成分在物流领域发挥着十分重要的作用。一些大型企业开始重视现代物流技术的应用，改造现有业务流程，在生产组织、原材料采购、产品销售、配送和运输等方面实现一体化运作，尽可能减少资金占用，大力发展连锁经营、统一配送和电子商务。因此，这类地区需要重视利用京津冀地区丰富的教育和培训资源，加大对技术工人和职业型人才的培养，储备充足的高级技术工人和职业人才。

三、地区教育发展定位

（一）首都高校发展实现"一心三区多点"的空间布局

为加快高校空间布局调整，形成与首都空间布局相协调、与产业结构相呼应、与区县功能定位相适应、与人口分布相匹配的合理布局，就要实现北京地区高校"一心三区多点"的空间布局构想。"一心"是指城市中心区的一批高等院校形成的高校空间区域，包括北大、清华等历史名校、综合类大学、理工科大学、文科类大学、艺术类大学等多数高等院校。"三区"是良乡、沙河及通州高教园区。"多点"是在规划发展的各新城内建立的、与地方经济发展有密切联系的理工科类院校及专科类院校，重组教育资源，逐步实施高等院校部分校区向新城的疏解。

专栏1　高校不仅需要"大师"，也需要"大楼"

吴岩认为，高校不仅需要"大师"，也需要"大楼"。空间布局结构调整是首都教育普及化发展阶段对结构调整的必然要求，是北京学习化城市建设的基本支撑条件，是北京城市发展规划的重要组成部分。中关村的发展没有20世纪50年代八大高校和科学院的研究机构在中关村地区及周围建立，中关村无论如何不可能成为今天国家和北京市都寄予厚望的国家级科技园和高新产业的最重要基地。空间布局结构调整是未来30年至50年，甚至更长时期影响首都高等教育发展的大事，北京城市发展规划应该充分考虑和实现首都高等教育的空间布局结构调整。

——《用科学发展观指导北京市地方高等教育发展》，载《北京观察》2009年第1期

（二）天津加强滨海新区学校建设

天津将进一步优化高校布局，南开大学、天津大学新校区将在海河教育园区落户。加快推动静海健康产业园区建设，完善医科大学、中医药大学和体育学院新校区的设计方案，高标准计划、高质量施工、高效率推动，构建服务区域产业发展新平台。加快完善师范大学、工业大学和理工大学等新校区的功能，加强地处滨海新区有关高校的建设，推动与区域经济社会发展的紧密结合。同时，引进发达国家优质职业教育资源，在海河教育园区合作创办1～2所高水平国际职业院校。

专栏2　天津高校主动融入滨海新区建设

天津市近日召开会议，动员教育系统特别是高等院校，主动融入天津经济社会发展和滨海新区开发开放建设。记者从会上了解到，自从国务院作出将天津滨海新区纳入国家发展战略的决策之后，以南开大学、天津大学为龙头的天津高校积极行动，探寻为天津滨海新区建设作贡献的措施和途径。

南开大学加快“非晶硅太阳能电池”等项目的建设，开展一批重大课题研究；还鼓励科研人员围绕天津市调整经济结构和转变增长方式，促进社会发展和解决民生等重大问题进行研究，推出一批优秀的研究成果。

天津大学科技园依托学校在精密测试、精密加工方面的学科优势，组建了“微纳技术工程研究中心”，引进一批杰出的海外学子，促进了以天津为核心的微光学与光电元件加工技术研究和生产加工中心的形成。目前，天大科技园有近40个项目列入天津市科委科技攻关等市级科技计划，并逐渐发展成为开发区最大的高新技术产业聚集地。

民航科技产业化基地落户滨海新区航空城内，为地处滨海新区的中国民航大学带来了无限广阔的发展前景。该校重点开展的软件工程、航空复合材料、机场环境与环境评价等方面的研究，为航空产业的发展提供了技术支撑。

——《中国教育报》2007 年 8 月 31 日第 1 版

（三）河北进一步完善县级职教中心网络

早在 1995 年，河北就确定并推广“县级职业教育中心办学模式”，在全省 135 个县建立了县级职教中心，开创了县县有职教中心的先河。同时，坚持构建以县级职教中心为龙头、以乡镇成人学校为骨干、以村级成人学校为基础的县域农村职业教育网络，实行农科教结合和“三教”统筹，极大地推进了河北省农村职业教育的发展。[1] 河北省坚持“以服务为宗旨，以就业为导向”，着力培养适应经济社会发展的高素质劳动者和技能型人才。

四、政府的政治责任——均衡发展

教育均衡是指消除城乡之间、地区之间、校际之间的教育差距，使不同地区、不同学校、不同家庭的受教育者的受教育权利得以公平实现。京津冀区域教育发展不均衡是现实存在的。在推进区域教育一体化发展上，国家必须承担更多的教育义务，加大对弱势地区的教育投入。随着区域经济、政治和文化的高度发展，政府应当保证、保障弱势地区获得更多的教育投入，给予弱势地区更多的权利倾斜，保证当地弱势群体子女与非弱势群体子女获得同样的受教育机会。

京津地区的经济发展对河北的唐山、保定特别是廊坊的发展起到了

[1] 职业教育成河北特色［EB/ON］. http：//hvae. hee. cn/col/1311236497187/1311239929437. html.

很大的带动作用，但与之毗邻的张承地区仍有众多的国家级贫困县存在，使得该地区成为全国大城市周边贫困程度最严重的地区。任何一个城市与周边的腹地都是不可分割的整体，只有中心城市及所在区域协调发展，才能保持中心城市的持续稳定和繁荣。环京津贫困带的存在不仅会拖累京津经济的发展，直接影响其国际城市形象，也会对首都的社会安全和稳定构成威胁。因此，改变当地教育现状、提高当地人口素质、加快当地剩余劳动力向区外转移是政府的政治责任。

第四节　京津冀区域教育布局构想

基于上述实际情况和影响因素，京津冀区域教育总体空间布局可以概括为“一轴双核三带”，即以京津走廊（北京、天津、廊坊）为教育发展轴，充分发挥廊坊的区位资源优势，作为带动周边地区的增长点。以京津两大城市为教育发展核心地区，继续保持其教育优势，促进并完善其教育发展定位；以环渤海湾的“大滨海地区”为高等教育研发带，以山前城镇密集地区为职业教育人力资源储备带，以环京津燕山和太行山生态区为基础教育均衡发展带（见图7－5）。

通过“一轴双核三带”建设，达到以下目标：（1）放大京津冀教育优势互补效应，充分利用区域内教育资源优势，提高教育资源的利用率，缩小区域内教育差距；（2）发挥教育资源对区域经济社会发展的溢出效应，营造有利于区域发展的良好智库和人力资源环境，缓解区域内出现的经济、人口等社会问题，提升区域竞争力。在一轴双核的带动下，形成由点到线、由线到面的互动连接，具体布局如表7－7所示。

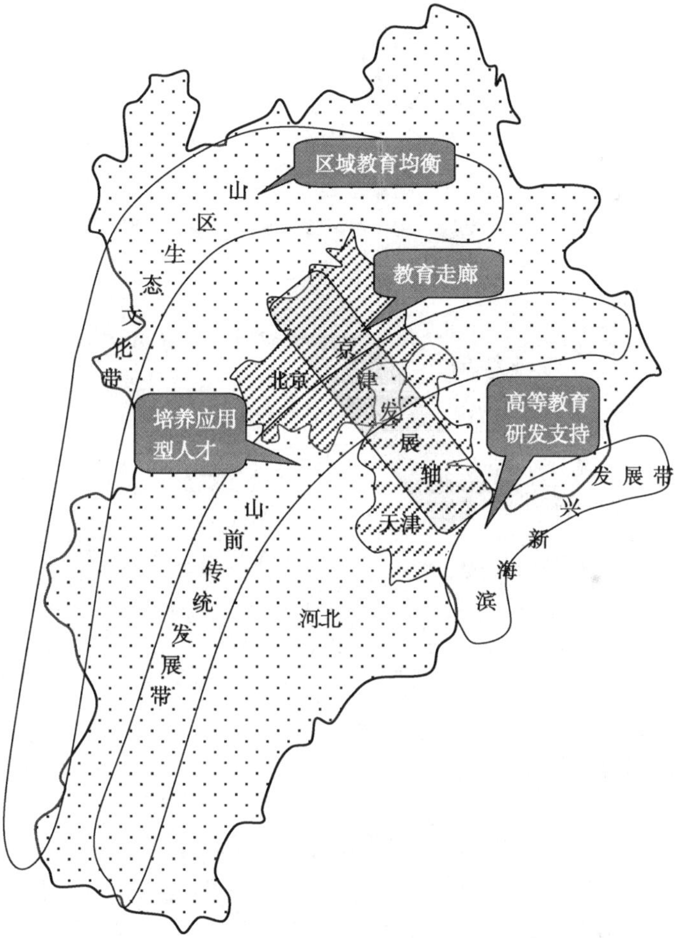

图7－5　京津冀区域教育布局总览

表 7－7　京津冀区域教育布局基本构架

一轴双核三带	选择依据	建设目标	开发重点
“京—津—廊”教育发展轴	跨京津冀，北有中关村，南到大滨海区，交通便利，沿线聚集了多个科技园和各种开发区	依据沿线产业发展，形成产学研结合的高端人才培养模式，为京津冀区域发展提供高端人才和智库	着力发展高等教育和高端职业教育，营造与产业链相适应的教育创新环境
北京、天津双核	我国优质高等教育资源最密集、教育科研能力最强的地区，是京津冀知识经济发展的重要引擎	形成我国区域教育高端辐射的源泉，是区域教育高水平发展中心与重心	在保证基础教育高水平发展的基础上，着重发展高等教育
“大滨海地区”高等教育研发带	沿海地区是我国区域开发战略重点，是京津冀产业带终端，现代制造业实力雄厚；当地高校主动融入产业发展，具备一定经验和基础	现代制造业和研发转化基地，京津冀高新技术产业中心，在高等教育服务下能显著增强区域自主研发与应用能力	围绕现代制造业，结合高校重点学科形成与产业结合的研发转化基地，重点开发信息化、现代化的高端工业技术
“八圈＋X”职业教育人力资源储备带	河北地区职业教育发展较成熟、规模大，已形成职业教育网络化发展；中小企业分散于城镇密集地区，需要具有一定职业素养的劳动力	创建若干大型职业教育实习实训基地、师资教育培养基地	依据地区产业重点和企业发展类型，打造职业教育重点学科专业
山区基础教育均衡发展带	山区生态地带多，不适合以经济发展为重点；环京津山区与其他地区发展差距大，不利于区域协调发展	提高基础教育发展水平，通过提高地区人口素质来缩小区域差距，实现京津冀地区协调发展	改善山区基础教育师资水平，扫除文盲并为当地劳动人口奠定文化基础

一、打造跨地区复合廊道——“京—津—廊”教育发展轴

京津廊高等教育发展轴是区域教育发展的战略要地。“京—津—廊”教育发展轴是以沿京津塘高速公路城市群为依托的各类开发区和高新技术产业的密集区，是全国发展快、实力强的发展轴。在教育上，该发展轴连带多所京津实力雄厚的高校。此外，由北京市政府支持、企业投资兴建的东方大学城也位于廊坊。东方大学城有双重定位，一是建立优秀科技园，提升竞争力；二是建成具有国际水平的高等职业教育基地。当高校间的协作越来越紧密和广泛时，京津冀高校的竞争力和创新力将会得到提升。这一发展轴的建设重点是，整合发展轴的教育和产业资源，使区域教育发展由“点”向“线”转变，成为有机整体。加强高等教

育产学研结合，共同谋划区域产业带发展大计，改变高校各自为战的状态，对各节点的发展做出通盘考虑，使高校经过整合在经济活动和科技研发方面实现一体化，提升区域竞争力。

京、津、廊应以市场需求为导向，提高高校高新技术成果可产业化水平，提升自主创新能力。政府应通过政府资助、贷款政策、服务体系、优惠政策等，对高校高新技术产业化的模式进行合理引导，对战略性的高新技术产业化工作给予专门立项，组织产学研各方面联合攻关，形成一批具有核心竞争力的产业集群和产业链。

打通北京、天津、廊坊这条教育走廊有重大意义：既能缓解传统高校扩展的空间不足，又有助于形成高等教育与科技成果的转化链，还能壮大高等职业教育的力量，形成类型齐全、层次丰富的高等教育地带，为周边地区的发展提供放射性的社会服务。因此，各方政府要全力支持盘活东方大学城，做大做强高校的区域品牌，在发展轴上打造以北京为首的高新技术专业品牌、以天津为代表的轻工业化工等专业品牌和以河北为基地的金属冶炼、食品加工等专业品牌。

二、“京津双核”凸显两市教育强项，实现弱势教育领域外迁

与河北省相比，京津地区办学土地成本高、社会负担重，这促使教育向周边扩散。在交通方面，京津冀基本形成3小时都市交通圈，再结合现代通信技术，使区域内的距离感不断弱化，这些均能催化新校区在边缘地区的发展。

从京津教育发展现状来看，职业教育都有不同程度的萎缩，成为各级各类教育的薄弱环节，因此，两地都不适宜再大力发展中等职业教育。河北的职业教育发展具有一定的规模和经验，京津两地可以将职业教育转移到河北发展，补充并提高河北的职业教育师资，扩展职业教育生源。由国家协调，重点在河北培养物业服务、旅游服务、电子技术、物流、护理、食品工艺等职业型人才。

专栏3 只有实现城市功能及机构外迁，才能从根本上缓解首都人口压力

2011年7月18日，北京工业大学人文社科学院和社会科学文献出版社联合发布了社会建设蓝皮书《2011年北京社会建设分析报告》。报告指出，2000年以来，北京市流动人口总量一直呈现高速增长的势头，年均增长70万。未来北京市流动人口持续增长的势头可能还将延续至少20年。北京市急剧膨胀的流动人口规模，将给北京市经济社会资源环境带来严峻挑战，现阶段北京人口规模调控已刻不容缓。

北京流动人口的无序流动造成了城市秩序混乱，公共资源不足，交通压力明显，治安形势严峻。流动人口的无序居住造成了房屋租赁市场混乱，城乡结合部流动人口聚集问题严重，违章建设大量存在。

而且，随着流动人口总量的增加，登记流动人口占全市实有人口的比重已经达到了40%，有些流动人口重点地区甚至出现户籍人口和流动人口倒挂。大量流动人口不仅保持相对稳定，而且长期定居的倾向更加明显，已成为实际意义上的北京市民。

蓝皮书认为，人口不单是北京自己的问题，而是事关北京在全国的城市化进程、功能区定位、产业结构升级和转移等重大问题中的结构功能定位。以户籍人口为主要对象和参照的人口调控思路和模式，难以适应人口结构及发展变化的要求。必须用实有人口的理念统领首都人口发展战略、管理服务模式、各种政策和措施的制定和实施。具体而言，实有人口应根据居住或滞留时间分为永住人口、常住人口、短住人口、暂住人口、过往人口五类。

同时，蓝皮书指出，首都北京城市功能超载是人口困境的根本原因，向外疏解不符功能，紧扣首都北京城市功能定位，是化解人口流动梗阻的战略方向。必须梳理与首都城市功能定位不符的功能

及组织。把中低端制造业、低端批发市场、部分院校（特别是民办大学）、部分医院（特别是传染病医院）和部分不必在京的党政军机构疏散出北京地区。只有这些功能及机构实现外迁，为之服务的常住和流动人口随之外迁，才能从根本上缓解首都人口压力。

此外，梳理并外迁与首都功能定位不符的机构，必须有中央政府的支持和组织保障。建议成立包括中央党、政、军主要机构领导和北京市领导的“首都委员会”，统筹规划、调控首都的功能及人口。

——中国社会科学网，2011 年 7 月 19 日访问

区域整体统筹可以有效避免各地重复设置高等学校，避免专业重复设置和浪费。北京、天津的高等教育强项是与现代制造业、现代服务业、新兴产业、高新技术产业相关的专业，如通信信息、计算机、新材料、电子设备制造、金融、外语等学科专业；区域内可重点开展相关专业的合作，使这些学科专业具有区域特色，提升创新能力和服务能力，凸显专业竞争力。由于京津二市学科全面且办学水平较高，因此今后区域内要控制高校新增专业，尤其是已经有一定发展水平、低成本的专业，如外语、管理学、教育学等，鼓励依据地区特点增加新兴交叉学科，以利于区域内分工协调、人才资源合理配置。河北省可发挥“环京津”的区位优势，借“智”发展。

此外，京津二市具备国际教育交流、引智引资的基础，在发展优势专业的基础上要扩大对外开放。天津市具有港口的优势，滨海新区的开发决定其国际交流以经济、贸易为主。北京市明确“国际城市”“文化名城”的定位，依托其独有的教育优势，可以源源不断地吸引海外的“文化”“智力”资源，开拓国际教育市场。北京在语言、文化、中医、民间工艺等方面有独特的吸引力，因此应当重视开发相关课程，加强中英文教育，为留学生提供入学机会；有针对性地开拓国际教育市场，进

行文化输出；积极参与联合国教科文组织（UNESCO）等国际组织的教育交流活动，增强国际影响力。

三、集中优势科研力量，打造“大滨海地区”高等教育研发带

随着天津港和滨海新区的崛起、曹妃甸港和新首钢的建设，未来环渤海湾的“大滨海地区”发展必将成为新的趋势。该地区虽然有河北科技大学、河北理工学院、唐山学院等高等院校，但还不能适应新型工业的要求。“大滨海地区”是现代制造业和研发转化基地、京津冀高新技术产业中心，在高等教育服务下能显著增强区域自主研发与应用能力。其建设重点是围绕现代制造业、结合高校重点学科形成与产业结合的研发转化基地，重点开发信息化、现代化的高端工业技术。

北京市作为京津冀经济圈的核心，应致力于曹妃甸工业区的崛起和滨海新区的新一轮区域开发，以高新技术产业为主导，巩固、提升北京在区域发展中的战略地位和作用；考虑在大滨海地区针对新兴产业需求和丰富的自然资源共建物理、生物、化学、环境等方面的科研试验室，为经济发展提供研发技术支持和产业实习生，实现京津冀共赢。

在“大滨海地区”，高校要寻求并践行“以服务求支持，以贡献谋发展”的道路。设计、规划符合沿海地区若干产业发展的高校布局，通过做强一批重点学科、构建学科群优势，对接和支撑“大滨海地区”重点及支柱产业发展；与企业合作共同推进自主创新，发挥高校科研优势；通过成果转化，在开发区和产业园区的支持下，通过高科技产业带吸收科研院校进入，推动企业、高校和科研机构组成知识创新联盟。通过打造“大滨海地区”高校研发带，成为推动区域发展的“智慧资源”。

四、规划“8+X”网状职业教育发展带，储备职业技能型人才

京津冀区域将职业教育发展重心放在河北省。河北的职业教育发展

在全国走在前列，得益于与经济社会发展的紧密结合，与行业、企业的紧密结合。未来，职业教育的发展要充分利用河北省山前地区的经济、空间、交通设施建设和文化发展。因此，必须紧密结合传统发展带的产业布局规划职业教育，做到“前校后厂”、工学并举。目前，河北省已形成十大主导产业，即钢铁、装备制造、石油化工、医药、建材、电子信息、食品、纺织服务、轻工、流通服务业。因此，河北省要围绕主导产业发展、拓展职业教育实习实训基地，尤其是区域内尚缺少物业服务、旅游服务、电子技术、物流、食品工艺等重点专业，更需要重视。目前，河北省已经组建16个职教集团，涉及装备制造、矿业、化工医药、信息技术、轨道运输、汽车、旅游、建筑建材、纺织服装、农业等方面，较好地配合了十大主导产业的发展。

结合河北省下辖市的产业经济发展状况及已有的职业教育实习基地，将京津冀区域职业教育布局概括为“8＋X”的网状发展。“8”指以工业加工类、电子信息类、汽车物流类、建筑建材类、医药护理类、农业食品类、纺织服装类、现代服务类八大类产业为主，选取相应产业发展的典型地区作为职业教育品牌发展的落脚点；同时，加强地区间、职业教育品牌间的互动与联络。“X”指由不同层次、不同类型的职业学校组成的职业园区，既可以是跨城市的，也可以在同一城市，主要目的是与中小城市的企业相互扶持；同时，以职业教育促进农村发展，做强县域经济，实现“职业教育反哺农业，城市发展支持农村进步”，加速县域特色产业聚集，推进职业教育和中小城市发展的双赢。由此，使职业教育形成既有点又有面的网状化发展。

根据各地区产业发展和职业教育的优势、特点，石家庄、保定主要打造电子信息和医药类的职业教育品牌；张家口、承德主要打造农业类和现代服务类的职业教育品牌；承德和秦皇岛主要打造旅游和护理类的职业教育品牌；唐山、沧州和邯郸主要打造工业加工、汽车物流类的职业品牌；衡水主要打造建筑建材类的职业教育品牌；邢台主要打造纺织服装类的职业教育品牌。同时，以优化职业教育布局为目标，着眼新农村建设，着力解决农民生产生活中最迫切的实际问题，加强宏观调控和引导；各地利用职业教育资源优势，推进职业教育“送教下乡”，培养农村实用人才，培养职业农民和农村发展带头人。

五、山区生态文化带重点关注基础教育的均衡发展

京津冀北部的燕山地区和西部太行山地区是京津冀的生态屏障，是区域生态和文化资源最为丰富的地带，但这些地区在经济上与京津存在巨大差距，特别是张家口、承德、保定的山区还有很多国家级贫困县，巨大的发展落差影响了这些地区发挥“畿辅”的作用。因此，要采取积极主动的姿态，缩小差距，实现区域均衡发展。在地理位置上，京津周边的山区生态环境既不利于发展高等教育也不利于发展职业教育，只能通过发展基础教育、提高人口素质缩小地区间的差距。

充分利用区域内优质基础教育资源，对基础教育发展相对落后的地区和学校实行定向扶持，制定跨地区中小学的对口帮扶制度。鼓励各地根据自身特点，与合作学校共同拓展校本课程。张家口生态山区文物遗迹众多、民间艺术丰富，可以充分发掘本地文化，通过基础教育培养地区人口的文化认同和自豪感。承德地区有金山岭长城这一重要历史关隘，与北京、天津、秦皇岛等地的长城连接在一起形成长城文化带；可集中合作研究与之相关的校本课程等，因地制宜，分类合作。坚持政府引导、共同行动，充分发挥优势教育资源在缩小地区差距中的主体作用，协调推进薄弱地区的教育文化建设。

第八章　基本策略：京津冀教育协同发展途径

京津冀区域教育协同发展之所以困难重重，是由历史上各地的特殊发展定位决定的。三地存在阶梯式发展落差，教育结构趋同、创新能力不足，导致京津冀教育发展问题凸显——京津外来人口子女就学问题愈发严峻，河北出现教师队伍“吸空”现象，地区间生源无序竞争。在制度设计层面探索京津冀教育协同发展的路径，需要国家对区域教育协作做出统筹安排，建立和完善区域教育定期交流与协作机制，完善区域教育协调发展的利益共享机制，加强区域教育协作发展各项协议的执行和监测。在实践中，循序渐进地开展援助和共建，通过一体化的师资培训、信息共享以及开展特色教育，逐步促进优质教育资源在三地均衡普及。

第一节　京津冀教育协同发展的治理体系构建

在新的时代背景下，国家的一系列重大战略为京津冀协同发展提供了政策支持，京津冀区域在经济发展、生态保护、交通建设等领域取得了重大成就。但是，在京津冀地区备受关注的新时期，其区域分工体系尚未形成、一系列领域内的协作尚未成熟。与长三角、珠三角相比，教育作为协作领域之一，功能定位尚不明确，各地间教育资源要素尚不能自由流动，影响区域教育协同发展的因素错综复杂。在推进国家治理体系和治理能力现代化的决策部署下，系统梳理教育内部和外部的各种影响因素，科学谋划区域教育发展的路径与方向，提升区域教育协作能力，是推动京津冀一体化发展、提升区域总体竞争力的战略需要。

一、京津冀教育协同发展的影响因素

（一）区域顶层设计缺失，地区间发展无序

京津冀缺乏整体规划，国家层面推动力不足。国家“十一五”“十二五”规划已经将京津冀的发展上升为国家战略，但截至2014年仍未出台正式规划。国家层面的推动力不足，各地的行政壁垒仍然存在，社会经济发展各自为政，是影响京津冀区域协同发展的重要原因之一。京津冀教育协作规划更是空白，协同发展既没有顶层的战略规划，也没有成立专门机构负责教育资源整体运作。

中央资源过度集中，北京摊大饼式的城市发展格局没有有效缓解。北京的城六区集中了全市60%以上的人口和75%的国民生产总值。新城综合功能尚显不足，产业与居住地脱节状况比较普遍。中心城区经济功能强化，就业人口和建设容量增加，而居住功能外迁，加剧了职、住分离和交通拥堵现象。有数据显示，北京市四环以内，除去道路、基础设施、公园、学校等用地后，一半以上的土地都与中央职能有关。❶ 资源的过度集中不利于区域间资源要素的共享。

（二）各地发展定位不明确，存在缺位与越位

京津发展定位重合，造成“双引擎”式竞争。由于历史原因，京津两地并驾齐驱，都在争夺北方经济中心的地位。因此，两地利用各自优势进行博弈，竞争多于合作。同时，政府参与竞争，形成行政主导型经济，存在各种行政性限制，产业调整没有跳出行政区划界限。这种模式不利于市场经济的完善，并限制其他可促进区域协调发展的机制发挥作用，使区域困局积重难返。

北京承担着独特的城市职责，存在自身发展与政治约束的矛盾。首先，北京既要秉承“四个服务”原则，聚集了各种要素资源，又具有自

---

❶ 学者热议北京规划　建议中央行政区迁往通州［EB/OL］. http://news. sina. com. cn/c/2014-11-16/10344931791. shtml.

身经济发展的内在要求和冲动，需要开放、自由、竞争的社会环境。当两者的关系难以摆平的时候，就会阻碍区域协同发展。其次，首都具有中央和地方的双重身份，虹吸效果显著，这种行政阻隔使得北京周边地区的发展相对滞后，也使得北京的发展难以获得区域支撑。北京市、天津市、河北省之间存在错综复杂的关系，包括中央与地方的关系、并列同级的关系、直辖市与地方的关系，进一步影响了区域教育协作与一体化进程。最后，北京的高端产业和低端产业同步发展，而高端产业的定位不清、概念泛化，对各种层次的劳动力都有需求，这使得很多人都倾向于到北京来，不利于区域间人力资源的流动。

河北省一直为借力京津还是自主发展所困扰，而且一直承担着服务京津的重任。河北曾提出借力京津的“两环”战略和“大三角（保廊唐)”战略，但是在复杂的博弈格局中难以获得公平对待。因此，河北省回归自我，提出“一线两厢”的自主发展战略是必然选择。

（三）市场的资源配置能力不足，存在地域落差

区域经济与产业发展出现地域落差。从产业结构来看，北京市形成了较为合理的三二一产业发展结构，而天津市、河北省仍然是二三一的产业发展结构。尤其是河北省，农业仍占较大比重，大部分地区处于工业化初期阶段；京津周边还存在大面积的贫困带。与广州、上海不同，北京周边的城市没有发展起来，区域产业配套能力差。例如，北京拥有较大规模的电子产业，但由于周边地区的配套能力较差，相应的电子加工基地大都设在广东。因此，可以说北京周边城市不具备截留流动人口的能力；没有河北的经济发达，就没有北京控制人口的能力。

政府主导的经济使得生产要素在区域内流动不畅。京津冀区域协作还没有上升到产业融合的高度和层次。尤其是北京的产业结构以第三产业为主，这些产业与中央的行政功能密不可分；如果中央的行政功能不变动，城市功能很难简单分散。因此，北京的产业结构难以与周边形成产业链或产生外溢效应。

（四）协调发展机制不健全，地区间竞争加剧

京津冀三地尚未建立起高层次的协作协调磋商机制。“分灶吃饭”的财税体制使得各地市只能根据自身的需求寻找协作，无法形成资源信息共享、优势互补、协调发展的协作模式。同时，中央政府调控能力有限，没有从更高层面创新地区性政绩考核机制。

京津冀尚未形成有效的就业协作机制，人才资源自由流动的局面难以实现。人才资源流动率低，现有人才得不到合理使用——有的地区急需高层次人才却引不进来，有的地区人才闲置浪费。

协作缺乏制度性组织机制和法律保障。虽然三地曾经签过不少协议，但都停留在纸上。这主要是因为三地协作意识淡薄，互信程度不高。由于长期无法合作，京津冀各地的发展出现了瓶颈，如北京如何应对自然资源承载极限、天津滨海新区做大后如何做强、河北如何从借力京津的幻想中转为以“我”为主等。

（五）教育资源过度集中，学校自主活力发挥不充分

教育资源集中且封闭，配置效益不高。首先，京津冀区域高等教育资源总量丰富，但从地域分布来看，高校主要集中于省会城市、中心城市；中央高校和地方高校的空间分布差异显著，不利于二者合作、互动发展；京津地区主要是本科高校的聚集地，河北是专科高校的聚集地，这种现状很容易造成人才资源的地域分布不均衡、流动不灵活。其次，京津冀三地高等教育资源禀赋各不相同、各有优势，但开放的人事、培训、招生、教学等制度改革还很滞后，教育资源的流动性明显不足，区域教育资源的优势没有形成合力。

学校自主活力发挥尚不充分。政府固然是基本公共教育服务的主要提供者，但并不意味着政府应当包办一切。京津冀区域教育协同发展，不能仅靠政府牵着鼻子走，应更好地营造发展环境，充分调动市场对资源配置的决定作用，发挥学校的自主性。如果不在发展理念思路、机制体制改革上进一步解放思想，有所创新，三地的教育将难以实现新的发展、新的突破、新的超越，难以形成新的优势。因此，要充分相信和依

靠社会力量，把政府不当为、无力为的事情交给社会和学校，引入竞争机制，实现教育提供主体和提供方式的多元化。

（六）区域高等教育定位趋同，分工不明

区域产业发展缺乏相应的智力支持。京津冀区域的优质高等教育资源主要集中于中央部委直属院校，对于省市属院校的辐射、带动作用没有得到有效发挥，不适应属地经济社会发展需要。随着滨海新区和曹妃甸开发开放的加快，区域经济社会一体化发展将对区域高等教育的智力支撑作用提出更高要求。例如，京津对河北的优质、绿色农产品有较强的依赖，这需要强大的农学教育资源为其提供农业培训和科技指导，以互动求共同繁荣；建立沿海石油加工及化学工业产业带，需要科技合作提高产品的科技含量；在生物医药产业方面，需要促进企业与科研院所之间的联系，提高产品的研发能力；京津冀金融发展的立足点必须放在培养造就新型、高层次的金融人才队伍上，等等。

二、推进京津冀教育协同发展的动力

（一）中央和地区政府动力：对京津冀教育协作给予新关注

2014 年年初，习近平总书记在北京市考察工作时，要求北京明确城市战略定位，调整、疏解非首都核心功能，控制人口规模，促进区域均衡发展。首都教育作为基本公共服务，承载了服务中央和地方的双重使命，一些教育功能需要合理疏通，实现与“高精尖”产业的捆绑式发展。与此同时，教育部也开始着手研究京津冀区域教育协同发展的相关问题。

京津冀三地教育规划纲要为区域教育协作提出了新目标。三地的教育规划纲要均把加强区域教育合作作为提升各地教育对外开放与合作水平的重要抓手，以取得突破性进展，形成品牌。例如，《北京市中长期教育改革和发展规划纲要（2010—2020 年）》提出：“深入推进京津冀区域教育合作和京港澳台地区教育合作，形成教育区域化与地区间协调发展机制。充分利用首都丰富的教育资源，探索多种形式，加强教育对口支援。”

（二）学校内部发展动力：寻求突破教育发展瓶颈的新机遇

首都高等教育努力寻求异地办学空间。因符合“聚人多、占地多”的特性，目前北京市正在整理教育领域不宜发展的功能和产业，明确禁止高校扩大办学规模，限制成人教育、自考面授和非学历等高等教育机构发展。同时，首都高校生均占地面积紧张，仅为河北的1/2。在办学规模和教育用地都受限制的形势下，首都高校必然要抓住机遇，拓展异地办学空间。

各地的职业教育现状有助于促成区域职教互补共赢的局面。各地的职业教育有各自的优势：京津职业教育办学条件好、师资充足；天津市高职在全国起到率先示范作用；河北省中等职业教育规模大，建设了一批适应当地发展的职业教育集团。各地的职业教育也面临不同的问题：京津职业教育传统生源逐年减少，与首都经济发展对高素质劳动者和技能型人才的巨大需求之间的矛盾不断加大；河北省中等职业教育经费不足，职业学校的办学条件和教学质量受到影响。两市一省在生源和办学条件上具有较大的互补空间，这成为三地协作的动力。

（三）社会发展动力：建立人口截流与利益补偿新办法

环京津贫困带存在大量的农村剩余劳动力。有调查显示，北京市外来人口中约有22%来自河北省，大部分是农村剩余劳动力，且这些人口中有75%会带子女进京读书。首都作为特大人口城市，必须严控人口。因此，要采取措施在环京津地区形成人口截流能力。

与此同时，环京津贫困带作为京津地区发展的生态环境支撑区，需要有相应的补偿机制对其回报。因此，京津冀区域有动力建立“环京津贫困带”跨区域教育补偿机制。通过开展职业教育扶贫，提高当地人口职业素质，在劳动力市场竞争中逐步淘汰首都地区的低素质劳动者。通过推动基础教育跨区域组团发展，确保该地区劳动力子女留在当地接受高质量教育。

三、京津冀教育协同发展的现代化路径

（一）建立多方协调的三级运作体系

京津冀三地经济与产业发展出现地域断层，尤其是京津“双引擎”，政府主导经济，不易达成一致意见。因此，探索京津冀教育协同发展的路径，应建立起更高层次的协作磋商、协调机制，打破行政阻隔，形成各地资源信息共享、优势互补、协调发展的协作模式。本着“三级运作”的区域教育协作原则，合理制定区域教育协同治理机制。

三级运作从纵向上可以分作三层，包括决策、协调和执行三个层面。“决策层”为中央政府主导、地方政府参与的京津冀地区教育领导座谈会，主要任务是决定京津冀教育协作的原则、方向、目标和重点等重大问题，审议并决定区域教育发展重大事项，是最高层次的协作机制。“协调层”为中央政府指导、地方政府主导的京津冀地区教育协同发展联席会议，由地方自主协调推进京津冀区域各级各类教育重大合作事宜，建立健全各级各类教育联席会议制度等。“执行层”是地方政府主导、中央政府监督下的具体推动京津冀区域教育协作工作的执行部门，承担三地联席的办公室职责并检查督促各种教育协作计划的落实情况。

三级运作从横向上可以分为三个方面，即官方协作机构、市场协作机构以及民间自发协作机构。政府运用监督—服务式的运行方式，指导、协调各部门之间的关系，承担区域教育协同发展的最重要的任务。区域内应充分调动市场对区域教育资源配置的决定作用，发挥学校的自主性，相信并依靠社会力量，把政府不当为、无力为的事情交给社会和学校。引入竞争机制，实现教育提供主体和提供方式的多元化。鼓励民间自发的教育跨区域协作行为，激发教育的活力和创新力。政府、学校和社会形成合理有序、积极自发的协同发展方式。实现教育资源与学校自身发展需求的结合，构建政府、学校和社会多中心、多层次、多形式的教育协同发展网络。

（二）建立高端引导的现代治理机制

1. 加强政策导向，完善区域教育协调发展的顶层规划

首先，推动区域经济发展模式转型，由行政主导型经济转为市场手段与行政手段并重的发展模式。行政主导型经济是政府参与竞争，存在各种行政性限制，产业调整没有跳出行政区划界限。这种模式阻碍市场经济的形成，限制了其他可促进区域协调发展的机制发挥作用，使区域困局积重难返。推动区域经济发展模式转型，要树立大区域观念，淡化地方政府的 GDP 政绩观。从中央一级指导产业结构调整，推动财税体制改革，杜绝“分灶吃饭”，尊重市场规律，在区域内形成产业发展聚集区和发展带。在这种发展模式下，应注重教育创新和发展方式的转型。例如，与重点开发区相呼应，着力提升一批高校的创新服务能力；与新兴产业发展相配合，加强高校对高新产业的支撑力度；与区域产业带布局相融合，科学规划职业教育实习实训基地网络建设；与支柱产业发展相配合，实现职教集团资源与其联动发展，从而“使办学随着经济发展方式转变而动，跟着产业结构调整升级而走，围绕企业人才需要而转，适应社会和市场而变”。❶

其次，要坚持规划引领，“抓好一个规划实施三个计划”。抓好一个规划，即“京津冀区域教育发展规划”，包括协作的指导思想、内容、形式和组织架构、相关配套政策等。这是保证区域教育协作能够启动并得到实质性推进的最重要、最基本的依据和保障。实施三个计划，即“京津冀高等教育强区计划”，为区域发展提供战略规划建议、决策论证咨询意见，提供高新技术成果和高水平人力资源，提高区域内高校自身能力建设；“京津冀职业教育联盟计划”，发挥各地资源优势，在联合招生、联合培训、就业指导、利益补偿等方面有所设计；“京津冀基础教育互动计划”，依托当地基础教育开展优质资源建设、交流和发展，重

❶ 教育部副部长鲁昕在沈阳第三届校企合作高峰论坛上的讲话[EB/OL]. http://peakbbs.ltcem.com/index.php? app = article&act = view&article_ id = 168.

点在环京津贫困带和生态资源提供地开展基础教育扶助计划。

2. 突出“合纵连横”，完善区域教育协调发展的网状治理结构

首先，纵向协调中央政府与地方政府的关系。利用中央的行政手段协调并引导各个城市形成明确的发展战略定位，从而形成区域发展梯度，便于开展分工协作。合理调控中心城市的辐射带动能力，合理调控参与协同发展的教育机构数量和组织规模，提升协同发展的规模效益，防止协作泛化滥化。

其次，横向协调三地间的协作关系。注重发挥市场机制在三地教育资源配置中的调控作用，促进三地资源要素自由平等流动。发挥政府部门的综合协调作用、市场的资源配置作用、非营利组织的沟通交流作用和专家学者的参谋咨询作用，引导公众参与发挥教育协同合作的监督和促进作用，化解政府间协作中存在的种种矛盾和问题。

3. 促进开放共享，完善区域城市协调发展的利益共享

从管理层面构建具有权威性和执行力的中央政府利益补偿和分享机制，是推动区域教育协同发展的重要机制保障。利用中央政府的权威建立平衡不同地区利益的区域一体化利益补偿和分享机制，是区域协同持续发展的关键；利用中央政府的权威，推动教育的层次和专业结构逐步有序地由高梯度区域向低梯度区域转移。例如，建立成本分担机制和税收转移机制，对环京津贫困带进行经济补偿；提高首都高校办学层次，限制招生规模，使中低层次、超规模生源向周边地区转移；盘活廊坊大学城，促进边界教育资源融合，建立京津冀教育协作特区；实现跨地区组团发展，对口支援，使适龄学童留在当地学习，等等。

在教育资源层面，优先向具有一定地缘优势的地区开放资源。推进区域教育资源互通互联，完善区域教育信息化建设，推进区域公共教育服务共建共享。开展区域“可持续发展教育”，推广区域教育可持续发展观念，强化区域公民生态发展意识。

4. 改革评估方式，加强区域教育协调发展各项协议的执行和监测

注重行政契约在推动区域教育协调发展中的重要作用，切实推行已

签署的行动计划，谨防各种协议、计划成为一纸空文。注重区域整体教育协作效果的评估，强化对京津冀区域的整体绩效考核，淡化地方教育绩效评估，同时，把各协作主体的合作态度和行为纳入考核体系。构建教育品牌协作的监督与奖惩机制，倡导协作成员之间的相互监督，对成绩突出的协作团体给予充分奖励和政策扶持。

（三）建立循序渐进的协同发展方式

1. 开展“点面合作”

区域教育发展必须寻找突破口，从各方共同关注的焦点问题入手，以真诚务实的态度寻找合作契机。磨合阶段应以试点或共建项目的方式开展合作，探索阶段应在具有共识、条件成熟的教育领域开展合作，完善阶段则是在各方面体制机制都较为成熟的情况下开展教育各个领域的协同发展，从而不断积聚人们对于区域教育合作的信心和积极性，不断深化各地教育行政部门对区域教育合作规律的认识，不断提升区域教育合作内容的范围和水平。

2. 执行“梯次推进”

京津冀区域教育协作应遵循先易后难、先局部后整体的路径逐步开展合作。首先，围绕高新技术产业带——“京—廊—津—海”走廊，率先打造跨地区复合廊道——“京—津—廊”教育发展轴，以市场需求为导向，开展跨区域高校产学研合作，提高高校高新技术成果产业化水平，提升自主创新能力。其次，结合河北省下辖市的产业经济发展状况及已有的职业教育实习基地状况，在城镇密集地区加强职业教育协作，加速县域特色产业聚集，推进职业教育和中小城市发展的双赢。再次，以京津冀北部的燕山和西部太行山的生态屏障区为主，建立基础教育跨地区对口帮扶制度。由此，教育协作层次由浅入深、由易到难、由探索到完善，最终形成区域教育协同发展的良好局面，使京津冀地区成为具有竞争力的教育中心。

3. 实现“三个结合”

（1）近期，实现区域教育资源布局与产业疏解、服务人才需要相结合，即以计划、行政的手段把京津冀教育各个部分统一起来，率先在区域内实现教育资源与产业疏解、服务人才需要相结合。(2) 中期，实现教育资源布局与京津冀区域发展需求相结合，即以指导、服务的方式协调各部分之间的相互关系。地区间合理调整存量教育资源，积极共享增量教育资源；区域内，实现教育资源与各地规划、经济发展、生态保护、人口调整等多种需求相结合。(3) 远期，实现教育资源布局与学校自身发展需求相结合，即以监督、指导的方式协调各部分之间的关系。政府、学校和社会形成合理有序、积极自发的协同发展方式，区域内实现教育资源与学校自身发展需求相结合，政府、学校和社会多中心、多层次、多形式的教育协同发展网络。

第二节　京津冀区域教育协同发展对策

一、高等教育差异式发展，突出地方特色

总体思路是，在教育资源分配中“求同存异”，通过差异式发展来实现均等化，即在规模上大体相当，在发展层次上有所不同。北京市集中办好研究生层次的高等教育，河北省集中办好本专科层次的高等教育。

尽管数据表明在京津冀区域城市中，北京的高等教育功能过于集中、层次过全，造成区域高等教育发展的明显差异，但这并不意味着要分散其高等教育资源，而是要改变其高等教育不分主次的发展理念，尊重城市发展需求和教育发展规律，集中力量先行建设高等教育的优势领域。例如，北京要建成科技创新中心、疏解低端产业、发展高端新型智能产业，就需要加大研究生培养力度，为区域产业发展提供高精尖人才。

同时，北京的成人本专科教育规模可大幅缩减，将相关需求转移到河北地区，或者利用本市高等职业教育消化、吸收相关需求。河北则要

着力打造城镇密集地区的本专科人力资源储备带。河北地区尤其是东部、中部和南部城镇密集，高校在这些地区的分布还不足以支持区域经济和人口的需求，因此，需要培养大批符合整个区域经济发展需要的本专科人才。

二、职业教育转型式发展，突出地方需求

总体思路是，北京市大幅缩小中等职业教育规模，天津市保持高职优势，河北省保持中职优势。具体来说，北京应着力探索中等职业教育转型发展的新路子。当前，北京市职业教育传统生源逐年减少，中职教育全面萎缩，与首都经济发展对高素质劳动者和技能型人才的巨大需求之间的矛盾不断加大，因此，推动职业教育与普通教育融通，将职业学校改扩建为中小学等，成为北京探索中等职业教育转型的必经之路。

与此同时，天津、河北仍要保持相应层次的职业教育优势，适应经济社会发展需求，完善职业教育法律法规，创新职业教育人才培养模式和评价机制，加快建设与区域产业发展相适应的现代职业教育体系。发挥职业教育优势，吸收、消化城镇剩余劳动力，提高人力资源的职业素养，为京津冀区域发展储备合格、适用的职业技能人才。

三、基础教育互补式发展，突出区域均衡

整体而言，应注重区域内基础教育存量的优化调整，推进区域间教育资源共享与互补。在北京、天津做好基础教育增量资源的空间布局规划，随新城发展需求将增量资源主要配置在中心城区之外，使流动人口向新城和郊区流动，特别是推进中等教育资源协调分布；以名校办分校、集团化办学、社会化办学、对口办学等多种方式，最大限度地发挥中心城区优质存量资源的辐射力。

在区域间应注重信息化资源的重要战略地位和带动作用，力争将京津冀区域建设成为我国区域教育信息一体化示范区。促进网络课程开放，推进教师培训课程网络资源共享，三地合作共建课堂教学优秀视频

课件、优秀课堂教学设计等教师教育资源库。根据相关数据，区域间小学教育的不均衡问题更为突出。因此，要率先实现小学资源共享，为京津冀区域基础教育及其均衡发展奠定基础。

四、空间组团式发展，形成多个教育中心城市

以京、津双核为主，在河北选择合适地块建立多个区域教育副中心，形成借力发展带，带动提高整个区域的教育竞争力。目前，京津冀已形成以北京、天津为主的双核发展空间布局，但是教育资源过度集中，河北地区明显处于劣势。而世界其他都市圈早已建成多中心空间结构，如日本的横滨、琦玉、千叶既是东京都市圈业务核心都市，也是日本的政令指定都市。[1] 相应地，作为区域教育协调发展的重要组成部分，京津冀区域也需要打造多个教育中心城市，承担诸多重要的区域教育功能。

教育中心城市要优先从条件较好的地区着手推进。例如，选取河北的石家庄、保定、唐山、秦皇岛、邯郸等城市作为教育中心城市，将石家庄、保定打造成教育种类齐全的教育中心城市，将唐山、秦皇岛等打造成以高等教育为主的教育中心城市，将邯郸打造成以中等职业教育为主的教育中心城市。同时，在这些教育中心城市实行基础教育组团式发展，在城市间探索“名校+新校”“名校+弱校”“高校+新校”“教科研单位+新校”等基础教育办学模式，实现跨区域的基础教育协作，对口支援。

五、中央统筹式发展，建立京津冀教育基金

成立京津冀教育基金会，由中央统筹协调区域教育经费。推进区域内均等划拨款制度，制定京津冀区域教育生均预算内教育事业经费的最

[1] 刘秀杰，苏杨．建设副中心级城市才是北京城市病的治本之策［J］．中国发展观察，2014（11）．

低拨款标准，确保区域间、学校间获得大体相当的教育经费。

利用京津冀教育基金提高河北地区教师的工资待遇，吸引高水平教师流入，保证京津冀区域教职工享有大体相当的工资水平，实现教师的合理流动。制定针对落后地区特别是环京津贫困带的义务教育资金扶持政策。通过专项教育基金的扶持，使落后地区和薄弱学校建设资金得到优先安排、重点保证。努力缩小区域间因教育经费分配而产生的学校之间的差距。

六、发挥首都辐射示范作用，实施“环京津贫困带”教育扶贫

（一）开展基础教育和职业教育扶贫，培养未来人力资源

首都要加强“环京津贫困带”基础教育建设，开展合作办学。“环京津贫困带”的基础教育师资力量和办学水平薄弱，影响了当地的教育水平和未来人口素质的提高。因此，要在学校管理制度建设、教学研究等方面援助和帮扶“环京津贫困带”中小学，试行对口帮扶制度，采用互聘机制，以临时聘任、短期聘任等形式，促进教师资源的充分开发与利用，提高办学效率。制定优惠和奖励政策，鼓励并派遣首都优秀中青年教师到“环京津贫困带”支教，同时，针对“环京津贫困带”教师开展免费学习和培训活动。

在职业教育方面，针对“环京津贫困带”采取特殊的人力资源开发教育政策。结合首都的经济发展形势和产业发展结构，首都的职业学校应选取特定专业向“环京津贫困带”的学生实行招生优惠政策，减免教育费用，开展“订单式”教育，培养区域对口人才。依托首都一批水平高、设施完善、特色鲜明的高级技工学校、高职院校和一批龙头企业开展高技能人才培训，吸引和选取“环京津贫困带”的适龄学生进行培养，满足首都地区经济和产业发展的需要。

（二）开展继续教育培训，塑造现有人力资源

以培训为切入点，深入“环京津贫困带”对现有劳动力开展分层继

续教育。为劳动者提供学习补贴，提高群众的学习积极性。开展文化知识普及教育，在扫除文盲、半文盲的同时，进行首都社会经济状况、政治文化生活知识、环保知识和法律等知识的普及，提高劳动者的基本素质。

首都继续教育机构要采取与“环京津贫困带”县区合作的方式，建设规模大、科目全、班次多、学制短、实用性强的职业技术培训基地。开展定向培训，以首都市场需求为导向，及时调整培训内容。组织各类短期培训班，开展不同行业的培训，增强培训的针对性和实用性，提高进城务工劳动者的就业能力——争取使每个要输出的劳动力具备一项以上职业技能，同时，为培训者提供培训证书。

（三）打造“环京津贫困带”独具特色的教育品牌

打造基础教育协作品牌，通过对贫困带基础教育的帮扶，提升“大北京”教育形象，使首都教育更具辐射能力。首都要依托对“环京津贫困带”的劳动技能培训，积极打造“环京津贫困带”职业教育品牌，提高劳动技能培训能力。充分利用首都劳动力市场信息，开展相应的职业技能培训，拓展就业空间，形成就业规模和职业技能的竞争优势，并以此盘活首都的职业教育资源，增强首都职业教育与经济和产业的结合力，发挥首都职业教育的社会贡献力。

打造“环京津贫困带”教育品牌，有利于推进首都职业教育水平，培育更大更强的职业学校，使职业教育从首都教育的薄弱环节变为高地。

打造“环京津贫困带”教育品牌，可以更好地发挥首都的教育优势和效能，推广教育经验，提升首都的整体教育水平和形象。这对于促进首都周边的和谐发展，意义重大。

参考文献

[1] 吉田茂．激荡的百年史：我们的果断措施和奇迹般的转变［M］．李杜，译．西安：陕西师范大学出版社，2005.

[2] Abramovitz. Catching UP, Forging Ahead, and Falling Behind［J］. Journal of Economic History, 1986 (46).

[3] Abramowitz. Thinking about Growth［M］. Cambridge University Press, 1989.

[4] Alexander Gersehenkron. A Economic Backwardness in Historical Perspective［M］. Harvard University, 1962.

[5] Elise S. Brezis, Paul R. Krugman, Daniel Tsiddon. Leap - Fogging in International Competition: A Theory of Cycles in National Technological Leadership［J］. American Economic Review, 1993 (83).

[6] Levy. Modernization and the structure: A setting for International Relations［M］. Princeton University Press, 1966.

[7] R. Van Elkan. Catching up and Slowing Down: Learning and Growth Pattern in An Open Economy［J］. Journal of International Economics, 1996 (41).

[8] 安晓敏，任永泽，田里．我国义务教育经费配置公平性的实证研究——基于教育基尼系数的测算与分析［J］．东北师大学报：哲学社会科学版，2007（4）．

[9] 蔡代平．积极推进职业教育集团化办学　服务区域经济建设［J］．陕西教育：高教版，2011（12）．

[10] 陈婧．京津冀一体化需建立完善的体制机制［N］．中国经济时报，2014-04-14.

[11] 迟万昌．教育发展区域配置的理论思考［J］．玉溪师专学报：校庆专刊，1998（5）．

[12] 邓行舟，田玲，赵新．京津冀人口发展战略报告［M］．北京：社会科学文献出版社，2007.

[13] 丁钢．中国教育研究与评论［M］．北京：教育科学出版社，2002.

[14] 窦文章，房淑云．中国区域教育发展类型及模式研究［J］．教育科学，1997（2）．

[15] 樊杰．京津冀都市圈区域综合规划研究［M］．北京：科学出版社，2008.

[16] 冯增俊．比较教育学［M］．南京：江苏教育出版社，1996.

[17] 高兵．依托职业教育打造"环京津人力资源储备带"［J］．教育与职业，2010（8）．

[18] 高书国．我国四大城市群教育综合竞争力与教育合作区的战略构想［J］．教育发展研究，2006（1）．

[19] 顾朝林，等．中国城市地理［M］．北京：商务印书馆，1999.

[20] 郭强．美国高等教育区域合作与交流模式及其启示——解读《美国西部州际高等教育委员会2009年度报告》［J］．中国高教研究，2010（1）．

[21] 胡鞍钢，熊义志．我国知识发展的地区差距分析：特点、成因及对策［J］．管理世界，2000（3）．

[22] 胡咏梅，薛海平．我国教育竞争力的区域划分——与吴玉鸣博士等商榷［J］．教育与经济，2003（1）．

[23] 黄家泉．广东"教育区域化发展"的理论思考［J］．广州大学学报：社会科学版，2004（11）．

[24] 黄璐．加快环京津贫困带劳动力转移的建议［J］．经济论坛，2009（1）．

[25] 黄崴，孟卫青．泛珠三角区域教育发展合作的背景、现状与机制

[J]．教育研究，2007（10）．
[26] 江莹．区域城市化进程中的空间结构演化研究——以长江三角洲地区为例［D］．武汉：华中师范大学，2004.
[27] 解艳华．京津冀区域一体化背景下高职教育需求分析与发展对策——以人才需求为视角［J］．高教发展研究，2008（2）．
[28] 瞿葆奎．国际教育展望［M］．北京：人民教育出版社，1993.
[29] 李国平，李岱松，等．京津冀区域科技发展战略研究［M］．北京：中国经济出版社，2008.
[30] 连莲，许明．大学与区域经济社会互动发展——以英国英格兰东北部为例［J］．东南学术，2009（2）．
[31] 梁志，曾冬梅．从经济和人口的区域分布看我国高等教育的布局调整［J］．广西师范大学学报：哲学社会科学版，2000（5）．
[32] 刘慧．区域差异测度方法与评价［J］．地理研究，2006（25）．
[33] 刘西忠．跨区域城市发展的协调与治理机制［J］．南京社会科学，2014（5）．
[34] 刘玉海，叶一剑，李博．困境：京津冀调查实录［M］．北京：社会科学文献出版社，2010.
[35] 刘玉海．北京城：行政与市场的资源拉锯［N］.21 世纪经济报道，2011－03－21.
[36] 罗润东，刘文．人力资本对区域经济发展的作用及其评价——京津冀、长三角、珠三角人力资本竞争力比较［J］．学术月刊，2008（8）．
[37] 马海龙．京津冀区域治理协调机制与模式［M］．南京：东南大学出版社，2014.
[38] 马正江，马俊．我国城市化发展历程、现状及存在的问题［J］．重庆工业高等专科学校学报，2004（9）．
[39] 南亮进．日本经济发展［M］．北京：经济管理出版社，1992.
[40] 南月省．河北省贫困地区基础教育现状及发展对策［J］．河北师

范大学学报：教育科学版，2002（4）.
[41] 倪鹏飞．城市竞争力蓝皮书：中国城市竞争力报告[M]．北京：社会科学文献出版社，2011.
[42] 牛征．发挥京津教育优势 加快提升环渤海人力资本水平研究[J]．教育与职业，2007（7）.
[43] 彭世华．发展区域教育学［M］．北京：教育科学出版社，2003.
[44] 乔晓春．中国人口布局的现实特征与未来展望：来自“六普”数据的分析［J］．新华文摘，2011（22）.
[45] 上海财经大学区域经济研究中心．2003中国区域经济发展报告——国内及国际区域合作［M］．上海：上海财经大学出版社，2003.
[46] 史朝，司洪昌．环渤海圈经济发展与高等教育——“首都教育”的视角［J］．国家教育行政学院学报，2008（3）.
[47] 谈松华．教育现代化的区域发展模式及其机制［J］．教育发展研究，2007（7）.
[48] 王川兰．竞争与依存中的区域合作行政——基于长江三角洲都市圈的实证研究［M］．上海：复旦大学出版社，2008.
[49] 王沛．中亚五国概况［M］．乌鲁木齐：新疆人民出版社，1997.
[50] 王守法，王云霞．高等教育与区域经济发展关系的理论探讨［J］．北京工商大学学报：社会科学版，2006（5）.
[51] 王文锦．中国区域协调发展研究［D］．北京：中共中央党校，2001.
[52] 王新凤．欧洲高等教育区域整合研究——聚焦博洛尼亚进程［M］．北京：社会科学文献出版社，2013.
[53] 王振全．发展教育学［M］．广州：广东教育出版社，2010.
[54] 文魁，祝尔娟．京津冀发展报告（2014）——城市群空间优化与质量提升［M］．北京：社会科学文献出版社，2014.
[55] 吴良镛．京津冀地区城乡空间发展规划研究二期报告［M］．北

京：清华大学出版社，2006.
[56] 吴松涛．天津经济社会发展与高技能人才需求［J］．中国经贸导刊，2012（11）．
[57] 吴岩，刘永武，等．三关系和四模式：建构中国高等教育区域发展新理论［J］．中国高教研究，2010（2）．
[58] 吴岩，王晓燕，等．探索京津冀区域高等教育发展新模式——学习《国家中长期教育改革和发展规划纲要（2010—2020年）》的思考［J］．中国高教研究，2010（8）．
[59] 吴志攀．高等教育与区域发展——以“首都教育”为视角的考察［J］．北京大学教育评论，2003（4）．
[60] 肖金成，刘保奎．首都经济圈规划与京津冀经济一体化［J］．全球化，2013（3）．
[61] 徐岚，卢乃桂．市场化背景中的澳大利亚八校联盟及其启示［J］．高等教育研究，2010（1）．
[62] 许莉，万春．小城镇公共服务区域性差异测度［J］．城市问题，2014（9）．
[63] 杨忠臣．区域空间布局的理论与方法——以江苏省高淳县为例［D］．南京：南京师范大学，2004.
[64] 于刃刚，戴宏伟，等．京津冀区域经济协作与发展——基于河北视角的研究［M］．北京：中国市场出版社，2006.
[65] 曾满超，王美欣，等．美国、英国、澳大利亚的高等教育国际化［J］．北京大学教育评论，2009（2）．
[66] 张召堂．中国首都圈发展研究［M］．北京：北京大学出版社，2005.
[67] 张振助．高等教育与区域互动发展论［M］．桂林：广西师范大学出版社，2004.
[68] 周立群．环渤海区域经济发展报告［M］．北京：社会科学文献出版社，2008.

［69］周振华．崛起中的全球城市——理论框架及中国模式研究［M］．上海：上海人民出版社，2008.
［70］转型期中国重大教育政策案例研究课题组．缩小差距——中国教育政策的重大命题［M］．北京：人民教育出版社，2005.

附　　表

附表1　京津冀地区“211工程”重点学科专业及对应院校

学　科	专业名称	单位名称
哲　学	马克思主义哲学	北京大学、中国人民大学、北京师范大学
	中国哲学	北京大学
	外国哲学	北京大学
	伦理学	中国人民大学
	美学	北京大学
经济学	政治经济学	北京大学、中国人民大学
	西方经济学	中国人民大学
	经济史	南开大学
	世界经济	南开大学
	人口、资源与环境经济学	中国人民大学
	国民经济学	北京大学、中国人民大学
	区域经济学	北京大学、南开大学
	财政学	中国人民大学
	金融学	中国人民大学、中央财经大学、南开大学
	产业经济学	中国人民大学、北京交通大学
	国际贸易学	对外经济贸易大学
	劳动经济学	中国人民大学
	统计学	中国人民大学
	数量经济学	清华大学
法　学	法学理论	北京大学
	法律史	中国政法大学
	宪法学与行政法学	北京大学、中国人民大学
	刑法学	北京大学、中国人民大学

续表

学　科	专业名称	单位名称
法　学	民商法学	中国人民大学
	诉讼法学	中国政法大学
	经济法学	北京大学
	国际法学	对外经济贸易大学
	政治学理论	北京大学
	科学社会主义与国际共产主义运动	北京大学、中央党校
	马克思主义理论与思想政治教育	中国人民大学
	国际政治	北京大学
	社会学	北京大学、中国人民大学
	人口学	中国人民大学
	人类学	北京大学
	民俗学	北京师范大学
教育学	教育学原理	北京师范大学
	教育史	北京师范大学
	比较教育学	北京师范大学
	教育技术学	北京师范大学
	基础心理学	北京大学
	发展与教育心理学	北京大学
	运动人体科学	北京体育大学
文　学	文艺学	中国人民大学、北京师范大学
	语言学及应用语言学	北京大学、北京语言文化大学
	汉语言文字学	北京大学
	中国古典文献学	北京大学
	中国古代文学	北京大学
	中国现当代文学	北京大学
	中国少数民族语言文学	中央民族大学
	比较文学与世界文学	北京大学
	英语语言文学	北京大学、北京外国语大学
	德语语言文学	北京外国语大学
	印度语言文学	北京大学

续表

学　科	专业名称	单位名称
文　学	新闻学	中国人民大学、中国传媒大学
	音乐学	中央音乐学院
	美术学	中国美术学院
	设计艺术学	清华大学
	戏剧戏曲学	中央戏剧学院
	广播电视艺术学	中国传媒大学
历史学	考古学及博物馆学	北京大学
	中国古代史	北京大学、中国人民大学、北京师范大学、南开大学
	中国近代史	南开大学
	世界史	北京大学、南开大学
理　学	基础数学	北京大学、清华大学、南开大学
	计算数学	北京大学
	概率论与数理统计	北京大学、北京师范大学
	应用数学	北京大学、清华大学、南开大学
	理论物理	北京大学、北京师范大学
	粒子物理与原子核物理	北京大学、清华大学
	原子与分子物理	清华大学
	凝聚态物理	北京大学、清华大学
	光学	北京大学、北京工业大学
	无机化学	北京大学
	分析化学	北京大学
	有机化学	北京大学
	物理化学	北京大学
	高分子化学与物理	北京大学、南开大学
	天体物理	北京大学
	自然地理学	北京大学、北京师范大学
	人文地理学	北京大学
	气象学	北京大学
	大气物理学与大气环境	北京大学

续表

学　科	专业名称	单位名称
理　学	固体地球物理学	北京大学
	矿物学、岩石学、矿床学	中国地质大学
	古生物学与地层学	中国地质大学
	构造地质学	北京大学
	植物学	北京大学、中国农业大学
	动物学	北京大学
	生理学	北京大学
	微生物学	中国农业大学、南开大学
	神经生物学	北京大学
	遗传学	中国协和医科大学
	细胞生物学	北京大学、中国协和医科大学、北京师范大学
	生物化学与分子生物学	北京大学、清华大学、中国农业大学、中国协和医科大学
	生物物理学	清华大学
	生态学	北京师范大学
	系统理论	北京师范大学
工学 1	光学工程	清华大学、北京理工大学、南开大学、天津大学
	生物医学工程	清华大学
	一般力学与力学基础	北京大学
	固体力学	北京大学、清华大学、北京航空航天大学
	流体力学	北京大学、清华大学、北京航空航天大学、天津大学
	工程力学	北京理工大学
	机械制造及其自动化	清华大学
	机械电子工程	北京理工大学
	机械设计理论	清华大学、北京航空航天大学、北京科技大学、燕山大学
	车辆工程	清华大学、北京理工大学
	精密仪器及机械	清华大学、北京航空航天大学
	测试计量技术及仪器	天津大学

续表

学　科	专业名称	单位名称
工学1	材料物理与化学	清华大学、北京科技大学、河北工业大学
	材料学	清华大学、北京工业大学、北京航空航天大学、北京科技大学、北京化工大学
	材料加工工程	清华大学、北京科技大学、天津大学
	冶金物理化学	北京科技大学
	钢铁冶金	北京科技大学
	工程热物理	清华大学
	热能工程	清华大学
	动力机械及工程	清华大学、北京理工大学、天津大学
	电机与电器	清华大学、河北工业大学
	电力系统及其自动化	清华大学、天津大学、华北电力大学
	高电压与绝缘技术	清华大学
	电工理论与新技术	清华大学
	物理电子学	北京大学、清华大学、北京理工大学
	电路与系统	清华大学、北京邮电大学
	微电子学与固体电子学	北京大学、清华大学
工学2	电磁场与微波技术	北京邮电大学
	通信与信息系统	北京大学、清华大学、北京交通大学、北京理工大学、北京邮电大学
	信号与信息处理	清华大学、北京交通大学、北京邮电大学
	控制理论与控制工程	清华大学、北京理工大学
	检测技术与自动化装置	天津大学
	模式识别与智能系统	清华大学
	导航、制导与控制	北京航空航天大学
	计算机系统结构	清华大学
	计算机软件与理论	北京大学、北京航空航天大学
	计算机应用技术	北京大学、清华大学
	建筑设计及其理论	清华大学、天津大学
	城市规划与设计	清华大学
	结构工程	清华大学
	供热、供燃气、通风及空调工程	清华大学

续表

学　科	专业名称	单位名称
工学2	水力学及河流动力学	清华大学
	水工结构工程	清华大学
	港口、海岸及近海工程	天津大学
	化学工程	清华大学、北京化工大学、天津大学
	生物化工	天津大学
	应用化学	北京理工大学
	工业催化	天津大学
	矿产普查与勘探	中国矿业大学、中国地质大学
	地质工程	中国地质大学
	采矿工程	北京科技大学
	矿物加工工程	中国矿业大学
	安全技术及工程	中国矿业大学
	纺织工程	天津工业大学
	交通信息工程及控制	北京交通大学
	交通运输规划与管理	北京交通大学
	飞行器设计	北京航空航天大学
	航空宇航推进理论与工程	北京航空航天大学
	人机与环境工程	北京航空航天大学
	武器系统与运用工程	北京理工大学
	火炮、自动武器与弹药工程	北京理工大学
	核能科学与工程	清华大学
	核燃料循环与材料	清华大学
	核技术及应用	北京大学、清华大学
	农业机械化工程	中国农业大学
	农业电气化与自动化	中国农业大学
	环境科学	北京大学、北京师范大学、南开大学
	环境工程	清华大学
	农产品加工及贮藏工程	中国农业大学

续表

学　科	专业名称	单位名称
农　学	作物栽培学与耕作学	中国农业大学
	作物遗传育种	中国农业大学
	果树学	中国农业大学
	土壤学	中国农业大学
	植物营养学	中国农业大学
	植物病理学	中国农业大学
	农业昆虫与害虫防治	中国农业大学
	农药学	中国农业大学、南开大学
	动物遗传育种与繁殖	中国农业大学
	动物营养与饲料科学	中国农业大学
	基础兽医学	中国农业大学
	预防兽医学	中国农业大学
	林木遗传育种	北京林业大学
	森林培育	北京林业大学
	园林植物与观赏园艺	北京林业大学
	水土保持与荒漠化防治	北京林业大学
医　学	中药学	北京中医药大学
	免疫学	北京大学、中国协和医科大学
	病理学与病理生理学	北京大学、中国协和医科大学
	儿科学	北京大学
	精神病与精神卫生学	北京大学
	皮肤病与性病学	北京大学、中国协和医科大学
	影像医学与核医学	中国协和医科大学
	外科学（胸心外）	中国协和医科大学
	外科学（神外）	首都医科大学
	外科学（泌尿外）	天津医科大学
	妇产科学	北京大学、中国协和医科大学
	眼科学	北京大学、首都医科大学
	耳鼻咽喉科学	首都医科大学

续表

学　科	专业名称	单位名称
医　学	肿瘤学	北京大学、中国协和医科大学、天津医科大学
	运动医学	北京大学
	麻醉学	中国协和医科大学
	口腔基础医学	北京大学
	流行病与卫生统计学	北京大学
	中医基础理论	北京中医药大学
	方剂学	北京中医药大学
	中医诊断学	北京中医药大学
	中医内科学	北京中医药大学
	针灸推拿学	天津中医学院
	中西医结合基础	北京中医药大学、河北医科大学
	中西医结合临床	天津医科大学
	药物化学	北京大学、中国协和医科大学
	生药学	北京大学
	微生物与生化药学	中国协和医科大学
	药理学	北京大学、中国协和医科大学
管理学	管理科学与工程	清华大学、北京航空航天大学、天津大学
	会计学	中国人民大学
	企业管理	中国人民大学、南开大学
	技术经济及管理	清华大学
	农业经济管理	中国农业大学
	教育经济与管理	北京大学
	图书馆学	北京大学
	档案学	中国人民大学

资料来源：http：//www. resource. edu. cn/subject_ list. php？ subject_ id = 1&subjectname = % D5% DC% D1% A7.

附表 2　2009 年北京市高校分布情况

北京市			按主管部门分		按层次分	
			中　央	地　方	本　科	专　科
首都功能核心区	东城区	3	3	0	2	1
	西城区	4	3	1	4	0
城市功能拓展区	朝阳区	19	6	13	13	6
	丰台区	5	1	4	3	2
	石景山区	3	0	3	2	1
	海淀区	30	19	11	25	5
城市发展新　区	房山区	1	0	1	0	1
	通州区	3	0	3	2	1
	顺义区	2	0	2	1	1
	昌平区	10	3	7	5	5
	大兴区	5	0	5	5	0
生态涵养发展区	门头沟区	0	0	0	0	0
	怀柔区	1	0	1	0	1
	平谷区	0	0	0	0	0
	密云县	0	0	0	0	0
	延庆县	0	0	0	0	0
总数（所）		86	35	52	62	25

附表 3　2009 年天津市高校分布情况

天津市			按主管部门分		按层次分	
			中　央	地　方	本　科	专　科
市内六区	和平区	1	0	1	1	0
	南开区	6	2	4	4	2
	河西区	6	0	6	4	2
	河东区	3	0	3	2	1
	河北区	4	0	4	1	3
	红桥区	4	0	4	2	2

续表

天津市			按主管部门分		按层次分	
			中　央	地　方	本　科	专　科
环城四区	东丽区	2	1	1	2	0
	西青区	8	0	8	5	3
	津南区	2	0	2	1	1
	北辰区	5	0	5	1	4
远　郊	武清区	1	0	1	1	0
	宝坻区	2	0	2	2	0
滨海新区	塘沽区	4	0	4	0	4
	汉沽区	0	0	0	0	0
	大港区	6	0	6	3	3
	静海县	2	0	2	1	1
	宁河县	0	0	0	0	0
	蓟　县	1	0	1	1	0
总数（所）		57	3	52	29	26

附表 4　2009 年河北省高校分布情况

河北省			按主管部门分		按层次分	
			中　央	地　方	本　科	专　科
一　线	石家庄	40	0	40	15	25
	保　定	14	2	12	9	5
	唐　山	9	0	9	5	4
	廊　坊	11	3	8	7	4
	秦皇岛	6	0	6	3	3
南　厢	沧　州	7	0	7	2	5
	邢　台	4	0	4	1	3
	邯　郸	6	0	6	3	3
	衡　水	2	0	2	1	1

续表

河北省			按主管部门分		按层次分	
			中　央	地　方	本　科	专　科
北　厢	承　德	5	0	5	2	3
	张家口	4	0	4	2	2
总数（所）		109	5	105	52	58

注：河北工业大学和独立学院在天津市红桥区。

附表5　2009年京津冀人口、经济、土地规模与高校分布情况一

地　区	校总数（所）	户籍人口		经济GDP		土　地	
		百万人	每百万人拥有高校数（所）	百亿	百亿GDP负担学校数	百平方公里	每百平方公里负担学校数
首都功能核心区	7	2.3	3.04	29.37917	0.238264	0.93	7.53
城市功能拓展区	57	5.4	10.56	57.03275	0.999426	12.88	4.43
城市发展新区	21	3.1	6.77	16.79762	1.250177	63.19	0.33
生态涵养发展区	1	1.6	0.63	6.906142	0.144799	88.78	0.01
天津市内六区	24	3.9155	6.13	17.9632	1.336065	1.771	13.55
天津环城四区	17	1.4739	11.53	17.6234	0.964627	19.057	0.89
天津远郊	3	1.5147	1.98	6.976	0.430046	30.836	0.10
滨海新区	13	2.8687	4.53	14.7188	0.883224	65.94	0.20
河北一线	80	35.4655	2.26	104.9602	0.762194	656.614	0.12
河北南厢	19	27.2011	0.70	55.24907	0.343897	467.2	0.04
河北北厢	9	7.6773	1.17	15.60451	0.576756	763.79	0.01

附表6　2009年京津冀人口、经济、土地规模与高校分布情况二

地　区	校总数（所）	户籍人口		经济GDP		土　地	
		百万人	每百万人拥有高校数（所）	百亿	百亿GDP负担学校数	百平方公里	每百平方公里负担学校数
东城区	3	0.956282	3.14	11.22355	0.27	0.42	7.14
西城区	4	1.330689	3.01	18.15562	0.22	0.51	7.84
朝阳区	19	1.852553	10.26	23.80382	0.80	4.65	4.09

续表

地　区	校总数（所）	户籍人口		经济 GDP		土　地	
		百万人	每百万人拥有高校数（所）	百亿	百亿 GDP 负担学校数	百平方公里	每百平方公里负担学校数
丰台区	5	1.051552	4.75	6.273601	0.80	3.06	1.63
石景山区	3	0.359827	8.34	2.486612	1.21	0.86	3.49
海淀区	30	2.15846	13.90	24.46873	1.23	4.31	6.96
房山区	1	0.767318	1.30	0.74795	1.34	19.94	0.05
通州区	3	0.655509	4.58	2.934747	1.02	9.12	0.33
顺义区	2	0.57792	3.46	2.78928	0.72	10.21	0.20
昌平区	10	0.523331	19.11	6.901792	1.45	13.52	0.74
大兴区	5	0.592703	8.44	3.423846	1.46	10.4	0.48
门头沟区	0	0.24448	0.00	2.711755	0.00	14.55	0.00
怀柔区	1	0.278116	3.60	1.31441	0.76	21.28	0.05
平谷区	0	0.397517	0.00	1.069844	0.00	10.75	0.00
密云县	0	0.431392	0.00	1.195304	0.00	22.27	0.00
延庆县	0	0.280606	0.00	0.614829	0.00	19.93	0.00
和平区	1	0.3952	2.53	4.4078	0.23	0.1	10.00
南开区	6	0.8441	7.11	3.1147	1.93	0.386	15.54
河西区	6	0.7797	7.70	4.4718	1.34	0.38	15.79
河东区	3	0.7127	4.21	2.162	1.39	0.396	7.58
河北区	4	0.634	6.31	2.8174	1.42	0.296	13.51
红桥区	4	0.5498	7.28	0.9895	4.04	0.213	18.78
东丽区	2	0.345	5.80	8.4239	0.24	4.785	0.42
西青区	8	0.3535	22.63	0.7738	10.34	5.663	1.41
津南区	2	0.4117	4.86	3.9144	0.51	3.879	0.52
北辰区	5	0.3637	13.75	4.5113	1.11	4.73	1.06
武清区	1	0.8442	1.18	4.5591	0.22	15.748	0.06
宝坻区	2	0.6705	2.98	2.4169	0.83	15.088	0.13
塘沽区	4	0.5367	7.45	3.8869	1.03	7.824	0.51
汉沽区	0	0.174	0.00	2.7631	0.00	4.092	0.00
大港区	6	0.3886	15.44	1.952	3.07	10.41	0.58

续表

地　区	校总数（所）	户籍人口		经济 GDP		土　地	
		百万人	每百万人拥有高校数（所）	百亿	百亿 GDP 负担学校数	百平方公里	每百平方公里负担学校数
静海县	2	0. 5548	3. 60	2. 8112	0. 71	14. 757	0. 14
宁河县	0	0. 3791	0. 00	1. 5425	0. 00	12. 96	0. 00
蓟　县	1	0. 8355	1. 20	1. 7631	0. 57	15. 897	0. 06
石家庄	40	9. 8811	4. 05	30. 0128	1. 33	158. 48	0. 25
保　定	14	11. 0166	1. 27	17. 30002	0. 81	221	0. 06
唐　山	9	7. 4679	1. 21	38. 12719	0. 24	134. 72	0. 07
廊　坊	11	4. 1219	2. 67	11. 4748	0. 96	64. 29	0. 17
秦皇岛	6	2. 978	2. 01	8. 0454	0. 75	78. 124	0. 08
沧　州	7	7. 0288	1. 00	18. 0123	0. 39	134. 19	0. 05
邢　台	4	6. 9888	0. 57	10. 56291	0. 38	124. 86	0. 03
邯　郸	6	8. 8786	0. 68	20. 1528	0. 30	120	0. 05
衡　水	2	4. 3049	0. 46	6. 521058	0. 31	88. 15	0. 02
承　德	5	3. 442	1. 45	7. 6011	0. 66	395. 19	0. 01
张家口	4	4. 2353	0. 94	8. 003407	0. 50	368. 6	0. 01

附表 7　2009 年京津冀高校学科类别分布情况

所属类型	地　区	数量（所）
综合类	北　京	7
	天　津	2
	河　北	10
理工类	北　京	24
	天　津	17
	河　北	51
师范类	北　京	2
	天　津	2
	河　北	6

续表

所属类型	地　区	数量（所）
农林类	北　京	4
	天　津	1
	河　北	1
政法类	北　京	6
	天　津	3
	河　北	2
医药类	北　京	3
	天　津	5
	河　北	11
财经类	北　京	22
	天　津	15
	河　北	19
民族类	北　京	1
	天　津	0
	河　北	0
语言类	北　京	4
	天　津	2
	河　北	4
艺术类	北　京	10
	天　津	5
	河　北	3
体育类	北　京	3
	天　津	2
	河　北	1
军事类	北　京	2
	天　津	1
	河　北	3

附表 8　国家支持实训基地项目

单　位	专　业	年　份	属　地
涿州职业教育中心	计算机技术；计算机软件技术	2006；2008	保　定
保定市职业教育中心	计算机应用	2007	
保定市第四职业中学	汽车维修技术	2007	
保定财贸学校	计算机技术	2008	
阜平职业教育中心	电子电工	2008	
保定女子职业中专	现代服务	2009	
保定二职专	电子电工	2010	
安新职业教育中心	机械加工	2010	
石家庄职业教育中心	数控技术	2005	石家庄
鹿泉职业教育中心	电子电工；机械加工	2006；2008	
石家庄卫生学校	高级护理	2007	
石家庄第三职业中专	汽车维修	2007	
平山职业教育中心	电子电工	2008	
辛集职业教育中心	电子电工	2010	
石家庄美术学校	动　漫	2010	
井陉职业教育中心	钢铁冶金	2010	
邯郸市职业教育中心	汽车维修；汽车维修	2007；2010	邯　郸
武安职业教育中心	钢铁冶金	2008	
成安职业教育中心	数控技术	2008	
邯郸市建筑中专学校	建筑技术	2008	
魏县职业教育中心	汽车维修	2010	
丰南职业教育中心	数控技术；电子电工	2006；2007	唐　山
遵化职业教育中心	钢铁冶金	2008	
唐山市建筑工程中专学校	建筑技术	2010	
南宫职业教育中心	建筑技术；数控技术	2005；2007	邢　台
邢台农业学校	生物技术	2007	
邢台高级技工学校	数控技术	2007	
邢台工业学校	电子电工；机械加工	2008；2010	
临城职业教育中心	地理信息与地理制图	2010	
廊坊高级技工学校	数控技术	2007	廊　坊
香河县职业教育中心	数控技术	2007	
三河职业教育中心	焊接技术	2008	
廊坊市电子信息工程学校	电子电工	2008	
廊坊卫生学校	护　理	2009	
文安职教	电子电工	2010	
衡水高级技工学校	数控技术	2007	衡　水
衡水科技学校	电子电工	2007	
故城职业教育中心	建筑技术	2008	
衡水卫生学校	高级护理	2008	
衡水工业学校	机电技术应用	2009	
深州职业教育中心	电气技术	2010	

续表

单　位	专　业	年　份	属　地
张家口市职业教育中心 张家口机械工业学校 宣化职业教育中心 怀安职业教育中心	计算机应用；现代服务；影视动漫专业 数控技术 现代农业；汽车维修 电子电工	2005；2007；2009 2007 2008；2010 2008	张家口
黄骅职业教育中心 沧州市第一职业中学 东光职业教育中心 青县职业教育中心	数控技术 现代服务 数控技术；机械加工 汽车维修技术	2006 2007 2008；2010 2008	沧　州
承德卫生学校 承德工业学校 隆化职业教育中心 承德县职业教育中心 围场职业教育中心 滦平职业教育中心	护理技术 电子电工 汽车维修；现代农业技术 电子电工 装备制造 机电设备安装与维修	2005 2007 2007；2010 2008 2008 2009	承　德
秦皇岛技工学校 秦皇岛市中等专业学校 昌黎职业教育中心 秦皇岛卫生学校	数控技术 旅游管理 服装纺织 护理技术	2006 2007 2008 2009	秦皇岛
石家庄铁路运输学校 河北商贸学校 北方机电工业学校 石家庄工程技术学校 河北银行学校	数控技术 计算机应用 地质勘探 煤矿安全技术 投资理财	2005 2006 2007 2007 2008	省属学校

资料来源：河北省职业教育与成人教育网。

附表 9　京津冀地区高等教育和中职教育在校生规模

类别 / 地区	2011～2013 年在校生人数（人）				
	研究生	普通本专科	成人本专科	高等教育	中职教育
北京	240735 252175 265656	597615 581844 609737	264109 265049 258278	1102459 1099068 1133671	168982 189740 165401
天津	51544 54088 56452	465009 488527 505166	84410 85485 73572	600963 628100 635190	127529 118466 110865
石家庄	11038 11865 12567	458371 402040 409509	80831 86056 98076	550240 499961 520152	246688 192995 156376
唐山	2002 2121 2257	105870 108279 107377	25650 26331 25551	133522 136731 135185	90868 105485 66890

续表

地区 \ 类别	2011~2013年在校生人数（人）				
	研究生	普通本专科	成人本专科	高等教育	中职教育
秦皇岛	6025 6319 6502	89818 90693 88473	25967 34046 37380	121810 131058 132355	34472 33970 30383
邯郸	1191 1317 1426	62027 61728 60416	18950 21366 22338	82168 84411 84180	146687 128809 98207
邢台	0 0 0	48378 47502 47756	1492 1450 2192	49870 48952 49948	117444 94176 62520
保定	7340 7469 7764	152884 154837 110420	35742 39953 43061	195966 202259 161245	165028 134071 100208
张家口	216 263 301	45082 45501 46576	12430 16106 19744	57728 61870 66621	58361 53122 46484
承德	199 278 358	40276 41258 41353	15951 19949 19896	56426 61485 61607	49589 47675 43309
沧州	0 0 0	49020 51292 54276	1345 1265 986	50365 52557 55262	57572 56416 55194
廊坊	0 20 60	75244 77715 77303	6265 6149 6978	81509 83884 84341	46779 44062 38252
衡水	0 0 0	17805 16153 15313	519 431 651	18324 16584 15964	52506 43261 36994
定州	0 0 0	2010 2603 2789	0 0 0	2010 2603 2789	0 0 15042
辛集	0 0 0	0 0 0	0 0 0	0 0 0	0 0 2426

注：每个表格中从上到下的3行数字依次代表2011、2012、2013年的在校生人数。

附表10　2012年河北省中小学学校数与常住人口分布情况

地　区	小学学校数（所）	普通中学学校数（所）	常住人口数（万人）
石家庄	1546	413	1027.98
唐　山	1159	334	737.07
秦皇岛	444	165	300.62

续表

地　区	小学学校数（所）	普通中学学校数（所）	常住人口数（万人）
邯　郸	2058	395	979.9
邢　台	1384	275	715.55
保　定	2137	442	1119.44
张家口	537	174	467.41
承　德	574	122	372.96
沧　州	1348	319	734.82
廊　坊	797	175	424.9
衡　水	914	186	441.57
总　计	12898	3000	7322.22

附表11　2012年天津市中小学学校数与常住人口分布情况

地　区	小学学校数（所）	普通中学学校数（所）	常住人口数（万人）
和平区	22	21	34.12
河东区	22	19	92.9
河西区	33	26	94.47
南开区	31	27	110.1
河北区	24	23	84.18
红桥区	23	15	56.33
东丽区	40	20	66.03
西青区	32	13	76.12
津南区	34	16	66.55
北辰区	37	20	74.33
武清区	107	50	105.33
宝坻区	69	40	85.13
滨海新区	86	83	263.62
宁河县	59	30	44.32
静海县	99	50	71.2
蓟　县	122	64	88.42
总　计	840	517	1413.15

附表 12　2012 年北京市中小学学校数与常住人口分布情况

地　区	小学学校数（所）	普通中学学校数（所）	常住人口数（万人）
东城区	63	43	90.8
西城区	72	51	128.7
朝阳区	128	80	374.5
丰台区	87	44	221.4
石景山区	31	25	63.9
海淀区	107	75	348.4
房山区	108	47	98.6
通州区	81	40	129.1
顺义区	39	38	95.3
昌平区	99	44	183
大兴区	88	41	147
门头沟区	35	17	29.8
怀柔区	25	22	37.7
平谷区	44	20	42
密云县	40	23	47.4
延庆县	34	20	31.7
总　计	1081	630	2069.3

附表 13　2012 年京津冀三地各级学校生均占地面积

类　型	河北省		天津市		北京市	
	总面积（万平米）	生　均（平方米）	总面积（万平米）	生　均（平方米）	总面积（万平米）	生　均（平方米）
普通高校	6690.51	57.21	3370.99	64.63204	4108.13	70.61
中职学校	2453.43	26.25	426.88	36.03375	526.75	27.76
普通中学	113688.39	34.68	1651.76	37.7308	2198.50	44.06
普通高中	4330.26	36.78	838.17	46.24791	/	/
普通初中	109358.13	33.54	813.59	31.71383	/	/
小　学	14374.72	25.56	1177.29	22.11774	1367.07	19.02
幼儿园	2163.09	11.01	257.01	11.24569	335.49	14.68

附表 14　2012 年北京市各区县每百平方公里负担学校数　　（所）

地　区	每百平方公里负担小　学	每百平方公里负担中　学	每百平方公里负担幼儿园	每百平方公里负担普通高校
东城区	150	102	119	7
西城区	141	100	131	8
朝阳区	28	17	39	4
丰台区	28	14	42	2
石景山区	36	29	51	3
海淀区	25	17	35	7
房山区	5	2	5	0
通州区	9	4	9	0
顺义区	4	4	6	0
昌平区	7	3	7	1
大兴区	8	4	6	1
门头沟区	2	1	1	0
怀柔区	1	1	3	0
平谷区	4	2	5	0
密云县	2	1	3	0
延庆县	2	1	2	0
全　市	7	4	8	1

附表 15　2012 年天津市各区县每百平方公里负担学校数　　（所）

地　区	每百平方公里负担小　学	每百平方公里负担中　学	每百平方公里负担幼儿园	每百平方公里负担普通高校
和平区	220	210	220	10
河东区	56	48	121	8
河西区	87	68	103	16
南开区	80	70	114	16
河北区	81	78	95	14
红桥区	108	70	80	19
东丽区	8	4	18	0
西青区	6	2	12	1

续表

地　区	每百平方公里负担小　学	每百平方公里负担中　学	每百平方公里负担幼儿园	每百平方公里负担普通高校
津南区	9	4	48	1
北辰区	8	4	21	1
武清区	7	3	11	0
宝坻区	5	3	7	0
滨海新区	4	4	4	0
宁河县	5	2	3	0
静海县	7	3	14	0
蓟　县	8	4	12	0
全　市	7	4	12	0

附表 16　2012 年河北省下辖市每百平方公里负担学校数　（所）

地　区	每百平方公里负担小　学	每百平方公里负担中　学	每百平方公里负担幼儿园	每百平方公里负担普通高校
石家庄	10	3	6	0
唐　山	9	2	6	0
秦皇岛	6	2	3	0
邯　郸	17	3	14	0
邢　台	11	2	7	0
保　定	10	2	8	0
张家口	1	0	1	0
承　德	1	0	2	0
沧　州	10	2	5	0
廊　坊	12	3	5	0
衡　水	10	2	8	0
全　省	7	2	5	0

附表17　截至2015年北京市具有普通高等学历教育招生资格的学校（91所）名单

序　号	学校名称	主管部门	办学层次	备　注
1	北京大学	教育部	本　科	/
2	中国人民大学	教育部	本　科	/
3	清华大学	教育部	本　科	/
4	北京交通大学	教育部	本　科	/
5	北京工业大学	北京市	本　科	/
6	北京航空航天大学	工业和信息化部	本　科	/
7	北京理工大学	工业和信息化部	本　科	/
8	北京科技大学	教育部	本　科	/
9	北方工业大学	北京市	本　科	/
10	北京化工大学	教育部	本　科	/
11	北京工商大学	北京市	本　科	/
12	北京服装学院	北京市	本　科	/
13	北京邮电大学	教育部	本　科	/
14	北京印刷学院	北京市	本　科	/
15	北京建筑大学	北京市	本　科	/
16	北京石油化工学院	北京市	本　科	/
17	北京电子科技学院	中共中央办公厅	本　科	/
18	中国农业大学	教育部	本　科	/
19	北京农学院	北京市	本　科	/
20	北京林业大学	教育部	本　科	/
21	北京协和医学院	国家卫生和计划生育委员会	本　科	/
22	首都医科大学	北京市	本　科	/
23	北京中医药大学	教育部	本　科	/
24	北京师范大学	教育部	本　科	/
25	首都师范大学	北京市	本　科	/
26	首都体育学院	北京市	本　科	/
27	北京外国语大学	教育部	本　科	/
28	北京第二外国语学院	北京市	本　科	/
29	北京语言大学	教育部	本　科	/

续表

序　号	学校名称	主管部门	办学层次	备　注
30	中国传媒大学	教育部	本　科	/
31	中央财经大学	教育部	本　科	/
32	对外经济贸易大学	教育部	本　科	/
33	北京物资学院	北京市	本　科	/
34	首都经济贸易大学	北京市	本　科	/
35	外交学院	外交部	本　科	/
36	中国人民公安大学	公安部	本　科	/
37	国际关系学院	教育部	本　科	/
38	北京体育大学	国家体育总局	本　科	/
39	中央音乐学院	教育部	本　科	/
40	中国音乐学院	北京市	本　科	/
41	中央美术学院	教育部	本　科	/
42	中央戏剧学院	教育部	本　科	/
43	中国戏曲学院	北京市	本　科	/
44	北京电影学院	北京市	本　科	/
45	北京舞蹈学院	北京市	本　科	/
46	中央民族大学	国家民委	本　科	/
47	中国政法大学	教育部	本　科	/
48	华北电力大学	教育部	本　科	/
49	中华女子学院	中华妇女联合会	本　科	/
50	北京信息科技大学	北京市	本　科	/
51	中国矿业大学（北京）	教育部	本　科	/
52	中国石油大学（北京）	教育部	本　科	/
53	中国地质大学（北京）	教育部	本　科	/
54	北京联合大学	北京市	本　科	/
55	北京城市学院	北京市教委	本　科	民　办
56	中国青年政治学院	共青团中央	本　科	/
57	首钢工学院	北京市	本　科	/
58	中国劳动关系学院	中华全国总工会	本　科	/
59	北京吉利学院	北京市教委	本　科	民　办

续表

序　号	学校名称	主管部门	办学层次	备　注
60	首都师范大学科德学院	北京市教委	本　科	民　办
61	北京工商大学嘉华学院	北京市教委	本　科	民　办
62	北京邮电大学世纪学院	北京市教委	本　科	民　办
63	北京工业大学耿丹学院	北京市教委	本　科	民　办
64	北京警察学院	北京市	本　科	/
65	北京第二外国语学院 中瑞酒店管理学院	北京市教委	本　科	民　办
66	中国科学院大学	中国科学院	本　科	/
67	北京工业职业技术学院	北京市	专　科	
68	北京信息职业技术学院	北京市	专　科	/
69	北京电子科技职业学院	北京市	专　科	/
70	北京京北职业技术学院	北京市	专　科	/
71	北京交通职业技术学院	北京市	专　科	
72	北京青年政治学院	北京市	专　科	/
73	北京农业职业学院	北京市	专　科	/
74	北京政法职业学院	北京市	专　科	/
75	北京财贸职业学院	北京市	专　科	/
76	北京北大方正软件职业技术学院	北京市教委	专　科	民　办
77	北京经贸职业学院	北京市教委	专　科	民　办
78	北京经济技术职业学院	北京市教委	专　科	民　办
79	北京戏曲艺术职业学院	北京市	专　科	/
80	北京汇佳职业学院	北京市教委	专　科	民　办
81	北京现代职业技术学院	北京市	专　科	/
82	北京科技经营管理学院	北京市教委	专　科	民　办
83	北京科技职业学院	北京市教委	专　科	民　办
84	北京培黎职业学院	北京市教委	专　科	民　办
85	北京经济管理职业学院	北京市	专　科	/
86	北京劳动保障职业学院	北京市	专　科	/
87	北京社会管理职业学院	北京市	专　科	/
88	北京艺术传媒职业学院	北京市教委	专　科	民　办

续表

序　号	学校名称	主管部门	办学层次	备　注
89	北京体育职业学院	北京市	专　科	/
90	北京交通运输职业学院	北京市	专　科	/
91	北京卫生职业学院	北京市	专　科	/

附表 18　截至 2015 年天津市具有普通高等学历教育招生资格的学校（55 所）名单

序　号	学校名称	主管部门	办学层次	备　注
1	南开大学	教育部	本　科	/
2	天津大学	教育部	本　科	/
3	天津科技大学	天津市	本　科	/
4	天津工业大学	天津市	本　科	/
5	中国民航大学	交通运输部	本　科	/
6	天津理工大学	天津市	本　科	/
7	天津农学院	天津市	本　科	/
8	天津医科大学	天津市	本　科	/
9	天津中医药大学	天津市	本　科	/
10	天津师范大学	天津市	本　科	/
11	天津职业技术师范大学	天津市	本　科	/
12	天津外国语大学	天津市	本　科	/
13	天津商业大学	天津市	本　科	/
14	天津财经大学	天津市	本　科	/
15	天津体育学院	天津市	本　科	/
16	天津音乐学院	天津市	本　科	/
17	天津美术学院	天津市	本　科	/
18	天津城建大学	天津市	本　科	/
19	天津天狮学院	天津市教委	本　科	民　办
20	天津外国语大学滨海外事学院	天津市教委	本　科	民　办
21	天津体育学院运动与文化艺术学院	天津市教委	本　科	民　办
22	天津商业大学宝德学院	天津市教委	本　科	民　办

续表

序　号	学校名称	主管部门	办学层次	备　注
23	天津医科大学临床医学院	天津市教委	本　科	民　办
24	南开大学滨海学院	天津市教委	本　科	民　办
25	天津师范大学津沽学院	天津市教委	本　科	民　办
26	天津理工大学中环信息学院	天津市教委	本　科	民　办
27	北京科技大学天津学院	天津市教委	本　科	民　办
28	天津大学仁爱学院	天津市教委	本　科	民　办
29	天津财经大学珠江学院	天津市教委	本　科	民　办
30	天津市职业大学	天津市	专　科	/
31	天津中德职业技术学院	天津市	专　科	/
32	天津滨海职业学院	天津市	专　科	/
33	天津工程职业技术学院	天津市	专　科	/
34	天津青年职业学院	天津市	专　科	/
35	天津渤海职业技术学院	天津市	专　科	/
36	天津电子信息职业技术学院	天津市	专　科	/
37	天津机电职业技术学院	天津市	专　科	/
38	天津现代职业技术学院	天津市	专　科	/
39	天津公安警官职业学院	天津市	专　科	/
40	天津轻工职业技术学院	天津市	专　科	/
41	天津商务职业学院	天津市	专　科	/
42	天津国土资源和房屋职业学院	天津市	专　科	/
43	天津医学高等专科学校	天津市	专　科	/
44	天津开发区职业技术学院	天津市	专　科	/
45	天津艺术职业学院	天津市	专　科	/
46	天津交通职业学院	天津市	专　科	/
47	天津冶金职业技术学院	天津市	专　科	/
48	天津石油职业技术学院	天津市	专　科	/
49	天津城市职业学院	天津市	专　科	/
50	天津铁道职业技术学院	天津市	专　科	/
51	天津工艺美术职业学院	天津市	专　科	/
52	天津城市建设管理职业技术学院	天津市	专　科	/

续表

序　号	学校名称	主管部门	办学层次	备　注
53	天津生物工程职业技术学院	天津市	专　科	/
54	天津海运职业学院	天津市	专　科	/
55	天津广播影视职业学院	天津市	专　科	/

附表19　截至2015年河北省具有普通高等学历教育招生资格的学校（118所）名单

序号	学校名称	主管部门	所在地	办学层次	备　注
1	河北大学	河北省	保定市	本　科	/
2	河北工程大学	河北省	邯郸市	本　科	/
3	石家庄经济学院	河北省	石家庄市	本　科	/
4	河北工业大学	河北省	天津市	本　科	/
5	华北理工大学	河北省	唐山市	本　科	/
6	河北科技大学	河北省	石家庄市	本　科	/
7	河北建筑工程学院	河北省	张家口市	本　科	/
8	河北农业大学	河北省	保定市	本　科	/
9	河北医科大学	河北省	石家庄市	本　科	/
10	河北北方学院	河北省	张家口市	本　科	/
11	承德医学院	河北省	承德市	本　科	/
12	河北师范大学	河北省	石家庄市	本　科	/
13	保定学院	河北省	保定市	本　科	/
14	河北民族师范学院	河北省	承德市	本　科	/
15	唐山师范学院	河北省	唐山市	本　科	/
16	廊坊师范学院	河北省	廊坊市	本　科	/
17	衡水学院	河北省	衡水市	本　科	/
18	石家庄学院	河北省	石家庄市	本　科	/
19	邯郸学院	河北省	邯郸市	本　科	/
20	邢台学院	河北省	邢台市	本　科	/
21	沧州师范学院	河北省	沧州市	本　科	/
22	石家庄铁道大学	河北省	石家庄市	本　科	/

续表

序号	学校名称	主管部门	所在地	办学层次	备　注
23	燕山大学	河北省	秦皇岛市	本　科	/
24	河北科技师范学院	河北省	秦皇岛市	本　科	/
25	唐山学院	河北省	唐山市	本　科	/
26	华北科技学院	国家安全生产监督管理总局	廊坊市	本　科	/
27	中国人民武装警察部队学院	公安部	廊坊市	本　科	/
28	河北体育学院	河北省	石家庄市	本　科	/
29	河北金融学院	河北省	保定市	本　科	/
30	北华航天工业学院	河北省	廊坊市	本　科	/
31	防灾科技学院	中国地震局	廊坊市	本　科	/
32	河北经贸大学	河北省	石家庄市	本　科	/
33	中央司法警官学院	司法部	保定市	本　科	/
34	河北传媒学院	河北省教育厅	石家庄市	本　科	民　办
35	河北工程技术学院	河北省教育厅	石家庄市	本　科	民　办
36	河北美术学院	河北省教育厅	石家庄市	本　科	民　办
37	河北科技学院	河北省教育厅	保定市	本　科	民　办
38	河北外国语学院	河北省教育厅	石家庄市	本　科	民　办
39	河北大学工商学院	河北省教育厅	保定市	本　科	民　办
40	华北理工大学轻工学院	河北省教育厅	唐山市	本　科	民　办
41	河北科技大学理工学院	河北省教育厅	石家庄市	本　科	民　办
42	河北师范大学汇华学院	河北省教育厅	石家庄市	本　科	民　办
43	河北经贸大学经济管理学院	河北省教育厅	石家庄市	本　科	民　办
44	河北医科大学临床学院	河北省教育厅	石家庄市	本　科	民　办
45	华北电力大学科技学院	河北省教育厅	保定市	本　科	民　办
46	河北工程大学科信学院	河北省教育厅	邯郸市	本　科	民　办
47	河北工业大学城市学院	河北省教育厅	廊坊市	本　科	民　办
48	燕山大学里仁学院	河北省教育厅	秦皇岛市	本　科	民　办
49	石家庄铁道大学四方学院	河北省教育厅	石家庄市	本　科	民　办
50	石家庄经济学院华信学院	河北省教育厅	石家庄市	本　科	民　办
51	河北农业大学现代科技学院	河北省教育厅	保定市	本　科	民　办
52	华北理工大学冀唐学院	河北省教育厅	唐山市	本　科	民　办

续表

序号	学校名称	主管部门	所在地	办学层次	备　注
53	中国地质大学长城学院	河北省教育厅	保定市	本　科	民　办
54	燕京理工学院	河北省教育厅	廊坊市	本　科	民　办
55	北京中医药大学东方学院	河北省教育厅	廊坊市	本　科	民　办
56	北京交通大学海滨学院	河北省教育厅	沧州市	本　科	民　办
57	河北中医学院	河北省	石家庄市	本　科	/
58	张家口学院	河北省	张家口市	本　科	/
59	河北工程技术高等专科学校	河北省	沧州市	专　科	/
60	河北工业职业技术学院	河北省	石家庄市	专　科	/
61	邯郸职业技术学院	河北省	邯郸市	专　科	/
62	石家庄职业技术学院	河北省	石家庄市	专　科	/
63	张家口职业技术学院	河北省	张家口市	专　科	/
64	承德石油高等专科学校	河北省	承德市	专　科	/
65	邢台职业技术学院	河北省	邢台市	专　科	/
66	河北软件职业技术学院	河北省	保定市	专　科	/
67	河北石油职业技术学院	河北省	廊坊市	专　科	
68	河北建材职业技术学院	河北省	秦皇岛市	专　科	/
69	河北政法职业学院	河北省	石家庄市	专　科	/
70	沧州职业技术学院	河北省	沧州市	专　科	/
71	河北能源职业技术学院	河北省	唐山市	专　科	
72	石家庄铁路职业技术学院	河北省	石家庄市	专　科	/
73	保定职业技术学院	河北省	保定市	专　科	/
74	秦皇岛职业技术学院	河北省	秦皇岛市	专　科	/
75	石家庄工程职业学院	河北省教育厅	石家庄市	专　科	民　办
76	石家庄城市经济职业学院	河北省教育厅	石家庄市	专　科	民　办
77	唐山职业技术学院	河北省	唐山市	专　科	/
78	衡水职业技术学院	河北省	衡水市	专　科	/
79	唐山工业职业技术学院	河北省	唐山市	专　科	/
80	邢台医学高等专科学校	河北省	邢台市	专　科	/
81	河北省艺术职业学院	河北省	石家庄市	专　科	/
82	河北旅游职业学院	河北省	承德市	专　科	/

续表

序号	学校名称	主管部门	所在地	办学层次	备　注
83	石家庄财经职业学院	河北省教育厅	石家庄市	专　科	民　办
84	河北交通职业技术学院	河北省	石家庄市	专　科	/
85	河北化工医药职业技术学院	河北省	石家庄市	专　科	/
86	石家庄信息工程职业学院	河北省	石家庄市	专　科	/
87	河北外国语职业学院	河北省	秦皇岛市	专　科	/
88	保定电力职业技术学院	河北省	保定市	专　科	/
89	河北机电职业技术学院	河北省	邢台市	专　科	/
90	渤海石油职业学院	河北省	沧州市	专　科	/
91	廊坊职业技术学院	河北省	廊坊市	专　科	/
92	唐山科技职业技术学院	河北省	唐山市	专　科	/
93	石家庄邮电职业技术学院	河北省	石家庄市	专　科	/
94	河北公安警察职业学院	河北省	石家庄市	专　科	/
95	石家庄工商职业学院	河北省教育厅	石家庄市	专　科	民　办
96	石家庄理工职业学院	河北省教育厅	石家庄市	专　科	民　办
97	石家庄科技信息职业学院	河北省教育厅	石家庄市	专　科	民　办
98	河北司法警官职业学院	河北省	邯郸市	专　科	/
99	沧州医学高等专科学校	河北省	沧州市	专　科	/
100	河北女子职业技术学院	河北省	石家庄市	专　科	/
101	石家庄医学高等专科学校	河北省教育厅	石家庄市	专　科	民　办
102	石家庄经济职业学院	河北省教育厅	石家庄市	专　科	民　办
103	冀中职业学院	河北省	保定市	专　科	/
104	石家庄人民医学高等专科学校	河北省教育厅	石家庄市	专　科	民　办
105	石家庄科技工程职业学院	河北省	石家庄市	专　科	/
106	河北劳动关系职业学院	河北省	石家庄市	专　科	/
107	石家庄科技职业学院	河北省教育厅	石家庄市	专　科	民　办
108	廊坊东方职业技术学院	河北省教育厅	廊坊市	专　科	民　办
109	泊头职业学院	河北省	沧州市	专　科	/
110	宣化科技职业学院	河北省	张家口市	专　科	/
111	廊坊燕京职业技术学院	河北省	廊坊市	专　科	/
112	承德护理职业学院	河北省	承德市	专　科	/

续表

序号	学校名称	主管部门	所在地	办学层次	备　注
113	石家庄幼儿师范高等专科学校	河北省	石家庄市	专　科	/
114	廊坊卫生职业学院	河北省	廊坊市	专　科	/
115	河北轨道运输职业技术学院	河北省	石家庄市	专　科	/
116	保定幼儿师范高等专科学校	河北省	保定市	专　科	/
117	河北工艺美术职业学院	河北省	保定市	专　科	/
118	渤海理工职业学院	河北省教育厅	沧州市	专　科	民　办

注：截至 2015 年 5 月 21 日，全国高等学校共计 2 845 所。其中，北京市共计 91 所高校，天津市共计 55 所高校，河北省共计 118 所高校，均不含成人高校。

后记：这是一个协同共赢的时代

本书系北京市教育科学“十一五”规划2010年度青年专项课题——“打造‘教育合作圈’——京津冀教育发展模式与空间布局探究”（课题编号：CAA10019）的部分研究成果。该课题同时获得北京市优秀人才培养资助，并于2012年年底结题。

早在2008年，我就对京津冀教育合作问题非常感兴趣，曾在北京教育科学研究院《教育快报（研究版）》发表了题为“加强京津冀都市圈教育合作势在必行”的文章。北京市教委主任看到这篇文章后，对京津冀教育合作问题表现出极大兴趣，并就该问题与我进行了约谈。受此鼓舞，我对京津冀区域教育问题开始了长期的关注，并先后作为骨干成员或主持人参与了相关课题研究。

2014年，京津冀问题的关键词由“合作”转为“协同”。京津冀发展从孤立的、初级的个体合作提升到联动的、整体的共同发展，皆因三地联络有亲，一损皆损、一荣皆荣。按照习近平总书记重要批示的要求，着力推动京津冀协同发展，在更大限度上为首都破解可持续发展的难题指明了重要方向，京津冀发展战略终于被提上议事日程。可以说，京津冀协同发展能够作为国家重大战略推行，是众多学者在“板凳甘做十年冷”的背景下努力推动的结果。

2015年4月30日，中央政治局审议通过《京津冀协同发展规划纲要》。随后，北京市市委书记郭金龙在人民日报发表《疏解非首都功能没有退路》，指出：“以前做加法，大家都会，找项目、找资金、找人才、找劳动力，聚集资源，首都有这个优势，大家做起来顺手。现在要在疏解非首都功能中谋发展，加减乘除一起来，要完成经济指标，又不能为城市发展添病，这就需要我们提高能力，长新的本领。”这说明，社会已经从增速发展期换挡到内涵发展期。内涵发展，需要转变固有理念，从过去的红海战略思维中解脱出来，开创全新的蓝海发展战略。其中，最根本的就是加强社会各要素协同发展。

京津冀区域教育协同发展面临一个很好的环境和背景。十八届三中全会决定中明确了教育综合改革的任务和目标，赋予教育全新的时代特征。教育领域将更加注重改革的协同性、协调性、整体性，着力突破发展的瓶颈和体制机制障碍。以此为契机，区域教育协同也要探索如何发挥教育的整体协调性，破除体制机制障碍。在参与相关研究和相关文件的起草过程中，我深感协同的重要性。这种协同不仅是教育内部和教育外部的协同，更是教育内部各部门的协调与沟通。只有内部沟通、协调好，才有可能开展外部的沟通、协调。所以，京津冀区域教育发展要强调各部门的责任，各部门则要勇挑重担，敢于啃硬骨头。

《京津冀协同发展规划纲要》出台后，教育领域也开展了相应的规划起草工作，这必将吸引越来越多的专家学者对京津冀教育问题的关注和研究。现在，我将自己近年来的研究成果整理出版，姑且算是对京津冀区域协同发展的一份微小的献礼吧。随着京津冀协同发展规划的落实，区域内各领域新政策出台的速度将不断加快。作为抛砖引玉之研究，本书难免会有粗浅、错误乃至观点、数据过时之处，请专家、读者给予批评指正。

最后，对给予我支持、启发和指导的同行、同事和领导表示由衷的感谢！

高　兵

2015 年 5 月